신문 프랑스어 읽기

구기헌

제이앤씨
Publishing Corporation

    이 책은 프랑스어 초급과정을 이수한 학생들이 프랑스어를 공부하면서 시사프랑스어를 통해 지식과 정보를 얻기 위해 프랑스어 신문을 읽는 습관과 능력을 기르는데 하나의 길라잡이로서 이 책을 꾸며보았다.

    전체는 22개의 과로 이루어져 있는데, 각과는 본문, 어휘 및 표현, 문법 및 구문의 세 부분으로 구성되어 있다. 본문은 프랑스어 신문에서 세계 각지의 뉴스를 다룬 기사를 발췌하였으며, 특히 한국과 관련된 기사를 선별하려고 하였다. 어휘 및 표현에서는 본문을 독해하는 데 필요한 어휘나 표현, 주의를 요하는 구문에 대해 주석 형태로 설명하였으며, 완역 해설을 피하면서, 스스로 접근할 수 있도록 하는데 주안점을 두었다. 문법 및 구문에서는 매과마다 2-3개의 주요한 문법 사항 또는 동사, 형용사 구문을 상세히 기술·설명하여 중급과정 이후의 프랑스어 학습에 도움을 주고자 하였다. 그러나 여기에서 다루어진 내용은 불어 문법이나 구문의 일부의 표본적인 예시이며, 새로운 문법 사항이나 주요 동사, 형용사 구문을 접할 때마다 같은 방식으로 익혀서 프랑스어 실력이 향상되도록 하여야 할 것이다.

    국제교류가 활발해지면서 세계의 정치, 경제, 사회, 문화 등 모든 분야의 정보와 지식을 신속하고 정확하게 접하고 사정을 잘 파악해야 될 필요성과 중요성이 커져가고 있고, 그러한 추세는 날이 갈수록 더해질 것으로 보인다. 이 책이 시사 프랑스어 이해를 위한 어휘력, 독해력의 향상에 도움이 되었으면 한다.

목 차 신문 프랑스어 읽기

1

Près d'un salarié sur sept travaille en France pour un groupe étranger

Le Monde | 01.03.06

Près d'un salarié sur sept[1] travaille en France pour un groupe étranger, une proportion qui a doublé en dix ans[2] du fait du passage[3] sous contrôle[4] étranger de quelque[5] 9.000 sociétés françaises, selon une étude publiée mercredi 1er mars par l'Insee.[6]

Fin 2003, les filiales de groupes étrangers employaient ainsi en France 1,9 million de personnes, soit[7] un salarié sur sept, hors secteur financier et administrations,[8] indique l'Institut national de la statistique et des études économiques,[6] qui note que l'économie française est "plus ouverte" que celle de ses voisins.

En Allemagne, au Royaume-Uni ou aux Pays-Bas, un salarié sur dix seulement travaillait dans une filiale non financière d'un groupe étranger au début des années 2000. La proportion est de[9] un sur vingt aux Etats-Unis.

La part des employeurs étrangers dans l'économie française, en forte progression,[10] a été multipliée par 1,8[11] en dix ans.[2] Cette croissance s'est essentiellement faite par voie d'acquisition : 9.000 sociétés sous contrôle[4] français fin 1994 **étaient passées** sous contrôle[4] étranger fin 2003, employant 900.000 salariés à cette date.

LES GROUPES AMÉRICAINS

Il y a quelques années,[12] une grande partie de la sidérurgie et de l'industrie du tabac françaises a été notamment restructurée au niveau européen,[13] rappellent les auteurs de l'étude. De même,[14] des chaînes[15] de supermarchés, des enseignes de distribution de meubles, des sociétés de travail temporaire, de nettoyage, de restauration collective[16], de transport ou encore de fabrication de véhicules industriels sont **passées** sous contrôle[4] étranger.

Les mouvements inverses sont "bien plus faibles" : fin 1994, 400 filiales étrangères étaient devenues indépendantes, et fin 2003 650 **étaient passées** dans le giron d'un groupe français.[17]

Les investissements étrangers en France sont essentiellement originaires d'autres pays développés. Fin 2003, les groupes des pays de l'OCDE[18] (Amérique du Nord, Europe, Japon et Corée) employaient 99% des salariés de l'ensemble des groupes étrangers en France. Les groupes de l'Union européenne en[19] emploient les deux tiers,[20] hors secteur financier.[8]

Le premier partenaire commercial de la France, l'Allemagne, est aussi le premier investisseur européen en France par le nombre de filiales (2.600) et d'emplois contrôlés (280.000). **Ce sont** cependant les Etats-Unis **qui** demeurent le premier investisseur dans l'Hexagone[21]: 430.000 personnes travaillent dans des groupes américains, soit[7] presque un quart des emplois sous contrôle[4] étranger.

DANS LE SECTEUR TERTIAIRE

La moitié des salariés des groupes étrangers travaillent dans l'industrie (y compris le secteur énergétique),[22] soit[7] un million d'emplois, chiffre en hausse de 33 %[23] en dix ans.[2] **C'est** toutefois dans le secteur tertiaire[24] **que** la présence étrangère s'est le plus accrue: depuis 1993, les emplois sous contrôle[4] étranger ont été multipliés par 3,7[11] dans les services, 2,8 dans le commerce. Fin 2003, chacun de ces deux secteurs employait environ 400.000 salariés.

Cette progression correspond[25] à la fois[26] au développement par les groupes industriels étrangers de filiales non industrielles et à l'acquisition par des capitaux étrangers de sociétés commerciales et de services français,[27] note l'étude.

Au total,[28] les 17.900 filiales de groupes étrangers en France ont réalisé, en 2003, 17% de la valeur ajoutée[29] des quelque[5] 2,6 millions de sociétés de l'ensemble du système productif de l'Hexagone.[21]

1: près de: 거의, 대략. près d'un salarié sur sept 거의 7명 중에 한 명의 급여 생활자.

2: en dix ans: 10년 만에. en은 시간의 경과를 나타냄. Rome n'est pas fait en un jour. 로마는 하루 아침에 이루어진 것이 아니다.

3: du fait de *qc,* du fait que + *ind.* … 때문에, …의 이유로. Du fait qu'il était malade, il n'a pu venir ici. 그는 아파서 여기에 올 수 없었다.

4: sous contrôle: 지배 [감독] 하의; 진압된. Le feu était sous contrôle. 화재가 진압되었다.

5: quelque: 약, 대략(=environ, à peu près).

6: Insee: Institut national de la statistique et des études économiques 국립통계경제연구소

7: soit: 즉, 다시 말해(=à savoir, c'est-à-dire). trois objets à dix euros, soit trente euros 10유로 짜리 물건 셋, 즉 30유로.

8: hors *qc,* hors + 절: …이외에, …을 제외하고(=excepté). hors qu'il demande votre aide 당신의 도움을 청하는 외에는. hors quand il pleut 비가 올 때는 제외하고.

9: de: 정도·측정을 나타냄. Le nombre d'étudiants présents est de 40. 출석한 학생수는 40명이다. L'âge moyen des joueurs est de 22 ans. 선수들의 평균 연령은 22세이다.

10: en (forte) progression: (크게) 증가하고 있는. Le chômage est en progresssion. 실업이 증가하고 있다.

11: être multiplié par + 수사: …배 증가되다. être multiplié par 1,8 1.8배 증가되다.

12: il y a + 기간: …전에. il y a dix ans [longtemps, quelques années] 10년 [오래, 몇 년] 전에.

13: au niveau + 형용사: …의 차원 [수준]에서. considérer un problème au niveau national 국가적인 차원에서 문제를 고려하다.

14: de même: 마찬가지로(=de la même façon).

15: chaîne: 체인점, 연쇄점.

16: restauration collective: (사내 식당 등의) 단체 식당 사업.

17: dans le giron de *qn/qc*: …의 품에.

18: OCDE: Organisation de coopération et de développement économiques 경제협력개발 기구

19: en: de + 명사를 대리하는 중성대명사. 여기서는 de 99% des salariés de l'ensemble des groupes étrangers en France를 대리함. p.109

20: tiers: 3분의 1. les deux tiers 3분의 2.

21: Hexagone: 프랑스 본토(=France métropolitaine)(프랑스 본토 모양이 6각형인데서 기원).

22: y compris *qn/qc*: …을 포함하여. 명사 앞에서는 불변이나 뒤에서는 일치시킴. Il s'est fâché avec toute la famille, y compris sa soeur 그는 자기 누이를 포함한 모든 가족과 틀어졌다. deux cents euros, l'éléctricité y comprise 전기료를 포함해서 200유로.

23: en hausse: 상승한. 상승중인. chiffre en hausse de 10% par rapport à l'année dernière 지난해에 비해 10% 증가한 수치.

24: secteur tertiaire: 제3차 산업.

25: correspondre à *qc*: …에 대응하다, 해당하다; 일치하다, 부합하다; 관련이 있다, 연결되다. 여기에서는 correspond이 au développement과 à l'acquisition에 연결됨.

26: à la fois: a) 동시에, 한꺼번에(=en même temps). Il ne faut pas courir deux lièvres à la fois. 동시에 두 마리의 토끼를 쫓아서는 안된다. b) à la fois A et B: une histoire à la fois triste et comique 슬프고도 우스운 이야기.

27: l'acquisition par des capitaux étrangers de sociétés commerciales et de services français: 외국 자본에 의한 프랑스 상사와 서비스 회사의 취득.

28: au total: a) 전부 합해서, 총계. au total, deux cents euros. 전부 합해서 200유로. b) 결국, 요컨대. Au total, c'est une bonne affaire! 결국 그것은 좋은 사업이군요!

29: valeur ajoutée: 부가가치. taxe à la valeur ajoutée 부가가치세.

 문법 및 구문

1 passer

1. 자동사

1.1. N₀ passer

1.1.1. N₀ passer: 지나가다, 통과하다; 들르다; 흐르다, 지나다; 이동하다, 옮겨가다.

❶ Le facteur est passé ce matin devant votre maison.
우체부가 오늘 아침에 당신 집 앞으로 지나갔습니다.

❷ La route passe le long de la rivière.
도로가 강을 따라 지나간다.

❸ La Seine passe à Paris.
센느강이 파리를 통과한다.

❹ Le temps passe vite.
세월이 빨리 지나간다.

❺ Il va passer de France en Espagne.
그는 프랑스에서 스페인으로 갈 것이다.

❻ Elle passera chez nous demain soir.
그녀가 내일 저녁에 우리 집에 들를 것이다.

❼ Passons à autre chose.
다른 문제로 넘어갑시다.

❽ Après la mort du père, l'entreprise est passé au fils.
아버지가 죽은 후에 기업이 아들 소유가 되었다.

1.1.1.1. N₀ passer *inf*

❶ Elle est passée voir sa soeur à l'hôpital.
그녀는 언니를 보기 위해 병원에 갔다.

❷ Il va passer me prendre en voiture.
그가 차로 나를 데리러 올 것이다.

1.1.1.2. N₀ passer + 속사

❶ Le soldat est passé inaperçu dans la ville.
그 병사는 아무도 모르게 시내를 지나갔다.

1.1.1.3. 비인칭구문

❶ Il passe beaucoup de monde dans cette rue.
그 길은 통행인이 많다.

❷ Il passe souvent des camions dans cette rue.
그 길에 트럭들이 자주 지나간다.

❸ Il est passé quelques années depuis cette affaire.
그 사건 이후로 몇 해가 흘렀다.

1.1.2. N₀ passer: 합격하다; 진급하다; 통과 [가결] 되다; 받아들여지다, 인정되다; 통용되다; (검사 따위를) 받다; 상영 [상연] 되다; 출연하다.

❶ Son frère a passé à l'examen [en mathématiques].
그의 형이 시험 [수학]에 합격했다.

❷ Il a passé en deuxième année.
그는 2학년에 진급했다.

❸ Ce projet de loi n'a pas passé.

그 법률안이 통과되지 않았다.

❹ Son fils passe avant son mari.

그녀에게는 아들이 남편보다 더 소중하다.

❺ Cette monnaie ne passe plus.

그 돈은 이제 통용되지 않는다.

❻ Elle a passé à la radio.

그녀는 X선 검사를 받았다.

❼ Ce film n'est pas encore passé à la télévision.

그 영화는 아직 텔레비전에 방영되지 않았다.

❽ On oncle passe à la télévision mardi soir.

그의 삼촌이 화요일 저녁에 텔레비전에 출연한다.

1.1.2.1. N_0 passer + 속사

❶ Il est passé capitaine [directeur commercial].

그는 대위가 [영업부장이] 되었다.

❷ Sa faute est passée inaperçue.

그의 잘못이 눈에 띄지 않고 지나갔다.

1.1.2.2. 비인칭구문

❶ Il est passé une loi réprimant la fraude fiscale.

탈세 행위를 처벌하기 위한 법률이 통과되었다.

❷ Il va passer un bon film à la télévision ce soir.

오늘 저녁에 텔레비전에서 좋은 영화가 방영될 것이다.

1.1.3. N_0 passer: 변하다, 되다; 사라지다, 없어지다; 바래다, 퇴색하다; 여과되다, 걸러지다; 밖으로 내밀다, 나오다.

❶ Le feu est passé au rouge.

신호등이 빨간불로 바뀌었다.

❷ La mode passe.

유행은 바뀐다.

❸ La douleur va passer en trois heures.

세 시간이면 고통이 사라질 것이다.

❹ Cette couleur passe au soleil.

그 색깔은 햇빛에 바랜다.

❺ Ce thé passe lentement.

이 차는 천천히 걸러진다.

❻ Le déjeuner ne passe pas.

점심 먹은 것이 안 내려간다.

❼ Le jupon passait sous le jupe.

속치마가 치마 밑으로 나와 있었다.

1.1.4. N0 passer par *qn/qc*: …을 통과하다, 경유하다; (단계를) 거치다; (생각 따위가) 스치다; 겪다.

❶ Il passe par le Japon pour aller aux Etats-Unis.

그는 일본을 거쳐서 미국에 간다.

❷ Passez par ici, s'il vous plaît.

이리로 오십시오.

❸ Son oncle est passé par l'université.

그의 삼촌은 대학 교육을 받았다.

❹ Cette idée lui a passé par la tête.

그 생각이 그의 머리를 스쳤다.

❺ Il a passé par beaucoup d'épreuves.

그는 많은 시련을 겪었다.

1.1.5. N0 passer pour + 속사: …로 인정되다.

❶ Ce domestique passe pour honnête.

그 하인은 정직하다고 알려져 있다.

❷ Il pourrait passer pour son fils.

그는 남들이 그의 아들로 알겠다.

1.1.5.1. N0 passer pour *inf*

❶ Elle passe pour être très compétente.

그녀는 매우 유능한 것으로 알려져 있다.

❷ Il passe pour avoir écrit cet article.

그는 그 기사를 쓴 것으로 알려져 있다.

1.1.6. N0 passer sur *qn/qc*: …위로 지나가다; 극복하다; 관심을 두지 않다, 무시하다, 묵인하다.

❶ Le camion a passé sur lui. (=Le camion lui a passé dessus.)

트럭이 그를 치었다.

❷ Il a passé sur les difficultés.

그는 어려움을 극복했다.

❸ Il passe sur les détails.

그는 세부적인 사항에는 개의치 않는다.

❹ Il passe facilement sur les fautes de son fils.

그는 아들의 잘못을 쉽게 눈감아 준다.

2. 타동사

2.1. N₀ passer *qn/qc*

2.1.1. N$_0$ passer *qn/qc*: 지나가다, 통과하다, 지나다; 건너다; 넘다; 극복하다; 앞지르다, 추월하다; 능가하다.

❶ Il a passé le pont [la frontière].
그는 다리를 [국경을] 통과했다.

❷ Ils ont passé la rivière.
그들은 강을 건넜다.

❸ Le malade ne passera pas la nuit.
환자가 밤을 넘기지 못할 것이다.

❹ Il a passé la limite d'âge pour ce concours.
그는 그 선발 시험의 제한 연령보다 나이가 많다.

❺ Ce travail passe sa capacité.
그 일은 그의 능력으로는 안 된다.

❻ Elle passe sa soeur en beauté.
그녀는 언니보다 더 아름답다.

❼ Il a passé ses concurrents dans la côte.
그는 언덕에서 경쟁자들을 추월했다.

2.1.2. N$_0$ passer *qc*: 통과시키다, 건너게 하다; (시험 따위를) 치르다; (계약 따위를) 맺다, 체결하다; (검사 따위를) 받다; 상영 [상연] 하다.

❶ Le bateau l'a passé à l'autre rive.
배가 그를 다른 편 연안으로 건네주었다.

❷ Il a passé l'examen et attend les résultats.
그는 시험을 치르고 결과를 기다린다.

❸ Ces deux pays ont passé un accord de libre-échange.
그 두 국가는 자유무역협정을 맺었다.

❹ Le malade va passer la radio.
그 환자는 X선 검사를 받을 것이다.

❺ La télévision n'a pas encore passé ce film.
그 영화는 아직 텔레비전에서 방영되지 않았다.

2.1.3. N$_0$ passer + 시간명사: (시간을) 보내다.

❶ Ils ont passé de bonnes vacances.
그들은 방학을 재미있게 보냈다.

❷ Ma famille va passer deux ou trois semaines à la campagne.

우리 가족은 시골에서 2주내지 3주를 지내게 될 것이다.

❸ C'est pour passer le temps.

그것은 심심풀이로 하는 일이다.

❹ Ce jeu passe le temps.

그 놀이는 시간을 잘 보낼 수 있게 한다.

2.1.3.1. N₀ passer + 시간명사 + à *qc*

❶ Elle a passé toute la nuit à la lecture.

그녀는 밤새 독서를 했다.

2.1.3.2. N₀ passer + 시간명사 + à *inf*

❶ Elle a passé une heure à lui écrire une lettre.

그녀는 그에게 편지를 쓰는 데 한 시간을 보냈다.

❷ Il a passé sa journée à ne rien faire.

그는 아무것도 하지 않으면서 하루를 보냈다.

2.1.4. N₀ passer *qc*: (옷 따위를) 입다, 걸치다; (손·도구 따위를) 움직이다; 갖다 대다; (도료 따위를) 칠하다.

❶ Elle a passé la robe pour l'essayer.

그녀는 드레스가 어떤가 보기 위해 입어보았다.

❷ Elle passe l'aspirateur sur le tapis. (=Elle passe le tapis à l'aspirateur).

그녀는 진공청소기로 양탄자를 청소한다.

❸ Elle passe le fer sur le drap.

그녀는 시트를 다림질한다.

❹ Il a passé de la cire sur le parquet. (=Il a passé le parquet à la cire.)

그는 마루에 밀랍을 칠했다.

2.1.5. N₀ passer *qc*: 사라지게하다; 바래게 하다, 퇴색시키다; 여과하다, 거르다.

❶ Prenez ce médicament, cela passera votre mal de tête.

이 약을 드시오, 그러면 두통이 사라질 것이오.

❷ Le soleil a passé la couleur des toiles.

햇빛을 받아 천의 색깔이 바랬다.

❸ Il a passé son thé, car il n'aime pas trouver des feuilles dans sa tasse.

그는 잔에 차 잎이 들어가는 것이 싫어서 차를 걸렀다.

❹ Elle a passé de la farine au crible.

그녀는 밀가루를 체로 쳤다.

2.1.6. N_0 passer qc: 건너뛰다, 빠뜨리다, 생략하다.

❶ Il a passé la motié du livre.
   그는 책의 반을 읽지 않고 넘어갔다.
❷ Le dactylo a passé un mot [une ligne] par mégarde.
   타이피스트가 부주의로 한 낱말 [줄] 을 빠뜨렸다.

2.2. N_0 passer qc à qn

2.2.1. N_0 passer qc à qn: 넘겨주다, 건네주다; 옮기다; 연결해주다.

❶ Passez-moi le sel.
   소금을 좀 건네주세요.
❷ Il a passé la parole à l'avocat.
   그는 발언권을 변호사에게 넘겼다.
❸ Il a passé le pouvoir à son fils.
   그는 권력을 아들에게 이양했다.
❹ Elle a passé sa grippe à toute sa famille.
   그녀는 감기를 온 식구에게 전염시켰다.
❺ Pourriez-vous me passer Mme Chassier?
   Chassier부인을 좀 바꿔주세요.

2.2.2. N_0 passer qc à qn: 눈감아주다, 묵인하다.

❶ Il passe tout à son petit-fils.
   그는 손자가 무슨 짓을 해도 내버려둔다.
❷ Il ne faut pas lui passer toutes ses impertinences.
   그의 온갖 무례한 짓을 묵인해서는 안 된다.
❸ Passez-moi le mot [l'expression], c'est un jean-foutre.
   실례의 말씀입니다만, 그는 망나니입니다.

2.3. N_0 passer qc sur qn: …을 …에게 넘기다 [전가하다]

❶ Il a passé sa colère sur les autres. 그는 다른 사람들에게 화풀이를 했다.

3. 대명동사

3.1. N_0 se passer

3.1.1. N_0 se passer: 지나다, 경과하다; 사라지다, 없어지다; 퇴색하다, 바래다, 시들다.

❶ Deux semaines se sont passées depuis cet accident.
그 사고 이후로 2주가 지났다.
❷ La journée se passe bien.
하루가 잘 지나간다.
❸ Votre mal de tête se passera bientôt.
당신의 두통은 곧 사라질 것이오.
❹ Cela va se passer.
그것은 곧 끝날 것이다.
❺ Ce vin se passera.
이 포도주는 곧 맛이 갈 것이다.

3.1.1.1. 비인칭구문
❶ Il ne se passe pas de jour qu'il ne pleuve.
비가 오지 않는 날이 없다.

3.1.2. N_0 se passer: (일·사건 따위가) 일어나다, 발생하다.

❶ L'accident s'est passé au coin de la rue.
그 사고는 길 모퉁이에서 발생했다.
❶ Tout s'est passé bien.
모든 일이 잘 됐다.
❶ La scène se passe à Paris.
무대는 파리다.
❹ Qu'est-ce qui se passe?
무슨 일이야?

3.1.2.1. 비인칭구문
❶ Il s'est passé des choses étranges dans cette maison.
그 집에서 이상한 일들이 일어났다.
❷ Il s'est passé beaucoup d'événements depuis son départ.
그가 떠난 후로 많은 사건이 일어났다.
❸ Que se passe-t-il?; Qu'est-ce qu'il se passe?
무슨 일이야?

3.1.2.2. que + *subj.* (cela) se passer

❶ Que les prix diminuent, (cela) se passe rarement.
가격이 내리는 일은 드물다.

3.1.2.2.1. 비인칭구문

❶ Il peut se passer parfois que l'on fasse des erreurs.
잘못을 저지르는 일이 생길 수 있다.

❷ Il se passe qu'en ce moment plus personne ne domine la situation.
지금 아무도 더 이상 상황을 파악할 수 없게 되어 가고 있다.

3.2. N_0 se passer *qc*

3.2.1. N_0 se passer *qc*: 자기의 …을 움직이다; 자기의 몸에 …을 하다.

❶ Il s'est passé les mains dans l'eau.
그는 물에 손을 씻었다.

❷ Elle s'est passé de la crème sur le visage.
그녀는 얼굴에 크림을 발랐다.

3.2.2. N_0 se passer *qc*: 서로 묵인하다; 서로 전하다.

❶ Ils se sont passé leurs fautes.
그들은 서로 잘못을 눈감아 주었다.

❷ Ils se sont passé le mot.
그들은 서로 군호를 했다.

3.3. N_0 se passer de *qn/qc*: …없이 지내다.

❶ Elle ne peut plus se passer de lui.
그녀는 이제 그가 없이는 지낼 수 없다.

❷ Il essaie de se passer d'alcool.
그는 술을 마시지 않고 지내보려 한다.

❸ Cela se passe de commentaires.
그것은 설명이 필요 없다 [자명하다].

3.3.1. N_0 se passer de *inf*

❶ Il ne peut plus se passer de fumer.
그는 이제 담배를 피우지 않고는 지낼 수 없다.

❷ Elle se passera de manger.
그녀는 단식을 할 것이다.

② c'est … que [qui] 강조구문

강조하고자 하는 요소를 c'est 다음에 놓고 다른 요소들은 que 뒤에 쓴다. 강조하는 요소가 주어인 경우에는 que대신 qui를 쓴다.

1. 주어 강조

❶ C'est Pierre qui a cassé la vase.
　　화병을 깬 것은 Pierre이다.
❷ C'est moi qui ai lu cette revue.
　　그 잡지를 읽은 것은 나다.
❸ C'est nous qui avons dit cela.
　　그것을 말한 것은 우리들이다.
❹ C'est [Ce sont] eux qui ont demandé cela.
　　그것을 요구한 것은 그들이다.
★ c'est의 시제는 일반적으로 현재로 고정해 놓고 쓰지만 뒤에 오는 시제가 단순시제일 때는 같은 시제를 쓸 수 있다.
❺ C'était votre frère qui parlait.
　　말을 하고 있는 것은 당신 형이었다.
❻ Ce sera lui qui viendra nous voir.
　　우리를 보러 오는 것은 그 사람일 것이다.
❼ Ce fut Eve qui vint lui ouvrir.
　　그에게 문을 열어주려고 온 것은 Eve였다.

2. 직접목적어 강조

❶ C'est son fils qu'elle aime.
　　그녀가 사랑한 것은 그의 아들이다.
❷ C'est cette revue qu'il a lue.
　　그가 읽은 것은 그 잡지다.
❸ C'est l'erreur qu'il veut fuir.
　　그가 피하고자 하는 것은 실수다.

3. 간접목적어 강조

❶ C'est à vous qu'elle pense.
　　그녀가 생각하는 것은 당신이다.

❷ C'est à lui qu'il faut obéir.

　　바로 그에게 복종해야 한다.

❸ C'est à Paul qu'elle a donné ce livre.

　　그녀가 그 책을 준 것은 Paul이다.

❹ C'était bien de chansons qu'alors il s'agissait.

　　그래서 문제가 되었던 것은 노래들이었다.

4. 속사 강조

❶ C'est médecin que son fil veut être.

　　그의 아들이 되고자 하는 것은 의사다.

❷ C'est bénédictin que vous êtes, n'est-ce pas?

　　수도사이시지요, 안 그래요?

★ 속사가 형용사인 경우는 C'est … que　강조구문이 불가능하다. C'est heureux que je suis.는 불가.

★ C'est un beau pays que la Corée(한국은 아름다운 나라다).와 같은 구문은 C'est un beau pays que la Corée est.에서 est가 생략된 것으로 본다.

5. 상황보어 강조

❶ C'est à Paris que je voudrais vivre.

　　내가 살고 싶은 곳은 파리이다.

❷ C'est à ce moment qu'il m'a appelé.

　　그가 나를 부른 것은 바로 그때였다.

❸ C'est avec son oncle qu'elle est allée en France.

　　그녀가 프랑스에 같이 간 것은 그의 삼촌과 함께였다.

❹ C'est pour faire fortune qu'il a quitté son pays natal.

　　그가 고향을 떠난 것은 큰 돈을 벌기 위해서였다.

❺ C'est surtout quand le malheur arrive qu'on est heureux d'avoir une petite épargne.

　　적은 저금이라도 다행스럽게 여겨지는 것은 불행이 닥쳤을 때이다.

★ que 대신 관계대명사를 써서 간접목적어, 상황보어를 강조하는 용법은 고어적인 표현이다.

❻ C'est vous pour qui je travaille.(=C'est pour vous que je travaille.)

　　내가 일하는 것은 당신을 위해서이다.

❼ C'est Paris où il demeure.(=C'est à Paris qu'il demeure).

　　그가 머물고 있는 곳은 파리이다.

❽ Ce n'est pas la faim dont je souffre.(=Ce n'est pas de la faim que je souffre).

　　내가 고통스러워하는 것은 배고픔이 아니다.

2 Iran, Chine, Zimbabwe, Biélorussie : les Etats les plus liberticides

Le Monde | 08.03.06

La Corée du Nord, la Birmanie, l'Iran, le Zimbabwe, Cuba, la Chine et la Biélorussie sont les sept pays où les droits de l'homme sont les plus malmenés dans le monde, selon[1] le rapport 2005 du département d'Etat américain.[2] "Ces Etats vont de systèmes fermés, totalitaires, privant leurs citoyens de leurs droits les plus basiques,[3] à des systèmes autoritaires dans lesquels[4] les droits basiques sont sévèrement restreints",[5] note le rapport.

L'Iran, où le scrutin présidentiel de juin a conduit à l'élection de l'ultra-conservateur Mahmoud Ahmadinejad,[6] est particulièrement visé. "Le bilan déjà mauvais du gouvernement iranien en matière de droits de l'homme et de démocratie[7] s'est détérioré en 2005", souligne le document. "Des abus graves, comme des exécutions publiques, de graves violations de la liberté de croyance,[8] des discriminations basées sur des facteurs ethniques ou religieux,[9] des disparitions, une surveillance exercée par des extrémistes, l'usage de la torture et d'autres traitements dégradants, se sont poursuivis", ajoute-t-il.

UNE AMÉLIORATION AU LIBAN ET EN UKRAINE

La Chine fait également partie des pays[10] les plus liberticides[11]: "Le gouvernement a continué à commettre de graves abus", ajoute le rapport, notant[12] la poursuite des restrictions imposées aux médias et à Internet. "Ceux qui se sont publiquement exprimés[13] contre la politique ou les prises de position[14] du gouvernement chinois ou qui ont protesté contre le gouvernement[15] ont subi harcèlement, détention et emprisonnement", poursuit le texte.

Les violations fréquentes ou systématiques des droits de l'homme ont été relevées[16] dans les pays confrontés à une guerre civile[17] ou un conflit transfrontalier,[18] souligne le rapport, citant le Soudan, le Népal, la Côte d'Ivoire, et la Russie, impliquée dans le conflit en Tchétchénie.

Le rapport signale des améliorations dans certaines[19] régions du monde: dans la région des Grands Lacs africains,"[20] il y a eu globalement moins de violence en 2005 et la situation des droits de l'homme s'est nettement améliorée, encourageant[21] des dizaines de milliers de personnes déplacées[22] à rentrer chez elles", note le rapport. Le département d'Etat[2] cite aussi le Liban, qui a mis fin à 29 ans d'occupation syrienne[23] et **tenu** des élections démocratiques, et l'Ukraine, où la "Révolution orange"[24] a permis l'établissement d'un modèle démocratique.

 ## 어휘 및 표현

1: selon: ···에 의하면. selon l'opinion de *qn*: ···의 의견에 따르면.

2: département d'Etat (américain): (미국) 국무성.

3: priver *qn/qc* de *qc*: ···에게서 ···을 빼앗다 [박탈하다]. priver *qn* de ses droits civiques ···에게서 시민권을 박탈하다. Le bombardement a privé la ville d'électricité. 폭격에 의해 도시가 정전되었다. 여기서는 현재분사 형태로 쓰여 앞의 systèmes를 수식함.

4: lesquels: systèmes autoritaires를 선행사로 하는 복합형 관계대명사. p.192

5: aller de *qc* à *qc*: ···에서 ···로 가다, 변화하다, 진행되다.

6: conduire (*qn/qc*) à *qc/inf.* (···을) ···에 이르게 [하게] 하다. La philosophie conduit à la sagesse. 철학은 (사람을) 지혜롭게 한다.

7: en matière de *qc*, en matière + 형용사: ···에 관하여; ···의 분야에(서). être indifférent en matière d'art 예술에 대해 무관심하다. en matière littéraire 문학에 관하여, 문학의 분야에서. en cette matière 그 분야에서.

8: liberté de croyance: 신앙의 자유. liberté de conscience 양심의 자유. liberté de la presse 언론의 자유. liberté de l'expression 표현의 자유.

9: basé sur *qc*: …에 기초한, 근거를 둔.

10: faire partie de *qc*: …의 일부를 이루다, …에 속하다.

11: liberticide: 자유를 침해하는. génocide 집단학살(의). parricide: 부모살해(의). suicide 자살.

12: noter: 주의하다, 유념하다, 주목하다; 특별히 언급하다. 여기서는 현재분사의 형태로 분사구문을 구성. p.102

13: s'exprimer: 자기의 생각 [의견]을 표현하다. s'exprimer pour [contre] *qc* …에 찬성 [반대] 의견을 표현하다.

14: prise de position: 입장 [의견, 태도]의 표명. prendre position pour [contre] *qc* …에 대해 찬성 [반대]의 입장을 취하다.

15: protester contre *qn/qc*: …에 항의하다, 이의를 제기하다.

16: relever: 지적하다, 들추어내다.

17: guerre civile: 내란, 내전.

18: transfrontalier: 국경을 넘는, 국경을 가로지르는. conflit transfrontalier 국가간 분쟁.

19: certaines: (복수 명사 앞에 쓰여) 몇몇의. dans certains pays 몇몇 국가에서. p.199

20: Grands Lacs: 빅토리아호. 아프리카 중동부의 콩고, 르완다, 케냐 등에 인접한 아프리카 최대의 호수로 이 지역 국가에서는 내전·가뭄으로 100만명 이상의 난민과 이주민이 발생했으며, 기아·질병으로 500만명 이상의 희생자를 냈음.

21: encourager *qn* à *qc/inf*: …가 …하도록 용기를 돋우다, 격려하다. 여기서는 분사구문으로 쓰임. p.102

22: personne déplacée: (정치적인 이유로 인한) 국외 망명자.

23: mettre fin à *qc*: …을 끝내다, 종결짓다. mettre fin à sa vie [ses jours, son existence] 자살하다.

24: 우크라이나가 2004년 10월부터 12월까지 두 달 동안 세 차례나 대통령 선거를 치른 끝에 평화적으로 정권교체를 이뤘다. 부정으로 얼룩진 대선 2차 투표 부정 선거에 저항해 광장과 거리를 메운 빅토르 유시첸코 지지자들은 유시첸코가 사용한 깃발 색깔인 오렌지색 옷, 모자, 목도리 등으로 연대감을 표현했는데 이에 착안하여 언론에서는 '오렌지 혁명'이라고 불렀다.

① 지시대명사 celui, celle, ceux, celles

성·수에 따라 변화하는 지시대명사 celui, celle, ceux, celles는 사람과 사물을 대리할 수 있으며, 단순형과 -ci, -là를 붙인 복합형이 있다.

1. 단순형: 항상 한정보어 또는 수식어를 동반하여 쓰인다.

1.1. celui + 관계절

❶ Ce outil est celui que l'on utilise le plus souvent.
　이 도구는 가장 자주 쓰이는 도구이다.

❷ Je cherche un collègue, celui dont j'ai parlé hier.
　나는 어제 말한 바 있는 동료를 찾고 있다.

❸ Ces livres ne sont pas ceux auxquels je faisais allusion.
　이 책들은 내가 암시한 책들이 아니다.
　★ 특정한 명사를 대리하지 않고 단독으로 쓰이는 경우는 항상 사람만을 가리킨다.

❹ Celui qui est honnête dort bien.
　정직한 사람은 잠을 잘 잔다.

❺ Les femmes aiment celui qui ne s'abaisse devant personne.
　여자들은 누구 앞에서도 굽히지 않는 사람을 좋아한다.

❻ Ceux qui peuvent vivre sans travailler ont bien de la chance.
　일을 하지 않고 살아갈 수 있는 사람들은 운이 좋은 사람들이다.

1.2. celui + de + 명사

❶ J'ai apporté mon livre et celui de mon frère.
　나는 내 책과 형의 책을 가지고 왔다.

❷ Cette cravate est plus belle que celle de Paul.
　이 넥타이는 Paul의 넥타이보다 더 아름답다.

❸ Qu'est-ce qu'ils font, ceux du palais?
　궁정의 사람들은 무엇을 하고 있는가?

1.3. celui + 형용사 · 분사 · 동격명사

❶ Ils ont pris le dîner sans autres mots que ceux strictement nécessaires.
　그들은 꼭 필요한 말 말고는 아무 말도 하지 않고 저녁을 먹었다.

❷ Il n'est pas de plus grands crimes que ceux commis contre l'unité de la foi.
   신앙의 단일성에 대해 범한 죄보다 더 큰 죄는 없다.

❸ On voyait les croix portant le nom d'une fille et celles d'un garçon.
   여기에 소녀의 이름이 새겨진 십자가들과 소년의 이름이 새겨진 십자가들을 보고 있었다.

❹ Il les a comptés, tous ceux porteurs d'un uniforme.
   제복을 입은 모든 사람들을 세어보았다.

1.4. celui + de 이외의 전치사구

❶ On peut acheter ici les jouets en bois et ceux en plastique.
   여기에서 나무로 된 장난감들과 플라스틱으로 된 장난감들을 살 수 있다.

❷ Voici les lettres livrées et celles à expédier.
   여기에 배달된 편지와 발송될 편지가 있다.

1.5 celui의 생략: 한정보어 앞이나, être나 sembler동사 뒤 또는 비교절의 que 뒤에서 생략되기도 한다.

❶ Cette guerre a bouleversé la face de la France et (celle) du monde.
   그 전쟁은 프랑스와 세계의 국면을 일변시켰다.

❷ Ses yeux étaient (ceux) d'un enfant.
   그의 눈의 어린아이의 그것이었다.

❸ L'armée s'est retirée sans autre succès que (celui) d'avoir désolé le pays.
   군대는 나라를 황폐하게 한 것 이외의 다른 성과 없이 물러갔다.

2. 복합형: 단순형에 -ci, -là를 붙인 복합형은 강세형으로 명사와 같은 기능을 갖는다.

2.1. 사람·사물의 원근을 나타내어 celui-ci는 가까운 것, celui-là는 먼 것을 가리킨다.

❶ Voici deux livres: celui-ci est à moi, celui-là est à toi.
   여기 두 권의 책이 있는데, 이것은 내 것이고, 저것은 네 것이다.

❷ De ces deux tableaux, voulez-vous celui-ci ou celui-là?
   이 두 그림 중에서 이것을 원하십니까-- 아니면 저것을 원하십니까?

❸ Vous aimez cette cravate-ci ou celle-là?
   이 넥타이를 좋아하십니까, 아니면 저것을 좋아하십니까?

2.2. 이미 언급한 것 중에서 celui-ci는 후자, lelui-là는 전자를 가리킨다.

❶ L'or est plus précieux que le fer, cependant celui-ci est plus utile que celui-là.
   금은 쇠보다 귀중하지만, 후자가 전자보다 더 유용하다.

❷ Le corps périt, l'âme est immortelle; cependant on néglige celle-ci et on sacrifie tout pour celui-là.

육체는 멸하고 영혼은 불멸이다. 그러나 사람들은 후자는 소홀히 하고 전자를 위해 모든 것을 희생한다

2.3. celui-là는 이미 말한 것, celui-ci는 말하고자 하는 것을 가리킨다.

❶ "Fais bien ce tu fais." Aucune maxime ne porterait pas plus de fruits que celle-là, si chacun la mettait en pratique.

"네가 하는 일에 최선을 다하라." 각자가 이 말을 실행한다면 어떤 격언도 이 격언 이상으로 많은 성과를 거두지는 못할 것이다.

❷ Toute la question est celle-ci: pourquoi est-il parti si tôt?

문제는 전적으로 다음과 같다. 즉 왜 그가 그렇게 빨리 떠났는가 하는 것이다.

2.4. 부정대명사 l'un, l'autre; les uns, les autres의 뜻을 가지고 사람만을 가리키며 대조·대립의 의미를 나타낸다.

❶ Celui-ci dit blanc, celui-là dit noir.

어떤 사람은 희다고 하고, 다른 사람은 검다고 한다.

❷ Ceux-ci disent oui, ceux-là disent non.

어떤 사람들은 그렇다고 하고, 다른 사람들은 아니라고 한다.

❸ Il se plaint de tous ses amis; celui-ci vavarde trop, celui-là est trop silencieux, cet autre est peu serviable.

그는 자기 친구 모두를 못마땅하게 생각한다. 어떤 친구는 말이 너무 많고, 다른 친구는 너무 조용하고, 또 다른 친구는 붙임성이 없다.

2.5. 선행사와 관계절 사이에 주동사가 놓이거나 même, seul, seulement 등의 강조하는 말이 삽입되는 경우와 c'est…que [qui] 구문에 의해 강조되는 경우에는 복합형을 쓸 수 있다.

❶ Celui-là est heureux qui a peu de besoins.

필요로 하는 것이 적은 자는 행복하다.

❷ Ceux-là même qui sont déjà venus veulent partir.

이미 왔던 자들조차도 떠나고자 한다.

❸ Ceux-là seulement qui m'ont suivi jouiront de ces privilèges.

나를 따라온 자들만이 이 특권을 누릴 것이다.

❹ C'est celui-là qui a cassé la vase.

화병을 깬 것은 저 사람이다.

2.6. 독립적 용법

2.6.1. celui-ci, celui-là가 인칭대명사보다 강한 지시의 뜻을 나타낸다.

❶ Et s'il n'en reste qu'un, je serai celui-là.
   그 중의 한 사람만이 남는다고 한다면 내가 바로 그 사람일 것이다.

2.6.2. 주로 celui-là가 원근의 구별 없이 단독으로 쓰여 강조·감탄·혐오 따위의 감정을 나타냄.

❶ Celui-là a de la chance.
   저 녀석은 운이 좋아.
❷ Qu'est-ce que celui-là vient faire ici?
   저 녀석이 여기에 무엇 하러 왔어?
❸ Ce qu'elle parle bien, celle-là?
   저 여자 정말 말을 잘 하는군!

2.6.3. celle-là가 단독으로 쓰여 action, affaire, histoire 따위의 여성명사의 뜻을 나타내는 감정적 용법으로 쓰임.

❶ Je ne m'attendais pas à celle-là.
   그런 것은 기대도 하지 않았다.
❷ Il a été reçu à l'école normale? Oh, celle-là est trop forte.
   그가 사범학교에 합격했다구? 오, 그건 너무 심하군.

② tenir

1. 타동사

1.1. N₀ tenir *qn/qc*

1.1.1. N₀ tenir *qn/qc*: 잡다, 쥐다; 고정시키다, 지탱하다; 잡아두다; 유지하다, 보존하다.

❶ Il tient son crayon.
   그는 연필을 쥐고 있다.
❷ Elle l'a tenu par le bras.
   그녀는 그의 팔을 잡았다.
❸ Elle a tenu son fils dans ses bras.
   그녀는 아들을 껴안았다.
❹ Une corde tient le poteau.
   밧줄이 기둥을 지탱하고 있다.
❺ Ce bavard m'a tenu pendant une heure.
   나는 그 수다쟁이에게 한 시간 동안이나 붙잡혀 있었다.
❻ Ce travail l'a tenu un mois.
   그는 그 일로 한 달 동안 꼼짝 못했다.

❼ On a décidé de tenir les prix au niveau actuel.

　물가를 현재의 수준으로 유지하기로 결정했다.

❽ Ce seau ne tient pas l'eau.

　이 양동이는 물이 샌다.

1.1.1.1 N₀ tenir *qn/qc* + 속사/상황보어

❶ Il a promis de tenir ce fait secret.

　그는 그 사실을 비밀로 하기로 약속했다.

❷ Elle tenait les yeux fermés.

　그녀는 눈을 감고 있었다.

❸ Cette affaire la tient occupée jusqu'en mars.

　그녀는 그 일로 3월까지 바쁘다.

❹ Je le tiens quitte de ses dettes.

　나는 그에게 그의 빚을 면제해준다.

❺ Tenez ce plat au chaud.

　그 요리를 따뜻하게 해두세요.

❻ La police a tenu le voleur en prison.

　경찰은 도둑을 감옥에 가두었다.

1.1.1.1.1 N₀ tenir + 속사/상황보어

❶ Ce vêtement tient chaud.

　이 옷은 따뜻하다.

❷ Le café tient en éveil.

　커피를 마시면 잠이 안 온다.

1.1.1.2 N₀ tenir *qn/qc* à *qn*

❶ Il a tenu la porte à son supérieur.

　그는 상사가 지나갈 수 있도록 문을 잡아주었다.

1.1.2. N₀ tenir *qn/qc*: 차지하다, 장악하다; 맡다, 담당하다; (길 · 방향 따위를) 잡다, 택하다; (증거 · 해답 따위를) 쥐고 있다; 알아내다, 파악하다; (용량 · 수용능력 따위가) …이다.

❶ Cette table tient trop de place.

　그 탁자는 자리를 너무 많이 차지하고 있다.

❷ L'ennemi tient la capitale.

　적이 수도를 장악하고 있다.

❸ Ce devoir tiendra toute la journée.

　그 숙제를 하려면 하루 종일 걸릴 것이다.

❹ La musique tient une place importante dans sa vie.

　음악은 그의 삶에 있어 중요한 부분을 차지하고 있다.

❺ Il tient un rôle très important dans cette affaire.
그는 그 일에서 아주 중요한 역할을 맡고 있다.

❻ Elle tient le piano à l'église.
그녀는 교회에서 피아노 반주를 맡고 있다

❼ La colère le tenait.
그는 분노에 사로잡혀 있었다.

❽ Quel chemin tiendrez-vous?
어떤 길로 가시겠습니까?

❾ Je tiens la preuve qu'il a menti.
나는 그가 거짓말을 했다는 증거를 가지고 있다.

❿ Je tiens enfin la solution.
마침내 해결책을 알아냈다.

⓫ Cette salle tient 300 personnes.
그 방에는 300명이 들어갈 수 있다.

1.1.3. N_0 tenir qc: (약속 따위를) 지키다; (회의 따위를) 열다, 개최하다; 운영 [경영, 관리]하다; (상품을) 비치 [취급]하다; (말 따위를) 하다; (장부·일기 따위를) 적다, 쓰다; (병에) 걸리다.

❶ Il ne manquera pas de tenir sa parole.
그는 반드시 약속을 지킬 것이다.

❷ La comité tiendra vendredi sa huitième réunion.
위원회는 금요일에 8차 회의를 열 것이다.

❸ On oncle tient un hôtel à Lyon.
그의 삼촌은 Lyon에서 호텔을 경영하고 있다.

❹ Nous ne tenons plus cet article.
우리는 이제 그 물건을 취급하지 않는다.

❺ Il n'hésite pas à tenir des propos scandaleux.
그는 파렴치한 말을 하는 데 주저하지 않는다.

❻ Il tient un journal intime.
그는 내밀한 일기를 쓰고 있다.

❼ Il tient un bon rhume depuis une semaine.
그는 일주일 전부터 심한 감기를 앓고 있다.

1.1.4. N_0 tenir qc: 억제하다; 견디다, 이겨내다.

❶ Il tenait son soufle.
그는 숨을 죽이고 있었다.

❷ Elle a essayé de tenir ses larmes.
그녀는 눈물을 참으려고 애썼다.

❸ Cette tente tient bien la tempête.
이 텐트는 폭풍우에도 끄떡없다.

❹ Il ne tient pas le vin.

그는 술이 약하다.

❺ Le navire tient bien la mer.

배가 안정된 항해를 하고 있다.

1.2. N₀ tenir *qc* de *qn*: …을 …에게서 얻다, 받다.

❶ Il a tenu cette terre de ses parents.

그는 그 땅을 부모로부터 물려받았다.

❷ Son humeur, il l'a tenue de son père.

그의 기질은 그의 아버지로부터 물려받은 것이다.

❸ La police a tenu ce renseignement de ses complices.

경찰은 그 정보를 그의 공범들로부터 얻어냈다.

1.2.1. N₀ tenir de *qn* que + *ind.*

❶ Elle a tenu de Paul que son fils a passé à l'examen.

그녀는 Paul로부터 그의 아들이 시험에 합격했다는 소식을 들었다.

★ que + ind.는 le로 대명사화할 수 있음.

1.3. N₀ tenir *qn/qc* pour/comme + 속사: …을 …라고 인정하다, 간주하다.

❶ Je tiens cela pour impossible.

나는 그것을 불가능한 것으로 여기고 있다.

❷ Nous le tenons pour un artiste.

우리는 그를 예술가로 생각한다.

❸ Il la tient pour honnête.

그는 그녀를 정직하다고 생각한다.

❹ Je tiens cet homme comme génial.

나는 그가 천재적이라고 생각한다.

1.3.1. N₀ tenir pour + 속사 + de *inf*/que + *ind.*

❶ Je tiens pour dangereux de conduire sans ceinture de sécurité.

나는 안전벨트를 차지 않고 운전하는 것은 위험하다고 생각한다.

❷ Il tient pour peu probable qu'elle vienne.

그는 그녀가 올 가능성이 거의 없다고 생각한다.

1.4. N₀ tenir que + *ind.*: …라고 주장하다.

❶ Elle tient qu'il a raison.

그녀는 그가 옳다고 주장하다.

2. 간접타동사

2.1. N_0 tenir à *qn/qc*

2.1.1. N_0 tenir à *qn/qc*: ···에 붙어있다; 인접하다.

❶ Ce papier peint ne tient plus au mur.
　이 벽지는 이제 벽에 붙어 있지 않는다.
❷ L'armoire tient au mur.
　장롱이 벽에 붙어 있다.
❸ Cette maison tient au parc.
　그 집은 공원에 인접해 있다.

2.1.2. N_0 tenir à *qn/qc*: ···에 애착을 가지다, 집착하다.

❶ Il tient à la vie [à l'argent].
　그는 생 [돈] 에 집착한다.
❷ Elle tient à cet homme.
　그녀는 그 사람에게 애착을 느낀다.
★ à *qn*은 à + 강세형으로, à *qc*은 y로 대리된다.
❸ Il tient à elle.
　그는 그녀에게 애착을 느낀다.
❹ Je n'y tiens plus.
　그건 아무래도 좋다.

2.1.2.1. N_0 tenir à *inf*: 꼭 ···하고 싶어하다, ···하기를 몹시 바라다.

❶ Je tiens à bien finir ce travail.
　나는 그 일을 잘 끝내고 싶다.
❷ Son père tenait à les inviter.
　그의 아버지는 그들은 꼭 초대하고 싶어 했다.
★ à *inf*는 y로 대리된다.

2.1.2.2. N_0 tenir à ce que + *subj.*

❶ Je tiens à ce qu'il vienne.
　나는 그가 꼭 오기를 바란다.
❷ Il tient à ce que tout soit préparé.
　그는 모든 것이 준비되어 있기를 바란다.
★ à ce que + *subj.*는 y로 대리된다.

2.1.3. N$_0$ tenir à *qn/qc*: ···와 관계가 있다; ···에 기인하다.

❶ Ce succès ne tient qu'à lui.
  그 성공은 오로지 그에게 달려있다.
❷ Son échec tient à son état de santé.
  그의 실패는 그의 건강상태에 기인한다.

2.1.3.1. N$_0$ tenir à ce que + *ind.*

❶ Sa fatigue tient à ce qu'il a trop peu dormi.
  그가 피곤해 하는 것은 잠을 너무 조금 잤기 때문이다.
❷ Cela tient à ce qu'il n'a pas bien préparé.
  그것은 그가 준비를 잘 하지 않았기 때문이다.

2.1.3.2. de *inf*/que + *subj.* (cela) tenir à *qn/qc*

❶ Que la réclote soit bonne, (cela) ne tient qu'au beau temps.
  수확이 좋을 것인가 하는 것은 오로지 좋은 날씨에 달려있다.

2.1.3.3. Il/Cela tient à *qn/qc* de *inf* /que + *subj.*

❶ Il ne tient qu'à vous de le lui dire.
  그에게 그 말을 하는 것은 오로지 당신에게 달려있다.
❷ Il [Cela] ne tient qu'au beau temps que la réclote soit bonne.
  수확이 좋을 것인가 하는 것은 오로지 좋은 날씨에 달려있다.
❸ A quoi tient-il que la fête soit une réussite?
  축제가 성공적인 것이 되는 것은 무엇에 달려있는가?
❹ ((생략문)) S'il ne tient qu'à moi [cela], ne vous inquiétez pas.
  그것이 내게만 [그것에만] 달려 있다면 걱정하지 마세요.

2.2. N$_0$ tenir de *qn/qc*: ···을 닮다, ···의 성격을 지니다.

❶ Cet enfant tient de sa mère.
  그 아이는 그의 어머니를 닮았다.
❷ Cela tient du miracle [prodige].
  그것은 기적과 같은 일이다.

3. 자동사

3.1. N$_0$ tenir

3.1.1. N$_0$ tenir: 붙어있다, 고정되다; 지탱하다, 오래가다; 유지되다, 머무르다, 지속되다;

(이론 따위가) 성립하다.

❶ Le chapeau ne tient pas sur sa tête.
　그의 모자가 머리에 잘 붙어 있지 않는다.
❷ Faites un double noeud, cela tiendra mieux.
　두 겹으로 매시오, 더 튼튼할 거요.
❸ Le beau temps ne va pas tenir.
　좋은 날씨가 지속되지 않을 것이다.
❹ Le gouvernement ne tiendra plus longtemps.
　정부가 더 이상 오래가지 못할 것이다.
❺ Il n'y a pas de raison qui tienne.
　어떤 이유를 들고 나와도 소용없다.

3.1.1.1 N_0 tenir + 속사

❶ Je ne tiens plus debout.
　나는 더 이상 서 있을 수가 없다.
❷ Ce clou tient bon [fort].
　이 못은 단단히 박혀있다.

3.1.2. N_0 tenir: 견디다, 버티다, 저항하다.

❶ Combien de temps croyez-vous qu'elle tiendra sans rien manger?
　그녀가 아무것도 먹지 않고 얼마나 견딜 수 있을 거라고 생각하십니까?
❷ Cette pièce est trop froide, on ne tient pas ici.
　이 방은 너무 추워서 더 이상 견딜 수 가 없다.
❸ Je ne tiens plus de fatigue.
　피곤해서 더 이상 버틸 수가 없다.
❹ Ils ont tenu ferme contre l'ennemi.
　그들은 적에게 완강히 저항했다.

3.1.3. N_0 tenir: 들어갈 수 있다, 수용되다; 요약 [집약] 되다.

❶ Tous ces livres ne peuvent pas tenir dans cette boîte.
　그 상자에 이 책이 모두 들어갈 수 없다.
❷ On peut tenir à six dans cette voiture.
　그 차에 여섯 명이 탈 수 있다.
❸ On peut tenir à huit autour de cette table.
　그 탁자 주위에 여덟 명이 앉을 수 있다.
❹ Notre proposition pourrait tenir en trois mots.
　우리의 제의는 세 마디로 요약될 수 있을 것이다.

4. 대명동사

4.1. N_0 se tenir

4.1.1. N_0 se tenir: 서로 잡다.

❶ Les enfants se tiennent par la main.
아이들이 서로 손을 잡고 있었다.

4.1.2. N_0 se tenir: 서로 관계가 있다.

❶ Tout cela se tient.
그 모든 것은 서로 연관성이 있다.
❷ La langue est un système où tout se tient.
언어는 모든 것이 서로 관계를 맺고 있는 하나의 체계이다.

4.1.3. N_0 se tenir: (어떤 상태에) 있다; 처신하다, 행동하다.

❶ Mon oncle se tenait debout près de la fenêtre.
삼촌이 창가에 서 있었다.
❷ Elle se tenait les bras croisés.
그녀는 팔짱을 끼고 있었다.
❸ Cet enfant se tient bien à table.
이 아이는 식사 중의 태도가 좋다.
❹ Tiens-toi tranquille.
조용히 있어라.
❺ Il ne sait comment se tenir avec les femmes.
그는 여자들을 대할 때 어떻게 처신해야 할지 모른다.

4.1.4. N_0 se tenir: (회의 따위가) 열리다, 개최되다.

❶ La conférence prochaine se tiendra deux jours après.
다음 회의가 2일 후에 열릴 것이다.
❷ Les Jeux Olympiques se tiennent tous les quatre ans.
올림픽 경기는 4년마다 개최된다.

4.1.4.1. 비인칭구문
❶ Il se tient une fête sportive chaque année.
매년 체육대회가 열린다.

4.2. N₀ se tenir à *qc*

4.2.1. N₀ se tenir à *qc*: ⋯에 매달리다, ⋯을 붙잡다.

❶ Il se tenait à une branche.
그는 나뭇가지에 매달려 있었다.

❷ Elle se tient à la rampe pour descendre la pente.
그녀는 난간을 잡고 비탈길을 내려온다.

4.2.2. N₀ se tenir à *qc*: ⋯을 지키다, 이행하다.

❶ Il se tient aux conseils de son père.
그는 아버지의 충고를 충실히 따른다.

4.3. N₀ se tenir pour + 속사: 자신을 ⋯라 여기다.

❶ Elle se tient pour intelligente.
그녀는 자기가 영리하다고 생각한다.

❷ Il se tient pour un grand inventeur.
그는 자기가 훌륭한 발명가라고 생각한다.

4.4. N₀ se tenir *qc*

4.4.1. N₀ se tenir *qc*: 자기의 ⋯을 잡다.

❶ Il se tenait la tête dans les mains.
그는 손으로 머리를 감싸고 있었다.

4.4.2. N₀ se tenir *qc*: 서로 ⋯을 행하다.

❶ Ils se tiennent des propos injurieux.
그들은 서로 모욕적인 언사를 주고 받는다.

4.5. N₀ s'en tenir à *qc*: ⋯로 만족하다, ⋯에 그치다.

❶ Je m'en tiens aux propotions que vous m'avez faites.
당신이 내게 한 제안으로 만족한다.

❷ Il sait bien à quoi s'en tenir.
그는 어떻게 해야 할지 잘 알고 있다.

MEMO NOTE

3 Moscou renforce sa coopération énergétique avec Pékin

Le Monde | 21.03.06

La Chine et la Russie ont annoncé, mardi 21 mars, un renforcement de leur coopération dans l'énergie, dont[1] un gros projet de gazoducs,[2] à l'occasion d'une visite officielle[3] à Pékin du président russe, Vladimir Poutine. Au total,[4] quinze accords ont été signés dont quatre[1] concernant[5] l'énergie, entre le géant asiatique, deuxième consommateur de pétrole, et son voisin russe, deuxième exportateur de brut[6] et premier fournisseur de gaz. Ces accords **devraient** favoriser[7] les livraisons de gaz et d'électricité à la Chine ainsi que[8] la création de joint-ventures[9] dans le pétrole.

Le projet le plus important porte sur[10] la construction de deux gazoducs[2] pour fournir près de[11] 80 milliards de mètres cubes[12] de gaz par an[13] au marché chinois d'ici à cinq ans,[14] a indiqué le patron du géant[15] russe Gazprom, Alexeï Miller. L'accord a été annoncé par le président Poutine, qui a confirmé aussi que son pays **participerait** à la construction de nouvelles centrales nucléaires[16] en Chine.

Un protocole[17] a d'autre part[18] été signé entre la compagnie russe Transneft, qui gère les oléoducs,[19] et le chinois CNPC.[20] "Les autorités[21] et les sociétés des deux pays vont continuer activement à travailler sur des projets d'oléoducs et de gazoducs pour fournir du pétrole et du gaz de Russie à la Chine", indique la déclaration conjointe[22] signée par les présidents Hu Jintao et Vladimir Poutine.

Les Russes veulent construire un oléoduc Sibérie-Pacifique vers le Japon et la Chine, cette dernière[23] faisant pression[24] pour l'édification rapide d'un embranchement spécifique jusqu'à Daqing (nord-est de la Chine), craignant que les Japonais ne[25] se voient accorder la priorité.[26]

PROJET STRATÉGIQUE

Les Chinois, en manque de[27] ressources naturelles[28] pour assurer leur développement économique frénétique et encore trop dépendants du charbon, souhaitent **faire avancer**[29] rapidement ce projet qu'ils considèrent comme stratégique.

Mais les Russes ont clairement indiqué dans le passé qu'ils ne voulaient pas être seulement des fournisseurs de matières premières[30] et qu'ils attendaient que les Chinois investissent chez eux, notamment dans l'Extrême-Orient.[31] Malgré[32] le peu de progrès concrets enregistrés dans ce domaine, les deux présidents se sont félicités mardi de l'état des relations bilatérales.[33]

Avant leur tête-à-tête,[34] Hu Jintao et Vladimir Poutine ont brièvement évoqué chacun son tour[35] le "haut niveau des relations". "Je suis très satisfait de notre coopération économique et commerciale", a déclaré le président russe. Mais si les échanges commerciaux se sont élevés en 2005 à près de[11] 30 milliards de dollars (24,5 milliards d'euros), en hausse de 37,1%[36] par rapport à 2004,[37] cela est largement dû au niveau élevé[38] des livraisons de pétrole et de gaz.

La visite de M. Poutine coïncide avec[39] le lancement[40] de l'"Année de la Russie en Chine" et de ses manifestations[41] culturelles, scientifiques et économiques. Les liens entre Pékin et Moscou, jadis rivaux au sein du mouvement communiste,[42] se sont resserrés ces dernières années[43] avec en particulier[44] l'objectif commun de réduire l'influence des Etats-Unis en Asie centrale. L'an passé[45] a vu les deux pays organiser[46] conjointement leurs premières grandes manœuvres militaires.[47]

La quatrième visite officielle de M. Poutine **devrait** aussi être[7] l'occasion pour les deux géants[15] de se pencher sur des questions internationales[48] comme l'Iran et la Corée du Nord. Le président russe doit rencontrer[7] mercredi le premier ministre chinois, Wen Jiabao, avant de quitter Pékin dans la soirée.

어휘 및 표현

1: dont: (부분의 뜻을 나타내어) 그 중에. Il m′a prêté des romans dont deux m′ont fort intéressé. 그가 내게 소설을 빌려 주었는데 그 중 두 권은 몹시 흥미로웠다. Il y a quelques invités, dont une femme. 몇 명의 손님이 있었는데 그 중에 여자도 한명 있었다. p.140

2: gazoduc: 가스공급관.

3: à l′occasion de *qc*: ⋯을 맞이하여, ⋯을 계기로. à l′occasion de son anniversaire 그의 생일을 맞이하여.

4: au total: 전부 합해서, 총계.

5: concernant: ⋯에 관한, ⋯에 대하여(=touchant). mesures concernant l′inflation 인플레이션에 관한 조치.

6: brut: 원유.

7: devoir *inf*: ⋯하기로 되어 있다, ⋯할 예정이다; ⋯일 것이다. p.288 여기에서 조건법은 확인되지 않은 사실의 진술·추측을 나타냄.

8: ainsi que: a) ⋯와 아울러, 그리고 또. Le chien ainsi que le chat sont des mammifères. 개와 고양이는 포유류이다. Je le connais ainsi que sa femme. 나는 그와 그의 부인을 알고 있다. b) ⋯처럼, ⋯와 같이. Il a été puni ainsi que son camarade. 그는 그의 친구처럼 벌을 받았다.

9: joint-venture: 합작 투자 (업체).

10: porter sur *qn/qc*: ⋯을 대상으로 [목표로] 하다; ⋯에 영향을 미치다. discussion qui porte sur la politique de l′énergie 에너지 정책에 대한 토론. adverbe qui porte sur la phrase entière 문장 전체에 걸리는 부사. p.164

11: près de: 거의, 약. gagner près de mille euros 약 천 유로를 벌다.

12: cube: 세제곱의, 3승의, 입방의. mètre cube 세제곱미터. espace de cent mètres cubes 100m^{3}의 공간.

13: par + 무관사 명사: (단위·배분을 나타내어) ⋯마다. trois fois par semaine 주마다 3번. Cela coûte dix euros par tête. 그것은 1인당 10유로이다.

14: d′ici (à) + 시간 [장소] 명사: 지금부터 [여기에서부터] ⋯까지. d′ici (à) cinq ans: 지금부터 5년 동안. d′ici (à) samedi 지금부터 토요일까지. d′ici peu 곧. d′ici (à) Paris 여기에서 파리까지.

15: géant: 거대한 기업; 초강대국.

16: centrale: 발전소. centrale nucléaire [hydraulique, thermique, solaire] 원자력 [수력, 화력, 화력, 태양열] 발전소.

17: protocole: 의정서.

18: d'autre part: 한편; 더구나, 게다가. D'autre part, il était malade. 게다가 그는 몸이 불편했었다.

19: oléoduc: 송유관.

20: CNPC: China National Petroleum Corporation 중국석유가스공사.

21: autorité: (복수로 쓰여) 당국(자). autorités chinoises 중국 정부당국.

22: conjoint: 공동의. déclaration conjointe 공동선언. travaux conjoints 공동 작업.

23: ce dernier, cette dernière: 후자. 여기서는 la Chine를 가리킴.

24: faire [exercer une] pression sur *qn*: …에게 압력 [압박]을 가하다. 여기서는 cette dernière를 주어로 하는 절대분사 구문으로 쓰임. p.103

25: craindre que + (ne) *subj.*: …할까봐 두렵다. 종속절에 허사 ne의 사용은 임의적임. Je crains qu'elle (ne) vienne. 나는 그녀가 오지나 않을까 두렵다.

26: se voir *inf*: a)(se가 직접보어, 과거분사 일치) 자신이 …한다는 것을 보다[느끼다]. Elle ne s'est pas vue mourir lentement. 그녀는 자신이 서서히 죽어가고 있다는 것을 느끼지 못했다. b)(se가 간접보어, 과거분사 일치시키지 않음) 자신에게 …하는 것을 보다[느끼다], 자신이 …당한다는 것을 보다[느끼다]. Elle s'est vu donner un livre. 그녀는 책을 한권 받았다. Elle s'est vu reprocher sa trahison. 그녀는 배신행위에 대해 비난을 받았다. p.134

27: en manque de *qn/qc*: …이 없는. Elle est en manque d'amoureux. 그녀는 애인이 있었으면 하고 몹시 바란다.

28: ressource: (복수로 쓰여) 자원. ressources naturelles 천연자원. ressources en hommes et en matériel 인적 물적 자원.

29: avancer: (일 따위에서) 진전을 보다; 진척되다. Vous avancez dans votre travail? – Non, ça n'avance pas du tout. 작업에 진전이 있습니까? – 아니오, 전혀 없어요. faire avancer les réformes 개혁을 추진하다.

30: matière: 재료, 소재. matières premières 원료. matières plastiques 플라스틱 소재.

31: Extrême-Orient: 극동. Proche-Orient 근동. Moyen-Orient 중동.

32: malgré *qc*: …에도 불구하고(=en dépit de).

33: se féliciter de *qc/inf*, se féliciter que + *subj.*: …(한 것)에 대해 만족해하다, 기뻐하다.

34: tête-à-tête: (두 사람간의) 대화, 대담.

35: chacun son tour: 각자 차례대로.

36: en hausse: 상승한. 상승중인. en hausse de 37,1% 37.1% 상승한.

37: par rapport à *qn/qc*: …에 대하여, 비하여; …와 관련하여. Le prix de l'or a augmenté par rapport à l'année dernière. 작년에 비해 금값이 올랐다. se sentir coupable par rapport à *qn* …에 대해 죄책감을 느끼다.

38: dû à *qc*: …에 의한, 기인한. accident dû à l'imprudence 부주의로 인한 사고.

39: coïncider avec *qc*: …와 일치하다; …와 동시에 발생하다.

40: lancement: (사업·활동 따위의) 개시, 시작; (작품·제품 따위의) 발표, 발행.

41: manifestation: 행사, 대회. manifestation musicale 음악 행사.

42: au sein de *qc*: …의 안에, 내부에.

43: dernier: (명사 앞에 쓰여) 최근의, 최신의. ces dernières années 최근 몇 년 동안. habillé à la dernière mode 최신 유행의 옷을 입은.

44: en particulier: a)특히(=particulièrement). Il aime bien la musique, en particulier les sonates de Chopin. 그는 음악을 매우 좋아하는데, 특히 쇼팽의 소나타를 좋아한다. b)별도로, 개별적으로(=à part). traiter une affaire en particulier 일을 별도로 처리하다. c)개인적으로(en privé). parler à *qn* en particulier …에게 개인적으로 말하다.

45: passé: 과거의, 지나간. an passé 작년. lundi passé 지난 월요일.

46: voir *qn*/*qc* + *inf.*: …가 …하는 것을 보다. ((지각동사구문, p.129)).

47: manœuvre: 훈련; 작전. grandes manœuvres militaires 대규모 군사 훈련 [작전]. être en manœuvres 작전 중이다.

48: se pencher sur *qc*: …에 관심을 가지다; …을 연구 [검토]하다(=étudier, examiner). se pencher sur un problème 어떤 문제를 연구하다.

 문법 및 구문

1 조건법

조건법은 직설법, 접속법 등과 같이 동사가 표현하는 동작이나 상태에 대한 화자의 태도를 나타내는 법으로서의 용법과 현재, 과거, 미래 등과 같이 동작이 이루어지는 시기를 나타내는 시제로서의 용법이 있다.

1. 법으로서의 용법

법으로서의 조건법은 조건법의 원래의 용법으로 어떤 가상의 조건을 가정할 때, 그 조건의 결과로 일어날 수 있는, 일어날지 모르는, 또는 일어났을지도 모르는 미래, 현재, 과거의 비현실적인 사실을 나타낸다.

1.1. 조건절의 주절에서의 용법

1.1.1. 현재·미래에 대한 가정: 현재나 미래의 비현실적인 또는 가능성이 희박한 사실을 가정할 때, 조건절에는 직설법 반과거를 쓰고 주절에는 조건법 현재(완료 동작의 표현에는 조건법 과거)를 쓴다.

❶ S'il était riche, il vous prêterait cette somme.
   만일 그가 부자라면, 당신에게 그 돈을 빌려줄 텐데.
❷ Je réussirais, si vous m'aidiez.
   만약 당신이 나를 도와주신다면 나는 성공할 텐데.
❸ Si j'avais des nouvelles de Jean, je vous écrirais.
   만약 내가 Jean의 소식을 듣게 되면, 당신에게 편지를 쓸 텐데.
❹ S'il faisait beau demain, je partirais en vacances.
   내일 날씨가 좋다면, 휴가를 떠나겠는데.
❺ Si un jour j'avais de l'argent, j'achèterais une villa en Italie.
   만일 언젠가 내게 돈이 생긴다면, 이탈리아에 별장을 하나 살 텐데.
❻ S'il commençait ce travail demain, je l'aurais fini après-demain.
   그가 내일 그 일을 시작한다면, 모레까지는 다 끝마칠 텐데. 《완료》

1.1.2. 과거에 대한 가정: 과거에 대한 비현실적인 사실을 가정할 때, 조건절에는 직설법 대과거를 쓰고 주절에는 조건법 과거를 쓴다.

❶ S'il avait fait beau, elle serait parti.
   날씨가 좋았다면, 그가 떠났을 텐데.
❷ Si j'avais bien travaillé, j'aurais reçu la récompense.
   만약 내가 열심히 공부했더라면 상을 탔을 텐데.
❸ Si j'avais été de vous, j'aurais agi autrement.
   만일 내가 당신이었다면 달리 행동했을 텐데.
❹ Elle serait venu vous voir hier soir, si elle avait cru vous rencontrer.
   만약 그녀가 당신을 만날 줄 알았더라면, 어제 저녁에 당신을 보러 왔었을 텐데.

★ 실현성이 있는 사실에 대한 단순한 가정일 경우에는, 현재·미래에 대한 가정은 si절에 직설법 현재를, 과거에 대한 가정은 직설법 과거를 쓰고, 주절에도 의미에 따라서 직설법 현재, 미래, 과거 또는 명령법을 쓴다.

❶ S'il fait beau deman, je partirai en vacances.
   내일 날씨가 좋으면 휴가 떠나겠다.
❷ Si vous partez demain, je vous accompagnerai.
   당신이 내일 떠나신다면 따라가겠습니다.
❸ Si cela doit se reproduire, faites-le-moi savoir.
   만일 그런 일이 또 생기면, 내게 알려주시오.
❹ Si elle est partie à trois heures, elle arrivera à sept heures.
   그녀가 3시에 출발했다면 7시에 도착할 것이다.

★ 조건을 나타내는 문장은 si이외의 다른 접속사(구)나, 전치사(구), 부사구 또는 gérondif 등에 의해 구성될 수도 있다.

❶ Au cas où une complication se produirait, faites-moi venir.
　복잡한 일이 생기면 나를 부르시오.

❷ Pourvu qu'il y consente, je me charge du reste.
　그가 거기에 동의만 하면 나머지는 내가 맡는다.

❸ A votre place, je refuserais.
　내가 당신 입장이라면 거절할 텐데.

❹ Sans vous, cela serait impossible.
　당신이 없으면 그것은 불가능할 것입니다.

❺ En cas d'accident, nous aurions été embarrassés.
　사고가 났더라면 우리는 매우 난처했을 텐데.

❻ En cherchant bien, vous trouveriez.
　잘 찾아보면 찾아낼 수 있을 것입니다.

❼ En mangeant moins, vous vous porteriez mieux.
　적게 먹을수록 더 건강해질 것입니다.

★ 조건절이 생략되거나 앞뒤 문맥에 의해 암시되기도 한다.

❶ Je reviendrais tout de suite.
　(그럴 수 만 있다면) 곧 돌아왔으면 합니다만. (si je pouvais의 생략)

❷ Veut-elle qu'elle l'accompagne? – Elle le gênerait.
　그녀가 그와 같이 가기를 원합니까?-(만약 따라가면) 그에게 방해가 될 겁니다. (si elle l'accompagnait의 생략)

★ si절과 주절의 동사가 모두 현재 또는 반과거로 쓰이면 si가 조건이 아니라 quand, à chaque fois que의 뜻으로 쓰여 습관·반복의 의미를 나타낼 수 있다.

❶ En vacances, s'il fait mauvais, je visite les musées.
　나는 휴가 중에 날씨가 좋지 않으면 박물관을 방문한다.

❷ S'il pleuvait, je m'abritais dans un café.
　비가 오면 나는 까페로 대피하곤 했다.

★ 조건절이 연이어 두 개 이상 연이어 올 때 두 번째 조건절부터 si대신 que를 쓸 수 있다(que로 대치된 절은 문어체에서는 접속법을 쓰나 구어체에서는 직설법이 허용된다).

❶ Si j'avais une fille et que j'étais du monde riche, je lui achèterais un château en Ecosse.
　만일 내게 딸이 있고 내가 부유층에 속한다면. 그녀에게 스코틀랜드에 성을 하나 사줄 텐데.

1.2. 종속절에서의 용법

1.2.1. 가상적인 존재가 선행사로 쓰인 관계절

❶ Je suppose un homme qui visiterait cette nouvelle ville pour la première fois.

나는 처음으로 그 새로운 도시를 방문하게 되는 사람을 상정해본다.

❷ Il a proposé de construire un pont qui relierait directement les deux îles.
  그는 두 섬을 연결하는 다리를 건설하자는 제안을 했다.

❸ Quelqu'un qui le verrait croirait qu'il va à un rendez-vous d'amour.
  그를 보는 사람은 누구나 그가 사랑의 밀회를 하러 간다고 생각할 것이다.

❹ Il est honteux comme un renard qu'une poule aurait pris.
  그는 암탉에게 잡힌 여우같이 부끄러워한다.

1.2.2. comme로 시작하는 비교절에서 가상적인 사실을 나타냄.

❶ Elle le traite comme elle traiterait son domestique.
  그녀는 그를 자기 하인을 대하듯 한다.

❷ Il apportait son argent comme il aurait apporté son cou.
  그는 자기 목을 가져온 것처럼 자기 돈을 가져오곤 했다.

1.2.3. 양보절에서 가상적인 사실을 나타냄.

❶ Quand bien même il aurait tort, je dois lui obéir.
  설사 그가 틀린다 하더라도, 나는 그에게 복종해야 한다.

❷ Quand même vous seriez le chef de l'Etat, je ne pourrais vous vendre une marchandise que je n'ai pas.
  설사 당신이 국가 원수라 하더라도 내가 가지고 있지 않은 물건을 팔 수는 없을 것이오.

❸ Lors même que vous me offririez beaucoup d'argent, je refuserais de vendre ma maison natale.
  당신이 내게 많은 돈을 준다 해도 나는 내 생가를 팔지 않을 것이오.

1.2.4. 시간절에서 가상적인 사실을 나타냄.

❶ Ce livre vous consolerait quand vous auriez du chagrin.
  이 책은 당신이 슬플 때 위로해 줄 거요.

❷ Nous pourrions faire une promenade ensemble quand vous seriez guéri.
  당신이 회복이 되면 함께 산책을 할 수 있을 것이오.

1.3. 독립절에서의 용법

1.3.1. 상상적인 미래

❶ Le jardin serait plein de roses et de tulipes.
  정원은 장미와 튤립으로 가득 찰 것이다.

❷ Arrivé à destination, il dormirait quelques heures, puis se lèverait, prendrait un bain, s'habillerait et irait faire un tour.

그는 목적지에 도착하면 몇 시간 동안 잠을 잘 거야. 그리고 일어나서 목욕을 한 후, 옷을 입고 한번 둘러보러 나갈 거야.

1.3.2. 어조완화

❶ Je voudrais vous demander quelque chose.
뭐 좀 여쭤보고 싶은 것이 있는데요.

❷ Pourriez-vous m'indiquer la gare?
역이 어디인지 가리켜 주시겠어요?

❸ Auriez-vous l'obligeance de venir m'aider?
와서 좀 도와주시겠습니까?

❹ Vous devriez apprendre le français.
불어를 좀 배우셔야 할 텐데요.

1.3.3. 확인되지 않은 사실에 대한 추측

❶ Ce serait mardi qu'elle m'a téléphoné.
그녀가 내게 전화를 한 것이 아마 화요일이었을 거야.

❷ Il y a eu un incendie hier soir dans mon quartier; le feu aurait été mis par un malfaiteur.
어제 저녁에 우리 구역에 불이 났다. 아마도 어떤 악당이 불을 지른 것 같다.

1.3.4. 이루지 못한 사실에 대한 후회, 유감

❶ Il aurait dû vous consulter.
그는 당신에게 의견을 물어야 했을 텐데요.

❷ J'aurais mieux fait de partir plus tôt.
좀 더 일찍 떠나는 게 좋았을 텐데.

1.3.5. 의심의 뉘앙스를 지닌 질문

❶ Seriez-vous devenu artiste, capitaine?
당신이라면 예술가가 되시었을까요, 대위님?

1.3.6. 우발성

❶ Leurs pères aussi possèdent des domaines, quoique moins considérables, et pourraient à la rigueur vivre du seul produit de leurs terres.
그들의 조상도 덜 크기는 하지만 영지를 소유하고 있으며, 부득이한 경우는 소유지의 생산물만으로 생활할 수 있을 것이다.

1.3.7. 양보

❶ Il travaillerait [Travaillerait-il] dix fois de plus, (qu')il n'en serait pas plus riche.
그가 열 배 더 일한다고 해서 부자될 리가 없지.

1.3.8. 조건

❶ Il serait là, nous le verrions.
그가 거기에 있다면, 우리가 그를 볼 수 있을 텐데. (=S'il était là, …)
❷ Il aurait été là, nous l'aurions vu.
그가 거기에 있었다면, 우리가 그를 볼 수 있었을 텐데. (=S'il avait été là, …)

1.3.9. 도전

❶ Ils prétendent qu'ils peuvent finir ce travail avant midi, je voudrais bien le voir.
그들이 그 일을 오전에 마칠 수 있다고 주장하는데, 어디 그걸 좀 보고 싶은 걸.

1.3.10. (croire나 dire의 조건법에 의해) 외관의 표현

❶ On croirait que cet enfant dort.
마치 그 아이가 자고 있는 것 같다.
❷ On dirait qu'elle a pleuré.
그녀가 운 것 같다.

1.3.11. 분개, 놀라움, 항의 등의 감정적 용법

❶ Moi, je trahirais la patrie que j'aime!
내가 사랑하는 조국을 배반하다니!
❷ Croiriez-vous qu'elle a volé?
글쎄 그녀가 도둑질을 했다지 뭡니까?
❸ Je l'aurais mal traité! Serait-il possible?
내가 그를 학대했다고요! 그럴 수가 있을까요?

2. 시제로서의 용법

조건법이 시제로서의 용법으로 쓰일 때는 직설법의 의미를 가지며, 조건법 현재는 과거에 있어서의 미래, 조건법 과거는 과거에 있어서의 전미래를 나타난다.

2.1. 종속절에서의 용법

❶ Il a dit qu'il partirait le lendemain.
그는 그 이튿날 떠나겠다고 말했다.

❷ Je ne savais pas quand il viendrait.
나는 그가 언제 올지 모르고 있었다.

❸ Je croyais qu'ils auraient fini ce travail à midi.
나는 그들이 정오에는 그 일을 끝내 놓을 것이라고 생각하고 있었다.

❹ Elle a répondu qu'elle les recevrait quand elle aurait déjeuné.
그녀는 점심을 먹고 나서 그들을 맞이하겠다고 대답했다.

★ 종속절의 사실이 확정되어 있거나 현재보다 다음에 일어날 일에는 직설법 미래를 쓴다.

❶ Il a promis qu'il viendra le mois prochain.
그는 다음 달에 오겠다고 약속했다.

❷ La météo a dit qu'il pleuvra demain.
기상대는 내일 비가 올 것이라고 예보했다.

2.2. 관계절에서의 용법

❶ Il a acheté une maison où il vivrait avec ses enfants.
그는 그가 그의 아이들과 함께 생활하게 될 집을 샀다.

❷ Elle savais qu'ils appartenaient à un monde où son fils ne pénétrerait jamais.
그녀는 그들이 그의 아들은 결코 들어가지 못할 그런 세계에 속하고 있다는 것을 알고 있었다.

2.3. 자유간접화법: 간접화법에서 Il a dit, Il a pensé 등의 주절을 생략하고 종속절만을 쓴 표현법.

❶ Elle a ouvert la porte du salon et nous a appelés: Ne voulions-nous pas un peu de thé? Cela nous réchaufferait après cette course.
그녀는 객실의 문을 열고 우리를 불렀다. (그리고 말했다) : 참 좀 마시지 않을래? 그래야 뛰어다닌 몸이 녹지 않겠니.

❷ Par le trou du plafond je voyais déjà une étoile: la nuit serait pure et glacée.
천정의 구멍으로 벌써 별이 하나 보였다: 밤은 청명하고 싸늘한가 보다.

2.4. 독립절에서의 용법: 과거의 이야기를 하다가 그 후의 사실을 과거의 시점에서 진술

❶ Les soldats blessés gisaient sur la terre. Quelques-uns s'éteindraient avant la nuit.
부상병들이 땅에 누워 있었다. 밤이 되기 전에 몇 명은 숨을 거둘 것이다.

② faire 사역동사구문

faire동사는 사역동사로서 부정법과 함께 쓰여 「…하게 하다」의 의미를 나타내며, 수동형으로 쓰일 수 없다. laisser 사역동사구문과는 달리 부정법의 주어가 부정법의 앞에 위치하는 구조는 취할 수 없고(p.93), 부정법이 목적보어를 동반하느냐 동반하지 않느냐에 따라 구조를 달리 한다.

1. 부정법이 자동사이거나 타동사로서 직접목적보어를 동반하지 않을 때:
faire 동사와 부정법 동사가 하나의 통사단위처럼 기능하여 부정법의 주어가 부정법 동사 뒤에 놓인다.

❶ a) Il a fait venir le médecin.
그는 의사를 오게 했다.
b) * Il a fait le médecin venir.

❷ a) Ils ont fait attendre les invités dans un petit salon.
그들은 손님들을 작은 방에서 기다리게 했다.
b) * Ils ont fait les invités attendre dans un petit salon.

❸ La pluie fait pousser l'herbe.
비는 풀을 자라게 한다.

❹ Elle fait lire son enfant tous les matins.
그녀는 그의 아이가 매일 아침 독서를 하도록 한다.

❺ Cette chanson fait songer cet homme à sa jeunesse.
그 노래는 그 사람에게 젊은 시절을 생각나게 한다.

1.1. 부정법의 주어가 대명사화 되면 faire 동사 앞에 놓으며, 과거분사는 일치시키지 않는다.

❶ Cet homme, je le fait venir.
나는 그 사람을 오게 한다.

❷ La fille, il l'a fait pleurer.
그는 그 소녀를 울렸다.

★ 긍정명령문의 경우에는 보어대명사가 faire동사와 부정법 동사 사이에 위치할 수 있다.

❸ Faites-la entrer.
그녀를 들어오게 하시오.

❹ Faites-les partir.
그들을 떠나게 하시오.

1.2. 대명동사의 재귀대명사를 생략할 수 있으나, 상호대명동사의 경우나 재귀대명사의 생략으로 의미적으로 모호해질 경우에는 생략하지 않는다.

❶ Il a fait asseoir son ami.

  그는 그의 친구를 앉게 했다.

❷ Cela a fait (s')évanouir ses espérances.

  그것은 그의 희망을 사라지게 했다.

❸ Faites-les taire.

  그들을 잠자코 있게 하시오.

❹ Son oncle les a fait se connaître.

  그의 삼촌은 그들을 서로 알게 했다.

❺ On l'a fait s'arrêter.

  그를 멈추게 했다.

  cf) On l'a fait arrêter.

  그를 체포하게 했다.

1.3. 부정법의 주어가 on이거나 비인칭 주어 il이면 생략한다.

❶ L'abus de l'alcool peut faire dormir.

  지나친 음주는 잠을 유발할 수 있다.

❷ On ne peut faire pleuvoir.

  비가 오게 할 수는 없다.

2. 부정법이 타동사로서 직접목적보어를 동반할 때:

  부정법 동사의 직접목적보어가 부정법 동사 뒤에 놓이고 주어는 faire 동사와 부정법 동사 사이에 위치하지 못하고 전치사 à 또는 par에 의해 유도된다.

❶ a) Il a fait construire sa maison à cet architecte.

  그는 그 건축가에게 그의 집을 짓게 했다.

  b) * Il a fait cet architecte construire sa maison.

❷ a) Elle a fait raconter l'incident par son ami.

  그녀는 그의 친구가 그 사건에 대해 이야기하게 했다.

  b) * Elle a fait son ami raconter l'incident.

❸ Jean a fait balayer la cour par Pierre.

  Jean은 Pierre에게 마당을 쓸게 했다.

❹ Il a fait savoir à son fils ce qu'il devait faire.

  그는 그의 아들에게 무엇을 해야 하는지를 알려주었다.

  2.1. 부정법의 목적어가 대명사화 되면 faire 동사 앞에 놓이며, à에 의해 유도되는 동작주는 간접보어로 대명사화 되어 역시 faire 동사 앞에 놓인다. par에 의해 유도되는 동작주는 대명사화되

면 「par + 강세형대명사」의 형식을 취한다.

❶ a) Les pommes, il les fait manger à ses enfants.
　　그는 아이들에게 사과를 먹게 한다.
　b) * Les pommes, il fait les manger à ses enfants.

❷ Je lui a fait tailler un vêtement.
　　나는 그에게 양복을 만들게 했다.

❸ Il s'est fait tuer par son subalterne.
　　그는 그의 부하에게 살해되었다.
　cf) Il a fait se tuer son subalterne.
　　그를 그의 부하를 자살하게 했다.

❹ Elle a fait balayer la cour par lui.
　　그녀는 그에게 마당을 쓸게 했다.

❺ a) Il la lui a fait réparer.
　　그는 그에게 그것을 수리하게 했다.
　b) * Il lui a fait la réparer.

❻ Elle l'a fait raconter par lui.
　　그녀는 그에게 그에 대해 이야기하도록 했다.

★ 긍정명령문의 경우에는 보어대명사가 faire동사와 부정법 동사 사이에 위치한다.

❼ Faites-la-lui réparer.
　　그에게 그것을 수리하게 하시오.

❽ Faites-les-leur manger.
　　그들에게 그것들을 먹게 하시오.

2.2. 동작주가 생략된 구문이 자주 쓰인다. 부정법 동사 뒤의 명사구가 목적어인지 동작주인지 의미가 모호해질 수 있으며, 문맥에 의해 판단한다.

❶ J'ai fait appeler un médecin.
　　나는 의사를 부르게 했다.

❷ Elle a fait chanter cette chanson tous les matins.
　　그녀는 매일 아침 그 노래를 부르게 했다.

❸ Il a fait battre le tambour.
　　그는 북을 쳤다./ 그는 (다른 사람을 시켜) 북을 치게 했다.

2.3. à에 의해 유도되는 동작주가 간접목적보어로 혼동될 우려가 있을 경우에는 par를 쓴다.

❶ Elle a fait écrire une lettre par Marie.
　　그는 Marie를 시켜 그에게 편지를 한 장 쓰게 했다.
　cf) Il a fait écrire une lettre à Marie.
　　그는(다른 사람을 시켜) Marie에게 편지를 한 장 쓰게 했다.

❷ Je lui ai fait donner de l'argent par ma soeur.
나는 내 누이를 시켜 그에게 돈을 주도록 했다.
cf) Je lui ai fait donner de l'argent à ma soeur.
나는 그를 시켜 내 누이에게 돈을 주도록 했다.

2.4. 수동문에서 동작주 보어가 de에 의해 유도되는 동사는 사역동사구문에서 동작주가 de에 의해 유도되기도 한다.

❶ Cet article le fera connaître des physiciens américains.
그 논문으로 인해 미국 물리학자들이 그를 알게 될 것이다.
❷ Sylvie est arrivée à se faire haïr de tout le monde.
Sylvie는 모든 사람들에게 미움을 받게 되었다.

MEMO NOTE

4 Cancer du sein :
un diagnostic à partir d'une prise de sang
Le Monde | 30.03.06

C'est peut-être une étape déterminante qui vient d'être[1] franchie[2] dans l'histoire de la lutte contre le cancer du sein, affection[3] responsable chaque année en France de[4] quelque 11.000 décès.[5] Il pourrait être en effet[6] bientôt possible de détecter cette affection à partir[7] d'une simple prise de sang.[8]

Cette percée[9] est le fruit des recherches d'une équipe de biologistes travaillant à Paris pour le compte de la jeune société ExonHit Therapeutics[10] et en collaboration avec bioMérieux,[11] groupe mondial spécialisé dans le secteur du diagnostic. Ces résultats annoncés, mercredi 29 mars, seront présentés en détail[12] le 4 avril lors du congrès annuel[13] de l'Association nord-américaine pour la recherche contre le cancer qui se tiendra[14] à Washington.

DIALOGUE MOLÉCULAIRE

"On sait, explique Fabien Schweighoffer, directeur général d'ExonHit Therapeutics, que la présence de cellules dans un organisme conduit à l'établissement d'une forme de dialogue moléculaire[15] entre ces cellules et celles du système immunitaire. Nous nous sommes donc intéressés aux traces de ce dialogue au travers de mécanismes particuliers[16] dits de[17] l'"épissage"[18] et nous avons ainsi mis en évidence[19] que l'observation de l'activité de certains[20] gènes **permettait** de distinguer les femmes atteintes de celles qui ne le sont pas." L'épissage[18] se situe au sein du processus[21] aboutissant à la création des protéines à partir[7] de l'information contenue dans le gène. La dérégulation[22] de ce mécanisme peut être à l'origine[23] de certaines[20] pathologies.

Au total[24] un panel[25] de 54 gènes a été identifié. Le premier essai a été mené sur un groupe de 92 femmes dont[26] 55 étaient atteintes d'un cancer du sein à un stade précoce de développement. La signature moléculaire[27] de ces 54 gènes **a permis** de classer correctement 86,5% des femmes du groupe "contrôle"[28] avec un score de 32 sur[29] 37 et 92,7% des femmes souffrant[30] d'une lésion cancéreuse (51 sur[29] 55). Des études cliniques multicentriques prospectives[31] sur un groupe de 1.000 femmes sont en cours.[32]

 ## 어휘 및 표현

1: venir de *inf.* 방금 …하다((근접과거; 직설법 현재·반과거로 쓰임)). Son avion vient de partir. 그의 비행기는 방금 출발했다.

2: franchir une étape déterminante: 결정적인 단계를 넘다.

3: affection: 질병, 질환.

4: responsable de *qc*: …의 원인이 되는, 책임이 있는. Le tabac est responsable de nombreux cancers du poumon. 담배는 각종 폐암의 원인이다.

5: quelque: 약, 대략(=environ, à peu près).

6: en effet: a)실제로, 사실; 확실히, 정말로. S'il est froid en apparence, il est sensible en effet. 그는 겉으로 냉정해 보이지만 실제로는 정이 많은 사람이다. N'y a-t-il pas risque de conflit? - En effet. 분쟁의 소지가 생기지 않을까요? - 과연 그럴 겁니다. b)왜냐하면 …이니까(=car)((원인에 대한 설명)). Il est collé à l'examen; en effet, il n'a guère travaillé. 그는 시험에 합격하지 못했다. 사실 그는 거의 공부를 하지 않았다.

7: à partir de *qc*: …로부터. à partir d'aujourd'hui 오늘부터. produits chimiques obtenus à partir de la houille 석탄으로부터 추출한 화학 제품.

8: prise de sang 채혈.

9: percée: (어려움을 극복하고 이룬) 쾌거, 경이적인 성공. percée technologique 경이적인 기술 혁신.

10: pour le compte de *qn/qc*: a)…을 위해. travailler pour son compte 자신을 위해 일하다. b) …에 관해서는. Pour mon compte, je n'ai rien à faire. 나로서는 아무 할 일이 없다. c)…의 부담으로. C'est pour mon compte. 그건 내가 부담할 일이다.

11: en collaboration avec *qn/qc*: …와 협력하여, 공동으로.

12: en détail: 상세하게.

13: lors de *qc*: …의 때에, …동안에.

14: se tenir: (회의 따위가) 열리다, 개최되다. Les Jeux Olympiques se tiennent tous les quatre ans. 올림픽경기대회는 매4년마다 열린다.

15: dialogue moléculaire: 분자의 상호 교신 [작용].

16: au travers de *qc*: …을 통해; …에 의하여. On voit une maison au travers des arbres 나무들 사이로 집이 보인다. au travers de cette évaluation 이러한 평가에 의해.

17: dit de: …라 불리는.

18: épissage: 스플라이싱(splicing) – 유전자 중에는 발현되는 부위와 발현되지 않는 부위가 있는데, 그 중에서 발현되지 않는 부위를 제거하고 발현되는 부분을 연결시켜주는 것.

19: mettre *qc* en évidence, mettre en évidence que + 절: …을 명백하게 하다, 분명히 드러내다, 강조하다.

20: certain(e)s: (복수 명사 앞에 쓰여) 몇몇의. dans certains pays 몇몇 국가에서. p.199

21: au [dans le] sein de *qc*: …의 안에, 내부에.

22: dérégulation: (기능의) 이상, 고장(=dérèglement).

23: être à l'origine de *qc*: …의 원인이다. Sa paresse est à l'origine de son échec. 게으름이 그가 실패한 원인이다.

24: au total: 전부 합해서, 총계.

25: panel: 선정된 또는 대상 요소들의 일단.

26: dont: (부분의 뜻을 나타내어) 그 중에. Il a quatre fils, dont trois sont mariés. 그는 아들이 넷인데 그 중 셋은 결혼을 했다. Il y a quelques invités, dont une femme. 몇 명의 손님이 있었는데 그 중에 여자도 한명 있었다. p.140

27: signature moléculaire: 분자표식. 같은 종에서 개체를 구별할 수 있도록 해주는 분자 수준에서의 표식.

28: groupe contrôle: 대조군(對照群)(동일 실험에서 실험 요건을 가하지 않은 그룹). 대조군 연구는 어떤 특정 질환이나 문제를 가진 집단(환자군 등으로 불림)과 그런 질환이나 문제를 가지지 않은 집단(정상군 또는 대조군 등으로 불림)을 비교하여 질병이나 문제와 연관된 특정한 위험요소를 밝히는 연구 방법을 말함.

29: sur: …중, …가운데. trois enfants sur quatre 네 명의 어린이 가운데 3명.

30: souffrir de *qc*: …로 인해 고통을 느끼다; 타격을 받다, 피해를 입다. p.68

31: études cliniques multicentriques prospectives: 미래를 전망하는 다중심적인 임상 연구.

32: en cours: 진행중인. travaux en cours 진행중인 작업.

□ permettre

1. 타동사

1.1. N0 permettre *qc*: 허락하다, 허가하다, 허용하다.

❶ Cette phrase ne permet pas d'autre interprétation.
그 문장은 다른 해석을 허용하지 않는다.

❷ La loi ne permet pas l'importation de ce produit.
법률은 그 제품의 수입을 허용하지 않는다.

❸ Le stationnement n'est pas permis en cet endroit.
이곳에서는 주차가 허용되지 않는다.

❹ N'y touche pas, ce n'est pas permis.
거기에 손대지마라, 허용되지 않으니까.

1.2. N0 permettre *qc* à *qn*: ···에게 ···을 허락하다, 허가하다, 허용하다.

❶ Il ne permet pas le café à ses enfants.
그는 아이들이 커피를 마시는 것을 허용하지 않는다.

❷ Le médecin ne lui a pas permis un peu de vin.
의사는 그에게 약간의 술도 마시만 안 된다고 했다.

❸ Ses longues jambes permettent à ce cheval une course rapide.
그 말은 다리가 길어서 빨리 달리 수 있다.

❹ Cet enfant croit que tout lui est permis.
그 아이는 자기 마음대로 해도 된다고 생각한다.

1.2.1. N0 permettre *qc*

❶ Certains parents ne permettent pas le café.
어떤 부모들은 커피마시는 것을 허용하지 않는다.

❷ Les sorties ne sont pas permises.
외출은 허용되지 않는다.

1.3. N0 permettre à *qn* de *inf*: ···에게 ···하는 것을 허락하다, 허가하다, 허용하다.

❶ Elle ne permet pas à ses enfants de sortir le soir.
그녀는 아이들이 저녁에 외출하는 것을 허락하지 않는다.

❷ Il a permis au soldat de lui faire visite.
그는 병사가 자기를 방문하는 것을 허락했다.

❸ Sa santé ne lui permet plus de fumer.

그는 건강 때문에 더 이상 담배를 피울 수 없다.

❹ Permettez-moi de vous présenter M. Dubois.

당신에게 Dubois씨를 소개하겠습니다.

★ de inf는 중성대명사 le로 대리될 수 있다.

❺ Si mon travail me le permet, je vais vous téléphoner.

틈이 나면 전화하겠습니다.

1.3.1. N₀ permettre de *inf*

❶ Les règlements ne permettent pas de fumer en cet endroit.

법규는 이곳에서 담배를 피우는 것을 허용하지 않는다.

❷ Le patron a permis de ne pas venir travailler le samedi.

사장은 토요일은 출근하지 않아도 된다고 했다.

1.3.2. N₀ permettre

❶ Permettez, je voudrais vous dire un mot.

실례합니다만 한 말씀드리겠습니다.

❷ Je passe devant vous, vous permettez?

지나가도 괜찮겠습니까?

1.3.3. 비인칭수동문

❶ Il vous est permis de partir tout de suite.

곧바로 떠나셔도 됩니다.

❷ Il est permis à tout le monde de se tromper.

누구나 잘못 생각할 수 있다.

❸ Il n'est pas permis de se garer ici.

여기서 주차하는 것은 금지되어 있다.

1.4. N₀ permettre à *qn* que + *subj.*: ⋯에게 ⋯하는 것을 허락하다, 허가하다, 허용하다.

❶ Il a permis à son fils qu'il s'en aille.

그는 자기 아들에게 가는 것을 허락했다.

❷ Son père ne lui a pas permis qu'elle parte en voyage.

그녀의 아버지는 그녀가 여행을 떠나는 것을 허락하지 않았다.

1.4.1. N₀ permettre que + *subj.*

❶ Il ne permet pas que sa fille sorte le soir.

그는 자기 딸이 저녁에 외출하는 것을 허락하지 않는다.

❷ Permettez que je vous dise la vérité.

당신에게 진실을 말하는 것을 허락해주십시오.

❸ L'invention de la radio a permis que les nouvelles soient diffusées dans le monde entier.

라디오가 발명되어 뉴스가 전 세계에 방송될 수 있었다.

1.4.3. 비인칭수동문

❶ Il n'est pas permis qu'on fasse du vélo ici.

여기에서 자전거를 타는 것은 금지되었다.

❷ Est-il permis que les enfants regardent la télévision le soir.

아이들이 저녁에 텔레비전을 보아도 됩니까?

2. 대명동사

2.1. N$_0$ se permettre *qc*: 자신에게 …을 허용하다.

❶ Il s'est permis un voyage coûteux.

그는 비용이 많이 드는 여행을 했다.

❷ Il se permet de temps en temps le luxe de prendre un avion.

그는 가끔 비행기를 타는 사치를 부린다.

❸ Parfois il se permet des excès.

그는 가끔 무절제한 행동을 한다.

2.2. N$_0$ se permettre de *inf.* (실례를 무릅쓰고) …을 하다.

❶ Elle s'est permis de lui faire des remarques désobligeantes.

그녀는 그에게 불쾌한 말을 했다.

❷ Je me permettrai de vous voir demain.

괜찮으시다면 내일 아침 찾아뵙겠습니다.

❸ Puis-je me permettre de vous offrir une cigarette.

담배를 한 대 피우지 않으시렵니까?

② 중성대명사 le

중성대명사 le는 형용사, 무관사명사, 과거분사, 중성대명사, 부정법, 절을 대리하는 대명사로서 성·수 불변이며, 약세형으로 동사 앞에 놓인다.

1. 속사: 형용사, 무관사명사, 과거분사를 대리한다.

1.1. 형용사의 대리

❶ Etes-vous heureuse? - Oui, je le suis.
　당신은 행복합니까? - 예, 그렇습니다.

❷ Elle semble malade, l'est-elle?
　그녀가 아픈 것처럼 보이는데, 그렇습니까?

❸ Si mes filles sont heureuses, je le suis aussi.
　내 딸들이 행복하다면, 나도 행복하다.

1.2. 무관사명사의 대리

❶ Son père est médecin, il veut l'être aussi.
　그의 아버지는 의사인데, 그도 의사가 되기를 바란다.

❷ Etes-vous soeurs? - Non, nous ne le sommes pas.
　당신들은 자매인가요? - 아니오, 우리는 자매가 아닙니다.

❸ Ce ne sont pas des soldats, ils ne veulent pas l'être.
　그들은 군인이 아니다, 그들은 군인이기를 바라지 않는다.

❹ Ceux qui sont amis de tout le monde ne le sont de personne.
　누구나와 친구인 사람들은 아무와도 친구도 못된다.

❺ Les menteurs croient que les autres le sont.
　거짓말쟁이들은 다른 사람들도 거짓말쟁이라고 생각한다.

1.3. 과거분사의 대리

❶ Seront-ils vaincus? - Non, ils ne le seront pas.
　그들이 질 것이라고? - 천만에, 그들은 지지 않는다.

❷ Elle est aimée parce qu'elle mérite de l'être.
　그녀는 사랑받을 만하기 때문에 사랑받는다.

2. 직접목적어: 중성대명사, 부정법, 절을 대리한다.

2.1. 중성대명사의 대리

❶ Cela, lui-même ne le comprend pas.
　그것은 그 자신도 이해하지 못한다.

❷ Tout cela, elle le lui a pardonné.
　그녀는 그에게 그 모든 것을 용서해주었다.

2.2. 부정법의 대리

❶ Elle ne pouvait pas nous accompagner, elle ne le voulait pas.
그녀는 우리와 함께 갈 수 없었고, 그러기를 바라지도 않았다.

❷ Si vous le voulez, vous pouvez partir tout de suite.
원하시면 바로 떠나서도 좋습니다.

❸ Quand il le faudra, nous accepterons de venir vous voir demain.
필요하다면, 내일 당신을 보러 오는 것을 수락하겠다.

2.3. 절의 대리

❶ Il est difficile de finir ce travail avant midi, je le sais.
그 일을 오전에 끝내기는 어렵다, 나는 그 곳을 알고 있다.

❷ Pensez-vous qu'il a tort? – Non, je ne le pense pas.
당신은 그가 그르다고 생각합니까? - 아니오, 나는 그렇게 생각하지 않습니다.

❸ Nous le jurons tous, tu vivras.
우리 모두 맹세하지만, 너는 살 수 있을 거야.

❹ Il paraît qu'elle est, comme tu le dis, ravissante.
네 말처럼 그녀는 반할 정도이다.

3. le의 생략

3.1. plus, moins, aussi 등의 비교를 나타내는 표현이나 comme, quand, si에 의해 유도되는
종속절

❶ C'est plus difficile que vous ne (le) pensez.
그것은 당신이 생각하는 것보다 어렵다.

❷ J'ai fini mon travail comme vous (le) voyez.
보시다시피 내 일을 끝냈습니다.

❸ Je partirai si je (le) peux.
가능하면 떠나겠습니다,

3.2. 삽입절

❶ Vous avez, je (le) vois, de bonnes raisons.
아닌 게 아니라, 당신에게도 일리가 있습니다.

❷ Elle a raison, je (le) suppose, dans cette affaire.
내 생각으로는 그 문제에서 그녀가 옳다.

5 La famine dans le monde

Le Monde | 07.04.06

1. Combien de personnes sont sous-alimentées dans le monde ?

852 millions de personnes **souffraient** de sous-alimentation[1] en 2002, selon les données de l'Organisation des Nations unies pour l'alimentation et l'agriculture (FAO)[2] publiées en décembre 2005. 815 vivaient dans des pays en développement,[3] 61% en Asie et 24% en Afrique subsaharienne[4] où la prévalence[5] de la sous-alimentation(33%) est deux fois[6] supérieure à[7] celle[8] des autres régions en développement. Au cours des[9] trois dernières décennies,[10] la sous-alimentation a considérablement reculé[11] dans le monde, principalement du fait des progrès[12] réalisés en Chine, en Inde, au Pakistan, en Indonésie et au Nigeria. Mais en Afrique, les très faibles améliorations ont été plus que[13] gommées[14] par l'augmentation de la population. Au total,[15] le nombre de personnes **souffrant** de la faim a augmenté. La malnutrition[16] est avant tout[17] un phénomène rural, puisque 75% des personnes touchées[18] vivent dans les campagnes.

2. Combien de pays sont-ils actuellement en situation de crise alimentaire ?

La FAO estime que 42 pays nécessitent une aide extérieure d'urgence[19] dont 27[20] en Afrique. Ils étaient 36 en février 2005. Les conflits civils[21] et la présence de populations déplacées[22] dans leur propre pays ou de réfugiés sont à l'origine de[23] plus de la moitié[24] des crises alimentaires. Les crises surviennent le plus souvent dans les mêmes pays et peuvent perdurer pendant plusieurs années. Huit pays **ont connu** des crises alimentaires pendant quinze ans ou plus[25] entre 1986 et 2004. En Angola, cette situation a perduré pendant vingt ans.

3. Comment la communauté internationale répond-elle aux besoins ?

La FAO[2] a la charge, à travers[26] son système d'alerte,[27] d'avertir[28] la communauté internationale des difficultés d'un pays.[29] Mais avant qu'une[30] initiative[31] soit engagée[32] - sous forme[33] d'appel[34] de fonds et d'aide en nature[35] - encore[36] faut-il que[37] le pays en question[38] se déclare en situation d'urgence.[39] Le Programme alimentaire mondial,[40] qui dépend des Nations unies, joue un rôle de premier plan[41] dans ces opérations.[42] En 2004, le Programme a fourni une aide alimentaire à plus de 113 millions de personnes dans 80 pays. 5,1 millions de tonnes ont été distribuées dans le cadre d'opérations[43] d'un montant[44] de 3,1 milliards de dollars. Sur[45] ce montant, 1,5 milliard représente le coût des produits agricoles (achetés ou reçus en[46] dons) et plus de 800 millions le prix de leur acheminement.[47] D'une façon générale,[48] on estime qu'une tonne d'aide alimentaire livrée dans un pays en crise[49] coûte 400 dollars. Le niveau de l'aide alimentaire a tendance à diminuer.[50] L'aide en céréales[51] par exemple, qui représente le plus gros apport,[52] a atteint 7 millions de tonnes en 2004, moitié moins qu'au début des années 1990,[53] et l'aide par habitant[54] en Afrique - qui demeure le plus gros récipiendaire[55] - est passée de 10kg à 3,7kg.[56] En 2004, les cinq principaux pays récipiendaires[55] de l'aide alimentaire ont été l'Irak, l'Ethiopie, la Corée du Nord, le Zimbabwe et le Bangladesh.

4. Les crises alimentaires sont-elles liées au manque d'investissement dans le secteur agricole ?

Oui, en partie.[57] Depuis le début des années 1980, les efforts des Etats comme des bailleurs[58] ont beaucoup baissé. L'agriculture n'absorbait plus que[59] 2% environ[60] de l'aide multilatérale en 2002 contre[61] 30% en 1980. Et les efforts ne sont pas concentrés sur les pays en difficultés.[62] Ceux[63] où moins de 5% de la population **souffre** de malnutrition reçoivent trois fois[6] plus d'aide par travailleur agricole[54] que les pays où plus de 35% de la population **connaît** la faim

어휘 및 표현

1: sous-alimentation: 영양실조, 영양불량.

2: Organisation des Nations unies pour l'alimentation et l'agriculture: 유엔식량농업기구 (Food and Agriculture Organization of the United Nations, FAO).

3: en développement: 발전 중인, 개발 중인. industrie en développement 발전 중인 산업. pays en (voie de) développement 개발도상국.

4: subsaharien: 사하라 사막 남부의. Afrique subsaharienne 사하라 사막 남부 아프리카.

5: prévalence: a)널리 행하여짐, 보급, 유포, 만연; 시대풍조, 유행. b)(의학 용어로) 이환율(어떤 기간(일반적으로 1년) 내에 발생한 환자수를 그에 대응하는 인구로 나눈 비율. 질병발생률이라고 도 함).

6: fois: 배, 곱, 갑절. quantité quatre fois plus grande qu'une autre 다른 것보다 4배 많은 양. Deux fois trois font six. 2 곱하기 3은 6이다.

7: supérieur à qn/qc: …보다 우위에 있는, …을 능가하는.

8: celle: 지시대명사로 여기서는 앞의 prévalence de la sous-alimentation을 가리킴.

9: au cours de qc: …중에, 사이에, 동안에. au cours de mon voyage en Italie 이탈리아 여행 중에.

10: dernier: (명사 앞에 쓰여) 최근의, 최신의. ces dernières années 최근 몇 년 동안. trois dernières décennies 최근 30년. habillé à la dernière mode 최신 유행의 옷을 입은.

11: reculer: 줄어들다, 감소하다(=diminuer): 기세가 꺾이다. L'épidémie a reculé. 전염병의 기세가 꺾였다.

12: du fait de qc, du fait que + ind. … 때문에, …의 이유로. Du fait qu'il était malade, il n'a pu assister à la réunion. 그는 아파서 회의에 참석할 수 없었다.

13: plus que qn/qc: …이상의. Pour lui, elle est plus qu'une mère. 그에게 그녀는 어머니 이상의 존재이다. [plus que + 형용사·부사] Le pouvoir d'achat des travailleurs a plus que doublé en dix ans. 10년 동안에 노동자들의 구매력이 두 배 이상으로 높아졌다.

14: gommer: 말소하다, 취소하다; 상쇄되다; 묵살하다.

15: au total: 전부 합해서, 총계.

16: malnutrition: 영양실조, 영양불량.

17: avant tout: 우선, 무엇보다도.

18: touché: 관계된, 문제된(=concerné); 피해 [손해]를 입은, 타격을 받은.

19: d'urgence: a)긴급한. situation d'urgence 긴급한 상황. mesures d'urgence 긴급조치. aide extérieure d'urgence 긴급한 대외 원조. b)긴급히. appeler d'urgence un médecin 급히 의사를 부르다.

20: dont: (부분의 뜻을 나타내어) 그 중에. Il y a quelques invités, dont une femme. 몇 명의 손님이 있었는데 그 중에 여자도 한명 있었다. 42 pays nécessitent une aide extérieure d'urgence dont 27 en Afrique. 42개국이 긴급한 대외원조를 필요로 하는 데 그중 27개국이 아프리카에 있다. p.140

21: civil: 시민의, 민간인의. conflit civil 내전, 내란(=guerre civile).

22: déplacé: (정치적인 이유로) 집단 이주한, 망명한. personne déplacée (정치적인 이유로 인한) 국외망명자.

23: être à l'origine de *qc*: …의 원인이다. Sa paresse est à l'origine de son échec. 게으름이 그가 실패한 원인이다.

24: plus de + 수량 표현: …이상의. plus de la moitié 절반 이상의. enfant plus de huit ans 10세 이상의 아이. ((명사적 용법)) les plus de quinze ans 15세 이상의 사람들.

25: ou plus: 또는 그 이상의. pendant quinze ans ou plus 15 또는 그 이상의 해 동안.

26: à travers *qc*: …을 통하여. On voit une maison à travers les arbres. 나무들 사이로 집이 한 채 보인다. juger les choses à travers les préjugés de sa classe 계급적 편견에 의해 사물을 판단하다.

27: alerte: 경보, 위험 신호; 경계. système d'alerte 경보체계. alerte rouge 적색경보. alerte aérienne [à la bombe, aux avions] 공습경보.

28: charge: 책임, 책무. avoir la charge de *inf* …할 책임을 지고 있다.

29: avertir *qn* de *qc/inf*: …에게 …을 [하라고] 알려주다, 경고 [예고]하다. avertir *qn* d'un danger …에게 위험을 알리다. avertir *qn* de fuir …에게 피하라고 알리다.

30: avant que + (ne) *subj.*: …하기 전에. 종속절에 허사 ne의 사용은 임의적임. Terminez ce travail avant que vous (ne) partiez. 출발하기 전에 그 일을 끝내시오.

31: initiative: 발의, 제안; 솔선행위, 주도; 주도권; 선수. à l'initiative de *qn*: …의 제안에 의해. prendre l'initiative de *qc/inf* 주도권을 쥐고 [솔선하여] …하다; …하는 데 선수를 치다.

32: engager: 시작하다, 착수하다.

33: sous forme de + 무관사명사, sous la forme de *qc*, sous forme + 형용사: …의 모습 [형태] 의. statistique sous forme de tableau 도표 형태의 통계. sous la forme d'une étoile 별 모양의.

34: appel: 요구, 요청, 청구(=demande). appel de fonds 기금 요청, 불입 청구.

35: en nature: 현물로, 현물에 의한. payer en nature 현물로 지급하다.

36: encore: 그래도, 그렇지만, 하지만((흔히 문두에 위치하며 주어와 동사를 도치함)). Tout cela est terrible; encore ne sait-on pas tout. 그 모든 것이 끔찍한 일이다; 그렇지만 아직 모르는 일이 남아있다.

37: il faut que + *subj.*: …해야 한다. p.215

38: en question: 문제의, 화제의. pays [affaire] en question 문제의 국가 [사건].

39: se déclarer + 속사: 자기가 …임을 선언하다. se déclarer prêt à *inf* …할 준비가 되어 있다고 선언하다. se déclarer en situation d'urgence 긴급 상황에 처해 있음을 선언하다.

40: Programme alimentaire mondial: 세계식량계획(World Food Programme, WFP. 식량원 조 등을 통해 개발도상국의 경제·사회개발 촉진을 목적으로 설립된 국제연합(UN)기구. 1961 년 UN총회와 UN식량농업기구(FAO)의 결의에 의해 이탈리아 로마에 본부를 두고 설립되어, 1963년 1월부터 활동을 시작.)

41: de premier plan: 가장 중요한, 으뜸가는. peintre de premier plan 일류 화가.

42: opération: 활동, 운동.

43: dans le cadre de *qc*: a) …의 범위 [한계, 틀] 안에서. rester dans le cadre de ses fonctions 직무의 범위를 벗어나지 않다. b) …의 일환으로. pièce représentée dans le cadre du festival universitaire 대학 축제의 일환으로 공연된 연극.

44: montant: 총액, 합계.

45: sur: …중, …가운데. neuf fois sur dix 십중팔구. Sur quinze candidats, quatre seulement ont été reçus. 15명의 후보자 중에서 4명만이 합격했다.

46: en: (자격·역할을 나타내어) …로. recevoir *qc* en cadeau …을 선물로 받다. traiter *qn* en traître …을 배신자 취급하다.

47: acheminement: 수송, 발송. acheminement du courrier 우편물의 발송 [수송].

48: d('une) façon + 형용사: 양태·방식을 나타냄. d'une façon générale: 일반적으로. de façon claire 명확하게.

49: en crise: 위기에 처한. pays en crise 위기에 처한 국가.

50: avoir tendance à *qc/inf*: …하는 경향 [성향]이 있다. avoir tendance à exagérer 과장하는 성향이 있다. Les prix ont tendance à monter. 물가가 오르는 추세에 있다.

51: aide en + 명사: …의 지원, 원조. aide en céréales 곡물 지원.

52: apport: 기탁; 기탁물; 출자; 출자액, 출자물.

53: moins que: …보다 적은, 이하의. moitié moins qu'au début des années 1990 1990년대 초보다 절반이 적은.

54: par + 무관사 명사: (단위·배분을 나타내어) …마다. coûter dix euros par tête 1인당 10유로의 비용이 들다. trois fois par semaine 주마다 3번. dix kilomètres par heure 시간당 10킬로미터.

55: récipiendaire: (지원·학위 따위를) 받은 자.

56: passer de *qn/qc* à *qn/qc*: …에서 …로 되다, 변하다. passer de l'amour à la haine 사랑에서 증오로 변하다. passer de vie à trépas 죽다.

57: en partie: 부분적으로(=partiellement).

58: bailleur: 출자자.

59: ne ~ plus que: 이제는 …밖에 … 않다. Il ne reste plus que cent euros. 이제 100유로밖에 남지 않았다. Il n'y a plus que lui dans la salle. 이제 방에는 그 사람만 있다.

60: environ: 약, 대략(=à peu près). environ un tiers de cette somme 그 금액의 약 3분의 1. Il a quarante ans environ. 그는 40세쯤 되었다.

61: contre: (비율·비교를 나타내어) …대 …. loi adoptée à douze voix contre huit 12대 8로 가결된 법.

62: en difficulté: 어려움 [곤경] 에 처한. pays en difficultés 어려운 상황에 처한 국가. mettre *qn* pays en difficulté …를 곤경에 처하게 하다.

63: ceux: 지시대명사로 pays를 가리킴.

 　문 법 및 구 문

① souffrir

1. 타동사

1.1. N$_0$ souffrir *qn/qc*

1.1.1. N$_0$ souffrir *qn/qc*: (고통 · 손해 따위를) 겪다, 받다; 참다, 견디다.

❶ Elle a souffert le martyre [mille morts].
그녀는 극심한 고통을 겪었다.

❷ Il a souffert la torture sans se plaindre.
그는 불평을 하지 않고 고문을 받았다.

❸ Qui sait tout souffrir peut tout oser.
참을 줄 아는 사람은 모든 것을 할 수 있다.

❹ Ce vieillard ne peut pas souffrir le bruit [les enfants].
그 노인은 소음 [아이들을] 싫어한다.

1.1.1.1. N$_0$ souffrir de *inf*

❶ Il ne peut souffrir d'être traité ainsi.
그는 이렇게 취급받는 것을 싫어한다.

1.1.1.2. N$_0$ souffrir que + *subj.*

❶ Il ne peut souffrir qu'on le contredise.
그는 사람들이 자기에게 말대답하는 것을 싫어한다.

1.1.2. N$_0$ souffrir *qn/qc*: 허용하다, 묵인하다, 용서하다.

❶ Cette loi souffre quelques exceptions.
그 법률은 약간의 예외를 허용한다.
❷ Cette affaire ne souffre plus de retard.
그 일은 더 이상의 지체를 허용하지 않는다.
❸ Pourquoi souffrez-vous cela?
어째서 그것을 묵인하십니까?

1.1.2.1. N$_0$ souffrir *qc* à *qn*

❶ Il arrive qu'on souffre quelques écarts à un jeune homme.
젊은이에게는 약간의 탈선을 묵인하기도 한다.

1.1.2.2. N$_0$ souffrir à *qn* de *inf*

❶ Elle souffre à ses voisins de faire parfois du bruit.
그녀는 이웃에서 가끔 떠들어대는 것을 묵인한다.

1.1.2.3. N$_0$ souffrir que + *subj.*

❶ Souffrez que je vous fasse une remarque.
당신에게 한 가지 지적하는 것을 허용해주십시오.

2. 자동사

2.1. N$_0$ souffrir

2.1.1. N$_0$ souffrir: 고통을 느끼다, 괴로워하다, 아프다.

❶ Il est malade depuis hier et souffre beaucoup.
그는 어제부터 앓고 있는데 매우 괴로워한다.
❷ Où souffrez-vous?
어디가 아프십니까?
❸ Elle a souffert toute sa vie.
그녀는 평생 동안 고통을 겪었다.

❹ L'amour fait souffrir.

사랑은 고통을 준다.

❺ Il souffre pour la vérité.

그는 진리를 위해 고민한다.

2.1.1.1. N₀ souffrir de *qc*

❶ Il souffre de la tête [des dents].

그는 머리 [이] 가 아프다.

❷ Elle souffre de rhumatisme.

그녀는 류마티즘으로 고생한다.

❸ Les enfants souffrent du froid [de la faim].

아이들이 추위로 [배고픔으로] 고통을 겪는다.

2.1.1.2. N₀ souffrir de *inf*

❶ Elle souffre d'être incomprise.

그녀는 이해받지 못하는 것을 괴로워한다.

2.1.1.3. N₀ souffrir de ce que + *ind./subj.*

❶ Elle souffre de ce que personne ne la comprend [comprenne].

그녀는 아무도 그녀를 이해해주지 않는 것을 괴로워한다.

2.1.2. N₀ souffrir: 타격을 받다, 피해를 입다.

❶ Il a fait très froid cet hiver et les arbres fruitiers ont beaucoup souffert.

올 겨울에는 날씨가 몹시 추워서 과수들이 큰 피해를 입었다.

❷ Le moteur a souffert dans l'accident.

사고로 모터가 파손되었다.

2.1.2.1. N₀ souffrir de *qc*

❶ Ce pays a beaucoup souffert de la guerre.

그 나라는 전쟁으로 큰 피해를 입었다.

❷ Cette ville a souffert des bombardements.

그 도시는 폭격으로 피해를 입었다.

❸ Sa réputation en a souffert.

그로 인해 그의 명성이 타격을 받았다.

2.1.3. N₀ souffrir: 애쓰다, 고생하다.

❶ Elle a souffert pour lui expliquer ce problème.

그녀는 그에게 그 문제를 설명해주느라 애를 먹었다.

❷ Nous avons gagné le match, mais ils nous ont fait souffrir.
우리는 시합에서 이겼지만 그들은 우리들을 고전하게 했다.

3. 대명동사

3.1. N_0 se souffrir

3.1.1. N_0 se souffrir: 서로 참다.

❶ Ces deux rivaux ne peuvent se souffrir.
그 두 경쟁자는 서로를 참지 못한다.

3.1.2. N_0 se souffrir: 참을 수 있다, 견딜 수 있다.

❶ Voilà qui ne saurait se souffrir.
그것이야말로 참을 수 없을 것이오.

② connaître

1. 타동사

1.1. N_0 connaître *qn/qc*

1.1.1. N_0 connaître *qn/qc*: 알다.

❶ Je connais cette femme.
나는 그 부인을 알고 있다.
❷ Je la connais depuis longtemps.
나는 그녀를 오래전부터 알고 있다.
❸ Je suis heureux de vous connaître.
당신을 알게 되어 기쁩니다.
❹ Connaissez-vous cet auteur?
그 저자를 알고 있습니까?
❺ Ce chanteur est connu de tout le monde.
그 가수는 모든 사람들에게 알려져 있다.
❻ Elle connaît son adresse.
그녀는 그의 주소를 알고 있다.

❼ Il ne connaît pas cette chanson.
　그는 그 노래를 알지 못한다.

❽ Il connaît un bon restaurant.
　그는 좋은 식당을 알고 있다.

❾ Elle connaît le français.
　그녀는 불어를 안다.

❿ Je ne connais rien à cette question.
　나는 그 문제에 대해 아무것도 모른다.

1.1.1.1. N₀ connaître *qn/qc* de + 무관사명사: …을 통해 …을 알다.

❶ Je le connais de nom [réputation].
　나는 그를 이름 [평판] 을 들어 알고 있다.

❷ Je ne connais son père que de vue.
　나는 그의 아버지를 보기만 했다.

1.1.1.2. N₀ connaître *qc* de *qn/qc*: …에 대해 …을 알다.

❶ Je ne connais rien de lui.
　나는 그 사람에 대해 아무것도 모른다.

❷ Il connaît tout de cela.
　그는 그것에 대해 모든 것을 안다.

1.1.2. N₀ connaître *qn/qc*: 알아보다, 식별하다.

❶ Il est grandi à ne plus le connaître.
　그는 알아보지 못할 정도로 성장했다.

❷ Il est important de connaître le bien et le mal.
　선과 악을 가리는 것은 중요하다.

1.1.2.1. N₀ connaître *qn/qc* à *qc*

❶ Il a connu son oncle à sa voix.
　그는 목소리를 듣고 그의 삼촌인지 알았다.

❷ A l'oeuvre, on connaît l'artisan.
　작품을 보면 만든 사람을 안다.

❸ C'est au fruit qu'on connaît l'arbre.
　열매를 보면 나무를 알 수 있다.

1.1.3. N₀ connaître *qc*: 겪다, 체험하다.

❶.Elle a connu des temps malheureux.
　그녀에게 불행한 시절이 있었다.

❷ Ce film a connu un grand succès.
그 영화는 대성공을 거두었다.

❸ Ce gouvernement connaît déjà de grandes difficultés.
그 정부는 이미 커다란 어려움을 겪고 있다.

❹ Elle n'a jamais connu une telle jalousie.
그녀는 그러한 질투심을 느껴본 적이 없다.

1.2. N$_0$ connaître *qn/qc* à *qn*: …에 …이 있음을 알다.

❶ Je lui connais une grande ambition.
나는 그가 커다란 야심을 가지고 있는 것을 알고 있다.

❷ On ne lui connaît pas d'amis.
사람들은 그에게 친구들이 있는 줄 모르고 있다.

1.3. N$_0$ connaître *qn/qc* + 속사: …한 상태의 …을 알다.

❶ Je l'ai connue enfant [jeune].
나는 그녀가 어렸 [젊었]을 때 알았다.

❷ Je ne te connaissais pas si lyrique.
나는 네가 그렇게 서정적인 줄 몰랐다.

1.4. N$_0$ connaître *qn/qc* comme/pour/de *qn/qc*: …을 …로 인정하다, 간주하다.

❶ On le connaît comme [pour] un homme honnête.
사람들은 그를 정직한 사람으로 인정한다.

❷ Il ne connaît de maître que lui-même.
그는 자신 이외에는 아무도 스승으로 인정하지 않는다.

1.4.1. N$_0$ connaître *qn/qc* comme étant/pour être *qn/qc*

❶ On le connaît comme comme étant [pour être] menteur.
사람들은 그를 거짓말쟁이로 간주하고 있다.

★ connaître동사는 savoir동사와는 달리 절을 보어로 하는 구문이 불가능하나 비인칭 수동문은 가능하다.

❶ Il est bien connu qu'elle a écrit ce roman.
그녀가 그 소설을 썼다는 것은 잘 알려져 있다.

2. 간접타동사

2.1. N_0 connaître de *qc*: ⋯의 재판권을 갖다, ⋯을 심리하다.

❶ Le tribunal criminel ne connaît pas de cette affaire.
형사법원은 그 사건의 재판권을 갖지 않는다.

3. 대명동사

3.1. N_0 se connaître

3.1.1. N_0 se connaître: 자기자신을 알다.

❶ Il faut bien se connaître avant de choisir une carrière
어떤 직업을 선택하기 전에 자신을 잘 알아야 한다.
❷ Connais-toi toi-même.
너 자신을 알라.

3.1.2. N_0 se connaître: 서로 알다.

❶ Elles se connaissent bien depuis longtemps.
그 여자들은 오래전부터 잘 아는 사이이다.
❷ Ils se sont connus en France.
그들은 프랑스에서 서로 알았다.

3.1.3. N_0 se connaître: 알려지다, 식별되다.

❶ L'arbre se connaît à ses fruits.
나무는 그 열매로 식별된다.

3.2. N_0 se connaître à *qc*; N_0 s'y connaître en/dans *qc*: ⋯을 잘 알다, ⋯에 정통하다.

❶ Il se connaît à tout cela.
그는 그 모든 것을 훤히 알고 있다.
❷ Il s'y connaît en peinture.
그는 그림에 정통하다.
❸ Il s'y connaît dans l'art de faire rire les gens.
그는 사람들을 웃기는 법을 잘 알고 있다.

6 Interdiction de fumer dans les lieux publics: le gouvernement temporise

Le Monde | 12.04.06

Le ministre de la santé, Xavier Bertrand, reçu[1] près d'une heure,[2] mercredi 12 avril à Matignon,[3] a été chargé[4] par Dominique de Villepin "d'organiser[5] dans les prochains mois une large consultation"[6] sur le tabac dans les lieux publics,[7] selon le service de presse[8] du premier ministre.

Il devra aussi "procéder à[9] une évaluation approfondie[10] des différentes solutions en concertation avec[11] tous les acteurs[12] concernés[13] au niveau national et local",[14] précise le communiqué de Matignon. Le premier ministre a insisté, lors de cette réunion,[15] "sur la nécessité[16] de renforcer les mesures de prévention,[17] notamment en accompagnant[18] les efforts des personnes qui souhaitent cesser de fumer",[19] ajoute le texte.

Une "interdiction absolue" de fumer dans les lieux publics a été préconisée par un rapport[20] de l'Inspection générale des affaires sociales (IGAS),[21] publié début mars. Revendiquant une dérogation[22] pour les bars-tabac,[23] la Confédération des débitants de tabac[24] a appelé[25] les buralistes[26] à participer à un meeting de protestation le 25 avril.

"LE COMBAT CONTINUE"

La décision du premier ministre **semble** exclure l'hypothèse d'une décision rapide sur ce dossier,[27] jugé trop polémique[28] dans le contexte de[29] l'après-crise[30] du CPE.[31] Le député UMP[32] Yves Bur, partisan[33] de l'interdiction de fumer dans les lieux publics, s'est immédiatement déclaré "déçu"[34] par le choix de Dominique de Villepin d'engager[35] une consultation[6] sur le sujet. "Nous attendrons des jours meilleurs, c'est-à-dire[36] les lendemains électoraux de 2007 peut-être″, a-t-il déclaré dans les couloirs de l'Assemblée nationale.[37]

″Il y a une certaine déception par rapport aux annonces successives,[38] mais enfin je sais que c'est un combat de longue haleine,[39] un combat qui exige[40] du courage et de la persévérance″, a-t-il poursuivi. ″Je suis déçu parce que j'aurais préféré[41] que le gouvernement que je soutiens ait ce courage.[42] Le combat continue″, a dit Yves Bur, qui a déposé[43] en 2005 une proposition de loi[44] pour l'interdiction totale de fumer dans les lieux publics.

Le député socialiste Claude Evin, auteur de la loi de 1991 sur la lutte contre le tabac et l'alcool, a également regretté[45] la ″confusion″ gouvernementale sur la législation antitabac,[46] dénonçant ″un gouvernement qui renonce″. Le député PS[47] de Paris Jean-Marie Le Guen a craint de son côté[48] que le gouvernement ″se dérobe″.[49]

 ## 어휘 및 표현

1: recevoir: 맞이하다; 접견하다.

2: près de: 거의, 약. il y a près de dix ans 약 10년 전에. près d'une heure 한 시간 가량.

3: Matignon: 프랑스 총리 관저.

4: charger *qn* de *inf*. …에게 …하는 임무를 맡기다, 책임을 지우다.

5: organiser: 계획하다, 준비하다, 주최하다. organiser le travail 작업 계획을 짜다. organiser une rencontre 만남 [회견]을 주선하다.

6: consultation: (여론 따위의) 조사. consultation de l'opinion 여론조사. consultation nationale [populaire] 국민의 의사를 물음.

7: lieu public: 공공장소.

8: service: 부서, 국, 부, 과. service de publicité 광고국. service de presse du premier ministre 총리실 공보실.

9: procéder à *qc*: …을 실행하다. procéder à une enquête 조사를 하다.

10: approfondi: 깊어진; 심오한, 철저한. recherche approfondie 깊이 있는 연구.

11: en concertation avec *qn*: …와 협력하여.

12: acteur: (사건 따위의) 관련자, 당사자.

13: concerné: 관련된.

14: au niveau + 형용사: …의 수준 [차원] 에. au niveau national et local 국가적, 지역적 차원에서. envisager un problème au niveau mondial 세계적 차원에서 문제를 검토하다.

15: lors de *qc*: …의 때에, …동안에.

16: insister sur *qc*: …을 강조하다, 역설하다.

17: mesure: 조치, 대책. mesures de prévention 예방조치. prendre des mesures contre l'inflation 인플레이션에 대한 조치를 취하다.

18: accompagner: 동반하다, 수행하다; 인솔 [안내, 인도]하다(=guider, escorter).

19: cesser de *inf*: …하는 것을 그만두다, 멈추다.

20: rapport: 보고; 보고서. rapport d'expert 감정보고서. dresser [rédiger] un rapport. 보고서를 작성하다. faire un rapport oral [écrit] sur *qc*: …에 대해 구두 [서면] 보고하다.

21: inspection: 검사, 감독; 감독관직; 감독기관. Inspection générale des Finances 재무감독국. Inspection générale des affaires sociales (IGAS) 사회문제감독국.

22: dérogation: 예외, 특례.

23: bar-tabac: 담배 가게가 있는 바.

24: débitant: 소매상인. Confédération des débitants de tabac 담배소매인연합.

25: appeler *qn* à *qc/inf*, appeler *qn* à ce que + *subj.*: …에게 …하도록 요청 [요구, 촉구]하다. p.177

26: buraliste: 담배 가게 주인.

27: dossier: 사안, 사건. ouvrir [fermer] un dossier 어떤 사안에 착수하다 [사안을 완결짓다].

28: juger *qn/qc* + 속사: …을 …라고 판단 [평가, 생각]하다. juger *qn* intelligent …가 영리하다고 생각하다. p.190

29: dans le contexte de *qc*: …의 상황 [배경, 맥락]에서.

30: après-crise: 위기 이후. après-guerre 전후. après-souper 밤참을 먹은 후.

31: CPE: contrat première embauche 최초고용계약. (Dominique de Villepin 총리는 2006년 3월 5일 프랑스 상원에서 최초고용계약을 포함하고 있는 기회균등법안(Loi de l'égalité des chances)이 통과시키고, 몇 주후부터 이 제도가 실행될 것을 알렸다. 이 제도는 20인 이상의 기업에서 26세 미만의 청년을 고용할 경우, 고용자에게 2년간(실습기간) 언제나 사유 없이 해고할 수 있는 권한과 기업부담 복지분담금의 일부를 감면해주는 혜택을 제공하며, 계약 후 2년부터는 무기한 계약으로 간주된다. 피고용자에겐 비록 이 계약을 통해 짧은 기간을 노동하였

다 하더라도 일부 실업보조금과 실업이후 직업교육의 혜택을 받을 수 있도록 하는 내용을 핵심으로 하고 있다. 3월 7일 전국적으로 160여개의 단체와 수십만 명이 정부가 청년실업률을 낮추기 위해 제안한 이 제도가 고용불안을 증대할 것이라고 반대하며 시위를 벌였으며, 이후 많은 고등학교와 대학에서 학생들까지 동맹휴업을 하며 격렬하게 반발하자, 프랑스 정부는 4월 10일 새로운 법안으로 대체하겠다고 방침을 발표하여, 이 법안은 사실상 폐기되었다.)

32: UMP: Union pour un mouvement populaire 국민운동연합(현재 프랑스 집권당으로 2002년 6월 총선시 우파의 정권확보를 위해 Chirac 대통령의 제안으로 결성된 우파연합).

33: partisan: 지지자, 신봉자.

34: se déclarer + 속사: 자기가 …임을 선언하다. se déclarer déçu par qc …에 의해 실망했다고 말하다.

35: engager: 시작하다, 착수하다.

36: c'est-à-dire: 즉. 다시 말해(=à savoir, soit).

37: Assemblée nationale: 국회, 의회; 의사당.

38: par rapport à qn/qc: …와 관련하여; …에 대하여, 비하여. par rapport à ce problème 그 문제에 관해서. La lune est très petite par rapport au soleil. 달은 태양에 비해 매우 작다.

39: de longue haleine: 장기간 [많은 노력]을 요하는. projet de longue haleine 장시일 [많은 노력]을 요하는 계획.

40: exiger: (사물을 주어로 하여) 필요로 하다, 요하다(=nécessiter, requérir). travail qui exige beaucoup d'efforts 많은 노력을 요하는 작업. p.101

41: 여기에서의 조건법은 이루지 못한 사실에 대한 유감·후회를 나타내는 용법. J'aurais mieux fait de partir un peu plus tôt. 좀 더 일찍 출발하는 게 좋았을 텐데. p.47

42: préférer que + *subj.*: …하는 것을 더 좋아하다, 선호하다. Je préfère qu'elle vienne seule. 그녀가 혼자 왔으면 좋겠다.

43: déposer: 제출하다. déposer une pétition à l'Assemblée nationale 국회에 청원서를 제출하다.

44: proposition de loi: 법안.

45: regretter qc, regretter de *inf*, regretter que + *subj.*: …(하는 것)에 대해 유감스럽게 생각하다, 애석해하다. regretter le jugement du tribunal 법원의 판결을 유감스럽게 생각하다. Je regrette de vous avoir fait attendre. 기다리게 해서 미안합니다.

46: législation antitabac: 금연법. campagne antitabac 금연운동.

47: PS: Parti Socialiste 사회당.

48: de son côté: 그로서는, 그에 관한한.

49: craindre qc, craindre de *inf*, craindre que + (ne) *subj.*: …하는 것을 두려워 [걱정, 염려]하다(허사 ne의 사용은 임의적임). Je crains qu'il (ne) pleuve. 비가 오지나 않을까 염려된다.

1 sembler

1. 자동사

1.1. N_0 sembler + 속사: ···인 것 같다, ···처럼 보이다.

❶ Elle semble malade.
그녀는 아픈 것 같다.

❷ Cela semble insuffisant.
그것은 불충분한 것 같다.

❸ Ses comptes semblent inexacts.
그의 계산이 정확하지 않는 것 같다.

❹ Elle semblait au comble de la colère.
그녀는 극도로 분노하고 있는 듯했다.

1.1.1. N_0 sembler à *qn* + 속사: ···에게 ···인 것 같다.

❶ Elle lui semblait triste.
그녀는 그에게 슬픈 듯이 보였다.

❷ Ce vase me semble très fragile.
그 화병은 내가 보기에 매우 깨지기 쉬운 것처럼 보인다.

❸ Ça me semble bien.
그것은 내게 좋은 것처럼 보인다.

1.1.2. N_0 sembler (à *qn*) être + 속사

❶ Elle semble être fatiguée.
그녀는 피곤한 듯이 보인다.

❷ Elle (me) semble être la mère de cet enfant.
(내가 보기에) 그녀가 그 아이의 어머니인 것 같다.

1.1.3. de *inf* (cela) sembler (à *qn*) (être) + 속사; que + *subj.* (cela) sembler (à *qn*) (être) + 속사

❶ (De) partir sans parapluie sous la pluie (cela) me semble (être) difficile.
비가 오는데 우산 없이 출발하는 것은 내게 어려운 것처럼 보인다.

❷ Qu'elle ne soit pas chez elle, (cela) me semble (être) improbable.
그녀가 그녀의 집에 없다는 것은 내가 보기에는 가능성이 없는 것 같다.

1.2. N~0~ sembler *inf.* ···하는 것 같다.

❶ Sylvie semble le comprendre.
   Sylvie가 그것을 이해하는 것 같다.
❷ Vous ne semblez pas y croire.
   당신은 그것을 믿지 않는 것 같다.
❸ Mon oncle semble s'intéresser à cette affaire.
   내 삼촌은 그 일에 관심이 있는 것 같다.

1.2.1. N~0~ sembler à *qn* + *inf.* ···에게 ···하는 것 같다.

❶ Elle lui semble regretter son départ.
   그가 보기에 그녀는 그의 출발을 섭섭해 하는 것 같다.
❷ Chaque heure me semblait durer un jour.
   한 시간이 내게는 하루 동안이나 계속되는 듯했다.

2. 비인칭구문

2.1. il sembler à *qn* + *inf.* ···로서는 ··· 하는 것 같다.

❶ Il me semble vous connaître.
   나는 당신을 아는 것 같다.
❷ Il nous semble assister à un grand festin.
   우리가 대 연회에 참석하고 있는 것 같다.

2.2. il sembler + 속사 + de *inf.* ···하는 것이 ···인 것 같다.

❶ Il semble inutile de vous en dire davantage.
   당신에게 그것에 대해 더 이상 이야기 하는 것은 소용이 없는 같다.
❷ Il semble nécessaire d'agir le plus vite que possible.
   가능한 한 빨리 행동하는 것이 필요한 것 같다.

2.2.1. il sembler à *qn* + 속사 + de *inf.* ···로서는 ···하는 것이 ···인 것 같다.

❶ Il me semble difficile de partir sans parapluie sous la pluie.
   비가 오는데 우산 없이 떠나는 것은 내게 어려운 것처럼 보인다.
❷ Il leur semble tout à fait inutile d'insister.
   그들의 생각으로는 고집을 부리는 것이 전적으로 무익한 것 같다.

2.2.2. il sembler (à *qn*) être+ 속사 + de *inf*

❶ Il (nous) semble être préférable d'agir autrement.
   (우리가 보기에) 달리 행동하는 것이 바람직한 것 같다.
❷ Il (me) semble être facile de le convaincre.
   (내가 보기에) 그를 설득하는 것은 쉬울 것 같다.

2.3. il sembler que + *subj.*: …인 것 같다.

❶ Il semble que le patron soit fâché.
   사장이 화난 것 같다.
❷ Il semble qu'elle soit partie à l'étranger.
   그녀가 외국으로 떠난 것 같다.
❸ Il ne semble pas qu'elle doive revenir sur ses propositions.
   그녀가 그녀의 제안을 취소해야 할 것 같지 않다.
★ 확실성을 나타내는 경우에는 que절에 직설법을 쓰기도 하고, 드물게 조건법을 써서 추측, 우발성 등을 나타내기도
   한다.
❹ Il semble qu'il n'y a rien à faire.
   할 일이 없는 것 같다.
❺ Il semble que notre équipe pourrait remporter la victoire.
   우리 팀이 승리를 거둘 수 있을 것 같다.
★ que + *subj.*는 중성대명사 le로 대리될 수 있다.

2.4. il sembler à *qn* que + *ind.*: …로서는 …인 것 같다.

❶ Il me semble qu'il a raison.
   내가 보기에는 그가 옳은 것 같다.
❷ Il nous semble que sa proposition est inacceptable.
   우리가 보기에 그의 제안은 받아들여질 수 없는 것으로 보인다.
★ 부정문이 되면 que절에 접속법을 쓴다.
❸ Il ne me semble pas qu'il puisse arriver à l'heure.
   내게는 그가 제시간에 도착할 수 있을 것 같지 않다.

2.5. il sembler + 속사 + que + *ind./subj.*: …하는 것이 …인 것 같다.

❶ Il semble douteux qu'elle vienne.
   그녀가 올지 의심스럽다.
❷ Il ne semble pas certain qu'elle revienne.
   그녀가 돌아올지 확실하지 않은 것 같다.
❸ Il semble évient que cet enfant a menti.
   그 아이가 거짓말을 한 것은 분명한 것 같다.
★ que절의 동사는 형용사의 성격에 따라 직설법 또는 접속법을 쓴다.

2.5.1. il sembler à *qn* + 속사 + que + *ind./subj.*: …로서는 … 하는 것이 …인 것 같다.

❶ Il me semble certain qu'il est reçu.
   내가 보기에 그가 합격한 것이 분명해 보인다.
❷ Il me semble préférable que vous sortiez.
   당신이 나가는 것이 더 나을 것 같습니다.

   2.5.2. il sembler (à *qn*) être + 속사 + que + *ind./subj.*

❶ Il (me) semble être probable qu'il viendra.
   내가 보기에 그가 올 가능성이 있는 것 같다.
❷ Il (me) semble être improbable que la situation soit si désespérée.
   내가 보기에 상황이 그렇게 절망적일 것 같지 않다.

② savoir

1. 타동사

   1.1. N₀ savoir *qc*: 알다.

❶ Je sais son adresse.
   나는 그의 주소를 알고 있다.
❷ Je ne sais pas son nom.
   나는 그의 이름을 모른다.
❸ Elle ne sait pas cette nouvelle.
   그녀는 그 소식을 모른다.
❹ Il sait la date de l'arrivée de son ami.
   그는 친구의 도착 날짜를 안다.
❺ Je sais cette chanson.
   나는 그 노래를 안다.
❻ Il sait cette question sur le bout du doigt.
   그는 그 문제를 속속들이 잘 알고 있다.
❼ Il sait bien son métier.
   그는 자기 직업에 대해 잘 알고 있다.
❽ Il sait bien sa leçon pour demain.
   그는 내일 수업에 대해 잘 알고 있다.
❾ Elle ne sait pas le français.
   그녀는 불어를 모른다.
❿ Elle sait tout.
   그녀는 모든 것을 알고 있다.

❶ La seule chose que je sais, c'est que je ne sais rien.

내가 알고 있는 유일한 것은 내가 아무것도 모른다는 것이다.

★ savoir동사는 지식, 내용, 사실 따위를 상세히 안다는 것을 의미하며, 목적어 명사구에 제약이 없는 connaître 동사와는 달리 인물 명사가 목적어로 올 수 없고, 목적어로 쓰일 수 있는 명사구도 제한되어 있다.

1.1.1. N_0 savoir

❶ S'il avait su, il ne serait pas venu.

그가 알았더라면 그는 오지 않았을 텐데.

❷ Si jeunesse savait, si vieillesse pouvait.

젊은이는 경험이 없고 늙은이는 힘이 없다.((속담))

❸ Savoir, c'est pouvoir.

아는 것이 힘이다. ((속담))

1.1.2. N_0 savoir qn/qc de/par qn/qc: …을 통해 …을 알다.

❶ Je sais cette nouvelle de [par] la voisine.

나는 그 소식을 이웃집 여자에게 들어 알고 있다.

❷ Elle sait cela par ouï-dire.

그녀는 그것을 소문으로 들어 알고 있다.

1.1.3. N_0 savoir qc de/sur qn/qc: …에 대해 …을 알다.

❶ Je ne sais rien de lui.

나는 그 사람에 대해 아무것도 모른다.

❷ Je ne sais pas grand-chose de cette affaire.

나는 그 일에 대해 별로 알지 못한다.

❸ Il sait bien des choses sur tout.

그는 모든 것에 대해 많은 것을 알고 있다.

1.2. N_0 savoir qn/qc à qn: …에 …이 있음을 알다.

❶ Je lui sais beaucoup de talents.

나는 그가 많은 재능을 가지고 것을 알고 있다.

❷ Je ne lui savais pas d'ennemis.

나는 그에게 적들이 있음을 몰랐다.

1.3. N_0 savoir qn/qc + 속사: …가 …인 것을 알다.

❶ Je le savais intelligent.

나는 그가 영리하다는 것을 알고 있었다.

❷ Je ne la savais pas si méchante.
나는 그녀가 그렇게 심술궂은 줄 몰랐다.

❸ Il la savait à Paris.
그는 그녀가 파리에 있다는 것을 알고 있었다.

❹ Je ne vous savais pas au courant.
나는 당신이 알고 있는 줄 모르고 있었다.

1.3.1. N$_0$ savoir *qn/qc* être + 속사

❶ On la savait être la fille du maire.
사람들은 그녀가 시장의 딸인 줄 알고 있었다.

❷ Je ne le savais pas être si riche.
나는 그가 그렇게 부자인 줄 몰랐다.

1.4. N$_0$ savoir *qn/qc* + *inf.* …가 …함을 알다.

❶ On a ramené la conversation sur des sujets qu'on savait l'intéresser.
사람들은 그의 흥미를 끌고 있다는 것을 알고 있는 화제로 이야기를 끌어왔다.

★ 이 구문은 문어체의 관계절에서 쓰인다.

1.5. N$_0$ savoir *inf*

1.5.1. N$_0$ savoir *inf.* …할 줄 알다, …할 수 있다.

❶ Cet enfant sait lire et écrire.
그 아이는 읽고 쓸 줄 안다.

❷ Elle sait nager.
그녀는 수영을 할 줄 안다.

❸ Elle sait être gentille quand elle le veut.
그녀는 마음만 먹으면 상냥하게 대할 줄도 안다.

❹ Il faut savoir se contenter de peu.
적은 것으로 만족할 줄 알아야 한다.

❺ Il ne sait pas refuser une invitation.
그는 초대를 거절할 줄을 모른다.

❻ Ne vous inquiétez pas, il sait se taire.
걱정하지 마세요, 그는 입 다물 줄 알아요.

★ 부정법은 le로 대리될 수 없고, 생략하거나 대동사 le faire로 대리된다.

❼ Vous savez danser? – Oui, je sais.
춤을 출 줄 아세요? - 예, 압니다.

★ savoir가 조건법의 부정문으로 쓰이면 pouvoir의 의미를 지니며 pas가 생략될 수 있고, 사물 명사가 주어로 쓰일 수 있다.

❽ Elle ne saurait vous le dire.

그녀는 당신에게 그것을 말 할 수 없을 겁니다.

❾ Rien ne saurait contenter sa curiosité.

아무것도 그의 호기심을 만족시킬 수 없는 없을 겁니다.

❿ La réponse ne saurait tarder.

답장이 더 이상 늦어질 수는 없습니다.

1.5.2. N₀ savoir *inf.*: (자신이) …임을 함을 알다.

❶ Je sais avoir tout perdu.

나는 내가 모든 것을 잃어버렸음을 안다.

❷ Je sais bien être vieux jeu.

나는 내가 구식인 것을 잘 안다.

1.6. N₀ savoir que + *ind.*: …이란 것을 알다.

❶ Je sais qu'elle viendra demain.

나는 그녀가 내일 오리라는 것을 알고 있다.

❷ Elle savait qu'il voulait inviter sa voisine.

그녀는 그가 그의 이웃집 여자를 초대하고자 한다는 것을 알고 있었다.

❸ Il ne savait pas qu'elle allait partir.

그는 그녀가 떠나리라는 것을 모르고 있었다.

❹ Savez-vous qu'elle a quitté l'école?

그녀가 학교를 그만둔 것을 알고 있습니까?

1.6.1. N₀ savoir de/sur *qn/qc* que + *ind.*

❶ Je sais de Jean qu'il va bientôt partir à l'étranger.

나는 Jean에 대해 그가 외국으로 떠날 것이라는 것을 알고 있다.

1.7. N₀ savoir + 간접의문절: …인지 알다.

❶ Savez-vous si elle va revenir demain?

그녀가 내일 돌아올지 알고 있습니까?

❷ Je ne sais pas pourquoi elle est partie.

나는 그녀가 왜 떠났는지 모르겠다.

❸ Il ne sait plus ce qu'il dit, ni ce qu'il fait.

그는 자기가 무슨 말을 하는지 무슨 일을 하는지 모른다.

1.7.1. N₀ savoir + 의문사 + *inf*

❶ Je ne sais que [quoi, comment] faire?

무엇을 [어떻게] 해야 할지 모르겠다.

❷ Il ne savait pas où aller.

그는 어디로 가야할지 몰랐다.

❸ Elle ne savait pas où se mettre.

그녀는 몸둘 바를 몰랐다.

★ que + *ind.*와 간접의문절은 보어대명사 le로 대리되거나 생략될 수 있다.

❶ Savez-vous qu'il est revenu? - Oui, je (le) sais.

그가 돌아 온 것을 아세요? - 예, 압니다.

❷ Savez-vous où est la gare? - Non, je ne (le) sais pas.

역이 어디에 있는지 아세요? - 아니오, 모릅니다.

2. 대명동사

2.1. N₀ se savoir: 알려지다.

❶ Tout finira par se savoir.

모든 것이 알려지고 말 것이다.

❷ Cela se sait à la longue.

그것은 결국 알려진다.

2.2. N₀ se savoir + 속사: 자기가 …임을 알다.

❶ Elle se savait incurable.

그녀는 자신이 불치의 병에 걸렸음을 알고 있었다.

❷ Il se sait mortellement blessé.

그는 자기가 치명상을 입었음을 알고 있다.

7 A Washington, George Bush et Hu Jintao ne surmontent pas leurs divergences

Le Monde | 20.04.06

Le président George W. Bush a accueilli, jeudi 20 avril, avec les honneurs militaires,[1] le président chinois Hu Jintao, à la Maison Blanche, avant que les deux hommes ne[2] s'entretiennent[3] sur des questions épineuses[4] comme les déséquilibres commerciaux et la crise nucléaire iranienne.

Le président Bush a appelé[5] son homologue chinois[6] à faire usage de son "influence considérable"[7] sur la Corée du Nord pour obtenir "des progrès significatifs" de Pyongyang sur son programme nucléaire. Il lui a également demandé de permettre plus de liberté d'expression et de religion en Chine.

En marge des allocutions officielles,[8] les deux dirigeants se sont entretenus,[3] en privé[9] dans le bureau Ovale.[10] Le président Bush a déclaré[11] à la presse avoir abordé[12] la question iranienne et le chapitre sept de la Charte des Nations unies[13] permettant[14] d'imposer des mesures coercitives à l'Iran allant des sanctions à l'usage de la force armée.[15] George Bush a souligné que les Etats-Unis et la Chine avaient un "objectif commun", qui est d'**empêcher** que l'Iran ne se dote de l'arme nucléaire. Quant aux moyens[16] d'y parvenir,[17] "l'une des tactiques dont j'ai parlé au président[18] est l'usage du chapitre sept de la Charte des Nations unies pour envoyer le message commun aux Iraniens que la Chine et les Etats-Unis et les pays de l'UE sont tous[19] profondément inquiets des ambitions iraniennes", a-t-il déclaré. M. Bush n'a cependant donné aucun signe qu'il était parvenu à convaincre[17] son interlocuteur,[20] dont le pays est opposé à des sanctions contre la République d'Iran.

DÉSACCORDS SUR LE YUAN

Un autre sujet de discorde a été abordé[11] entre les deux hommes, celui[21] de la question de la dévaluation[22] du yuan qui pénalise[23] le commerce extérieur américain. Le président Bush a demandé à la Chine qu'elle réévalue davantage le yuan, considérant que les autorités chinoises[24] maintenaient arbitrairement leur monnaie au plus bas,[25] faussant[26] la concurrence. Il estime tout de même[27] que "le gouvernement chinois prend ce problème de monnaie au sérieux".[28]

Le président Hu a confirmé l'intention de Pékin de réformer le système de change[29] afin de[30] faciliter l'accès au marché chinois. Il a plaidé en faveur d'une plus grande flexibilité[31] de la devise chinoise,[32] sans toutefois promettre de changements radicaux. "Nous allons continuer[33] à[34] avancer[35] sur la réforme du régime des changes,[29] prendre des mesures positives[36] dans des domaines tels que[37] l'accès aux marchés, la hausse des importations, le renforcement des droits de propriété",[38] a-t-il déclaré.

Soucieux de la situation[39] à Taïwan, George Bush a souhaité que la Chine ne s'engage pas dans une solution unilatérale.[40] "Nous sommes opposés à tous changements unilatéraux du statu quo[41] sur Taïwan, de quelque côté que ce soit,[42] et nous appelons[5] fermement les deux parties à éviter toute action visant à une confrontation ou à une provocation",[43] a affirmé M. Bush. Mais le président chinois s'est montré inflexible[44] sur ce dossier taïwanais.[45] "Taïwan constitue une portion inaliénable du territoire chinois. Nous allons continuer à[34] faire tous les efforts et à prendre toutes les initiatives,[46] en toute sincérité,[47] pour atteindre l'objectif d'une réunification pacifique des deux côtés du détroit de Taïwan", a-t-il indiqué. "**Nous ne laisserons jamais personne permettre** à Taïwan de faire sécession[48] par rapport à la Chine,[49] de quelque manière que ce soit",[42] a-t-il ajouté.

Peu avant l'intervention[50] du président Hu, une manifestante membre du Falungong,[51] mouvement spirituel chinois interdit en Chine, a tenté de perturber[52] le déroulement de la rencontre avant d'être évacuée[53] par un policier. Devant les caméras du monde entier, la militante[54] a interpellé[55] le dirigeant américain. Elle a lancé[56] : "Président Bush, arrêtez le persécuteur du Falungong!", avant de menacer le leader chinois : "Président Hu, vos jours sont comptés."[57]

1: honneur: (복수로 쓰여) 예우, 의례. honneurs militaires 군대의 의장대 환영 의식. rendre les honneurs à *qn*: …을 예우하다.

2: avant que + (ne) *subj.*: …하기 전에. 종속절에 허사 ne의 사용은 임의적임. Ne partez pas avant que le travail (ne) soit fini. 일이 끝나기 전에는 출발하지 마시오.

3: s'entretenir (de [sur] *qc*): 서로 (…에 대해) 이야기하다.

4: épineux: 어려운, 까다로운.

5: appeler (*qn*) à *qc/inf*, appeler (*qn*) à ce que + *subj.*: (…에게) …하도록 부르다 [요청하다]. p.177

6: homologue: (지위가) 동등한 사람, 동료.

7: faire usage de *qc*: …을 사용하다.

8: en marge de *qc*: …의 바깥에, … 이외에.

9: en privé: 비공식적으로; 개인적으로.

10: bureau Ovale: 오벌룸(미국 백악관 대통령 집무실).

11: déclarer (à *qn*) *inf*: (…에게) …함을 선언 [선포하다]

12: aborder: (문제 따위에) 착수하다(=entamer); 논의하다(débattre).

13: Charte des Nations unies: 국제연합헌장.

14: permettre (à *qn*) de *inf*: (…에게) …하는 것을 허락하다, 허용하다. 여기서 현재분사는 분사절이 주어를 가진 절대분사구문으로 쓰임. p.58

15: aller de *qc* à *qc*: …에서 …로 가다, 진행되다, 변화하다. allant des sanctions à l'usage de la force armée 제재에서 군사력의 사용에 이르는.

16: quant à *qn/qc/inf*: …(하는 것)에 관해서는, …(하는 것)로서는. Quant à son caractère, je le crois vif et inégal. 그의 성격으로 말하자면 급하고 변덕스럽다.

17: parvenir à *qc/inf*, parvenir à ce que + *subj.*: …(하기)에 이르다 [성공하다]. à *qc/inf*, à ce que + *subj.*를 y로 대명사화 할 수 있음.

18: parler à *qn* de *qc*: …에게 …에 대해 이야기하다. 여기에서 de *qc*는 dont으로 관계대명사화 되어 있음.

19: tous, toutes가 앞에 나온 명사·대명사를 대리하는 용법. Ces livres sont tous intéressants. 그 책들은 모두 재미있다.

20: interlocuteur: (이야기의) 상대, 대화자; 협상 상대, 교섭 상대.

21: celui: 지시대명사로 앞의 sujet를 가리킴.

22: dévaluation: (통화 가치의) 평가절하(↔réévaluation).

23: pénaliser: 불리하게 하다.

24: (복수로 쓰여) 당국(자). autorités chinoises 중국 정부당국.

25: maintenir leur monnaie au plus bas: 그들의 통화 가치를 가장 낮게 유지하다.

26: fausser: 왜곡하다.

27: tout de même: 그래도, 그렇지만. Il aurait pu réussir tout de même. 그는 어쨌든 성공했을 것이다.

28: prendre *qc* au sérieux: …을 심각하게 받아들이다.

29: système de change, régime des changes: 환율체계.

30: afin de *inf*, afin que + *subj*.: …하기 위해.

31: en faveur de *qn/qc*: …에 찬성하여; …에 유리하게. s'exprimer en faveur de *qc* …에 찬성 입장을 밝히다.

32: devise: 외화, 외국 통화. devise chinoise 중국통화. stock de devises 외환 보유고.

33: aller *inf*: 곧 …할 것이다((근접미래; 직설법 현재·반과거로 쓰임)). Nous allons partir tout de suite. 우리는 곧 떠날 것이다.

34: continuer à *inf*: 계속해서 …하다.

35: avancer: (일 따위에서) 진전을 보다, 진척되다.

36: mesure: 조치, 대책. prendre des mesures contre l'inflation 인플레이션에 대한 조치를 취하다.

37: tels que *qn/qc*: …와 같은(=comme, ainsi que). métaux tels que l'or, l'argent, le cuivre 금, 은, 구리와 같은 금속.

38: droit de propriété: 소유권.

39: soucieux de *qc/inf*, soucieux que + *subj*.: …을 [하는 것에] 걱정하는; …을 [하는 것에] 염두에 두고 있는, 마음을 쓰고 있는.

40: s'engager: 들어가다, 진입하다; 가담하다, 관여되다. s'engager dans une affaire difficile 어려운 일에 가담하다. p.259

41: statu quo: 현상. maintenir le statu quo 현상을 유지하다.

42: quelque + 명사 + que + *subj*.: (양보절을 구성하여) 어떤 …이든지. de quelque côté que ce soit 어느 쪽이건. de quelque manière que ce soit 어떤 방식이건.

43: viser à *qc/inf*: …을 목적으로 하다, 노리다.

44: se montrer + 속사: 자신의 …한 모습을 보이다.

45: dossier: 사안, 사건. dossier taïwanais 대만 문제. ouvrir [fermer] un dossier 어떤 사안에 착수하다 [사안을 완결짓다].

46: initiative: 주도권, 결정권; 선수. A vous l'initiative. 결정권은 당신에게 있소. prendre l'initiative de *qc/inf* 주도권을 쥐고 [솔선하여] …하다; …하는 데 선수를 치다.

47: en toute sincérité: 기탄없이, 아주 솔직하게.

48: faire sécession: 이탈하다, 분리하다.

49: par rapport à *qn/qc*: …와 관련하여; …에 대하여, 비하여. se sentir coupable par rapport à *qn* …에 대해 죄책감을 느끼다. Le prix de l'or a augmenté par rapport à l'année dernière. 작년에 비해 금값이 올랐다.

50: intervention: (토론 따위에의) 참여, 발언. intervention du président à la télévision 대통령의 텔레비전 회견,

51: Falungong: 파룬공(法輪功 Falum Gong/Falundafa, 파룬대법(法輪大法)이라고도 부르는 중국의 전통적인 수련체계의 하나. 중국의 이홍지가 1992년 이 수련방법을 창시했으며, 현재 전세계 약 1억 인에 이르는 수련생들이 있음. 중국은 1999년 파룬공을 공산당 통치에 위협하는 불법 종교로 규정하고 단속하기 시작하였음.

52: tenter de *inf*: …하려고 시도하다(=essayer).

53: évacuer: 내보내다, 대피시키다.

54: militant: 운동가, 활동가; 투사.

55: interpeller *qn*: …에게 질의하다; 요구하다.

56: lancer: (소리를) 내지르다, 던지듯 말하다. lancer un cri 비명을 지르다.

57: vos [ses] jours sont comptés: 당신의 [그의] 살 날이 얼마 남지 않았다.

 문법 및 구문

① empêcher

1. 타동사

1.1. N₀ empêcher *qc*: …을 막다, 방해하다, 못하게 하다.

❶ Je vais tout faire pour empêcher ce mariage.
나는 그 결혼을 막기 위해 온갖 노력을 다하겠다.

❷ Le médecin a fait son possible pour pour empêcher le progrès de la maladie.
의사는 병의 악화를 막기 위해 가능한 일을 다 해보았다.

❸ Il faut empêcher l'accès à cet endroit.
그 장소로의 접근을 막아야 한다.

1.2. N₀ empêcher *qn/qc* de *inf*. ···가 ···하는 것을 못하게 하다.

❶ Il a empêché les autres de travailler.
　그는 다른 사람들이 일을 못하게 방해했다.

❷ Il faut empêcher le cheval de courir trop vite.
　말이 너무 빨리 달리지 못하게 해야 한다.

❸ Rien ne vous empêchera de le faire.
　아무것도 당신이 그렇게 하는 것을 막지 않을 것이다.

★ de *inf*를 대명사 en으로 대리할 수 있다.

❹ Qu'est-ce qui vous en empêche?
　무엇이 당신이 그렇게 하지 못하게 합니까?

1.2.1. N₀ empêcher de *inf*

❶ Le mauvais temps empêche de sortir.
　궂은 날씨 때문에 외출할 수가 없다.

❷ Ce médicament empêche de prendre froid.
　그 약은 감기들지 않도록 해준다.

1.3. N₀ empêcher que + (ne) *subj./ind.*: ···하는 것을 못하게 하다.

❶ Le bruit empêche que l'on l'entende.
　소음 때문에 그의 말을 들을 수 없다.

❷ Il faut empêcher que la nouvelle (ne) se répande.
　소문이 퍼지지 않게 해야 한다.

❸ C'est pour empêcher qu'on (ne) se fasse mal.
　그것은 사람들이 다치지 않게 하기 위해서이다.

★ 종속절에 허사 ne의 사용은 임의적이나, 부정문에서는 사용하지 않는다.

❹ La pluie n'empêche pas que nous sortions.
　비는 우리가 외출하는 것을 막지 못한다.

❺ Ta mauvaise conduite n'empêche pas que tu es notre fils.
　네가 나쁜 행실을 하긴 했지만 여전히 우리 아들이다.

1.4. Cela n'empêche (pas) que + *ind.*; (Il) n'empêche que + *subj./ind.*: 그래도 역시 ···이다.

❶ Cela n'empêche (pas) qu'elle a raison.
　그래도 역시 그녀가 옳다.

❷ Il n'empêche qu'il s'est trompé.
　그래도 그가 착각했다.

2. 대명동사

2.1. N₀ se empêcher de *inf.* …하는 것을 자제하다. ((주로 pouvoir 함께 부정형으로))

❶ On ne peut s'empêcher de penser qu'il a raison.
그가 옳다고 생각지 않을 수 없다.
❷ Elle ne pouvait pas s'empêcher de pleurer.
그녀는 울지 않을 수 없었다.

② laisser 사역동사구문

laisser동사는 사역동사로서 부정법과 함께 쓰여 「…하게 내버려두다」의 의미를 나타내며, 수동형으로 쓰일 수 없다. faire 사역동사구문과는 달리 부정법의 주어가 부정법의 앞에 위치하는 구조를 형성할 수 있으며(p.50). 부정법이 목적보어를 동반하느냐 동반하지 않느냐에 따라 구조를 달리 한다.

1. 부정법이 자동사이거나 타동사로서 직접목적보어를 동반하지 않을 때

1.1. 부정법의 주어가 부정법의 앞에 놓이는 구조

❶ Il a laissé les enfants jouer dans le jardin.
그는 아이들이 정원에서 놀게 놓아두었다.
❷ J'ai laissé mon fils partir.
나는 아들이 떠나게 내버려 두었다.
❸ Elle a laissé un verre tomber.
그녀는 잔을 떨어뜨렸다.

1.2. laisser 동사와 부정법 동사가 하나의 통사단위처럼 기능하여 부정법의 주어가 부정법 동사 뒤에 놓이는 구조.

❶ Il a laissé sortir les enfants.
그는 아이들이 나가도록 내버려두었다.
❷ Elle a laissé entrer tout le monde.
그녀는 모두 다 들어오게 내버려두었다.
❸ J'ai laissé déborder l'eau.
나는 물이 넘치도록 내버려 두었다.

1.3. 부정법의 주어가 대명사화 되면 laisser 동사 앞에 놓이며, 과거분사는 일치시키거나 그대로 둔다.

❶ Il ne voulait pas me laisser partir.
　 그는 내가 떠나도록 내버려 두고 싶어 하지 않았다.
❷ Ma soeur, je l'a laissé(e) pleurer.
　 나는 내 누이가 울도록 내버려 두었다.
❸ Ses enfants, il les a laissé(s) sortir.
　 그는 아이들이 나가도록 내버려두었다.
★ 긍정명령문의 경우에는 보어대명사가 laisser동사와 부정법 동사 사이에 위치한다.
❹ Laissez-la partir.
　 그녀를 떠나게 내버려 두시오.
❺ Laissez-les entrer.
　 그들을 들어오게 내버려 두시오.

1.4. 대명동사의 재귀대명사를 생략할 수 있으나, 상호대명동사의 경우나 재귀대명사의 생략으로 의미적으로 모호해질 경우에는 생략하지 않는다.

❶ Tu as laissé (s')envoler l'oiseau.
　 네가 새를 날아가게 했다.
❷ Ne laissez pas éteindre le feu. / Ne laissez pas le feu s'éteindre.
　 불이 꺼지지 않게 하시오.
❸ Il les laisse se battre à coup de poing.
　 그는 그들이 서로 주먹질하도록 내버려 둔다.
❹ On l'a laissé se tuer.
　 그가 자살하도록 내버려 두었다.
　 cf) On l'a fait tuer.
　 그를 죽이게 내버려 두었다.

2. 부정법이 타동사로서 직접목적보어를 동반할 때

2.1. 부정법의 주어가 부정법의 앞, 부정법의 목적어가 부정법의 뒤에 놓이는 구조

❶ Il a laissé l'infirmière examiner les enfants.
　 그는 간호사가 아이들을 진찰하도록 내버려 두었다.
❷ Il a laissé sa soeur lire cette lettre.
　 그는 그의 누이가 그 편지를 읽도록 내버려 주었다.
❸ J'ai laissé mon fils faire ce qu'il a voulu.
　 나는 내 아들이 원하는 것을 하도록 내버려 두었다.

2.1.1. 부정법의 주어가 대명사화 되면 laisser 동사 앞에 놓이고, 목적어가 대명사화 되면 부정법 앞에 놓으며, 과거분사는 일치시키거나 그대로 둔다.

❶ Cette chanson, il a laissé sa soeur la chanter.
그는 그의 누이가 그 노래를 하도록 내버려 두었다.
❷ Il l'a laissé(e) les examiner les enfants.
그는 그녀가 아이들을 진찰하도록 내버려 두었다.
❸ Il les a laissé(s) les manger.
그는 그들이 그것들을 먹도록 내버려 두었다.
★ 긍정명령문의 경우에는 보어대명사가 laisser동사와 부정법 동사 사이에 위치한다.
❹ Laissez-le le dire.
그가 그것을 말하도록 내버려 두시오.
❺ Laissez-les le manger.
그들이 그것을 먹게 내버려 두시오.

2.2. laisser 동사와 부정법 동사가 하나의 통사단위처럼 기능하여 부정법 동사의 직접목적보어가 부정법 동사 뒤에 놓이고 주어는 전치사 à 또는 par에 의해 유도되는 구조

❶ Il a laissé manger les pommes à [par] son frère.
그는 그의 동생이 사과를 먹도록 내버려 두었다.
❷ Elle laissera lire ce livre par son fils.
그녀는 그의 아들이 그 책을 읽도록 내버려 둘 것이다.
❸ J'ai laissé faire ce qu'il a voulu à mon fils.
나는 내 아들이 원하는 것을 하도록 내버려 두었다.

2.2.1. 부정법의 목적어가 대명사화 되면 laisser 동사 앞에 놓이고, à에 의해 유도되는 동작주는 간접보어로 대명사화 되어 역시 laisser 동사 앞에 놓이며, 과거분사는 일치시키지 않는다. par에 의해 유도되는 동작주는 대명사화되면 「par + 강세형대명사」의 형식을 취한다.

❶ Les pommes, il les laissé manger à ses enfants.
그는 아이들에게 사과를 먹게 한다.
❷ Ce livre, elle le laissera lire par son fils.
그녀는 그의 아들이 그 책을 읽도록 내버려 둘 것이다.
❸ Il s'est laissé battre par un malfaiteur.
그는 부랑자에게 매를 맞았다.
❹ Il la lui a laissé emporter.
그는 그가 그것을 가져가도록 내버려 두었다.
❺ Elle l'a laissé déchirer par lui.
그녀는 그가 그것을 찢도록 내버려 두었다.
★ 긍정명령문의 경우에는 보어대명사가 laisser동사와 부정법 동사 사이에 위치한다.

❻ Laissez-le-lui lire.
그가 그것을 읽게 내버려 두시오.
❼ Laissez-les-leur manger.
그들이 그것들을 먹게 내버려 두시오.

8 La tension monte entre le Japon et la Corée du Sud pour une dispute territoriale maritime

Le Monde | 19.04.06

Le Corée du Sud, dans un communiqué publié mercredi 19 avril, a fermement **exigé** l'abandon du programme scientifique de recherche japonais sur les îlots de "Takeshima", dont les deux pays se disputent la souveraineté territoriale.[1] Situés au beau[2] milieu de la mer du Japon, ces affleurements rocheux font l'objet d'un contentieux[3] entre Séoul et Tokyo. Le ton est brusquement monté après la mise en œuvre[4] par le Japon d'un programme scientifique mené par deux navires de recherche à destination de cet archipel océanique.[5] Le premier navire devait quitter la côte est du Japon mercredi.

Le ministre des affaires étrangères sud-coréen,[6] Ban Ki-moon, a ordonné mercredi le déploiement autour des îlots[7] d'une flotte de navires de patrouille visant à empêcher[8] la progression de l'expédition japonaise. De plus,[9] le Japon a refusé de fournir aux autorités maritimes coréennes[10] le plan de navigation et la durée de l'expédition, **confirmant** simplement, selon[11] l'agence de presse[12] japonaise Kyodo News, le lancement des recherches jeudi 20 avril.

Ban Ki-moon **a exigé** que Tokyo n'aille pas plus loin dans la provocation et a déclaré se préparer "à tous les scénarios", sans toutefois donner plus de détails. Lors d'une conférence de presse,[13] il a estimé que Séoul "réagirait fermement dans le respect des règles de droit international et national".[14]

Le président sud-coréen, Roh Moo-hyun, a réuni d'urgence,[15] mardi 18 avril, les ministres en charge de la sécurité[16] pour aborder[17] la question. Le Parlement coréen a adopté, dans la foulée,[18] une résolution appelant l'arrêt des recherches japonaises. Un média sud-coréen a rapporté que Séoul pourrait même[19] envisager la capture des navires de recherche.

LA SCIENCE AU CŒUR DU CONFLIT DE SOUVERAINETÉ

De leurs côtés,[20] les autorités japonaises[10] ne cèdent pas, **estimant** leur revendication territoriale légitime[21] et promettent que le projet scientifique sera mené[22] jusqu'à son terme.[23] Mercredi, le dignitaire japonais Shinzo Abe a affirmé que "le droit de mener[22] des recherches était reconnu et protégé par le droit international".

Des appels à la négociation diplomatique ont tenté[24] de faire baisser la tension[25] entre les protagonistes. Mais la situation semble dans l'impasse[26] les pays s'**opposant**[27] depuis longtemps sur la souveraineté de ses îlots volcaniques aux[28] eaux très poissonneuses et riches en ressources naturelles.[29]

Le conflit a connu[30] des rebondissements successifs. La publication d'ouvrages scolaires destinés aux écoles publiques japonaises[31] reconnaissant la propriété japonaise de ces archipels a suscité un vif ressentiment en Corée du Sud. D'autre part,[32] les Sud-Coréens nourrissent[33] une rancœur profonde pour la période coloniale japonaise et l'occupation de la péninsule coréenne [1910-1945] **réfutant** le terme de "mer du Japon" pour désigner le bras de mer[34] qui sépare les deux pays, lui **préférant** celui de "mer de l'Est".[35]

L'expédition, qui devrait[36] recueillir des données océanographiques destinées à faire[30] l'objet d'une conférence internationale[3] au mois de juin en Allemagne, semble largement compromise.[26] Cependant, en dépit des tensions diplomatiques,[37] les contacts économiques et commerciaux, ainsi que[38] le combat des deux pays contre le programme nucléaire de la Corée du Nord[39] n'ont pas souffert de la crise.[40]

1: se disputer *qc*: …을 갖기 위해 서로 다투다.

2: beau: (강조의 뜻으로) 정말로, 진짜의, 지독한. au beau milieu de *qc*: …의 한가운데에. un beau menteur 대단한 거짓말쟁이. à la belle étoile 야외에서.

3: faire [être] l'objet de *qc*: …의 대상이 되다. faire l'objet de nombreuses critiques 많은 비판의 대상이 되다.

4: mise en œuvre: 실행, 이행, 적용. mise en œuvre d'un projet 계획의 실행.

5: à destination de *qc*: …을 목적지 [행선지]로 하는.

6: le ministre des affaires étrangères sud-coréen: 한국의 외무부 장관.

7: autour de …: a) … 주위 [근처]에. tourner autour de la maison 집 주위를 돌다. b) 약, 대략. Il a autour de quarante ans. 그는 40세쯤 되었다. c)…에 관하여 [대하여]. faire le silence autour de *qc* …에 대해 침묵하다.

8: viser à *qc/inf*: …을 목적으로 하다, 노리다.

9: de plus: 게다가, 그 위에.

10: autorité: (복수로 쓰여) 당국(자). autorités maritimes coréennes 한국의 해양 당국(자). autorités municipales [de la ville] 시당국(자).

11: selon: …에 의하면; …에 따라.

12: agence de presse: 통신사.

13: lors de *qc*: …의 때에, …동안에.

14: dans le respect de *qc*: …을 존중 [준수]하면서.

15: d'urgence: a)긴급히. appeler d'urgence un médecin 급히 의사를 부르다. b)긴급한. mesures d'urgence 긴급조치.

16: en charge de *qc*: …에 대해 책임이 있는. …을 맡고 있는.

17: aborder: (문제 따위에) 손대다, 착수하다(=entamer); 논의하다(débattre).

18: dans la foulée: a)보조를 맞추어, 같은 보조로. suivre *qn* dans sa foulée …을 같은 보조로 따라가다. b)이어서, 여세를 몰아. dans la foulée de *qc*: …에 뒤이어.

19: même: …조차, …마저.

20: de leurs côtés: 그들로서는, 그들에 관한한.

21: estimer *qn/qc* + 속사: …을 …라고 생각하다, 믿다, 간주하다. p.168 여기서는 분사구문으로 쓰임. p.102

22: mener: (일 따위를) 추진하다, 진척시키다. bien mener une affaire 일을 잘 처리하다.

23: jusqu'à son terme: 끝까지.

24: tenter de *inf*: …하려고 시도하다(=essayer).

25: faire *inf.* ···하게 하다. ((사역동사구문, p.50))

26: sembler + 속사: ···인 것 같다, ···처럼 보이다.

27: s'opposer: 서로 맞서다, 대립하다. 여기서는 절대분사구문으로 쓰임.

28: à: (특징·부속을 나타내어) ···을 가진, 지닌. bonnet à poil 깃 달린 모자. jeune fille aux yeux bleus 눈이 푸른 소녀. instrument à cordes 현악기.

29: riche en *qc*: ···이 많은, 풍부한. fruits en vitamines 비타민이 많은 과일. musée riche en peintures 그림이 많은 미술관. [riche de *qc*] livre riche d'enseignements 교훈이 많이 담긴 책. Elle est riche de trois millions d'euros. 그녀는 3백만 유로를 가지고 있다.

30: connaître: 겪다, 체험하다. Elles ont connu des temps malheureux. 그녀들에게 불행한 시절이 있었다. p.72

31: destiné à *qc/qn/inf*: ···의 용도로 마련된, ···을 대상으로 한. articles destinés à l'exportation 수출용 상품. mesure destinée à prévenir un danger 위험을 예방하기 위한 조치.

32: d'autre part: 한편; 더구나, 게다가. D'autre part, il neigeait. 게다가 눈이 오고 있었다.

33: nourrir: (감정 따위를) 품다, 키우다(=carresser). nourrir de la haine contre *qn*: ···에 대해 증오심을 품다. nourrir un projet 계획을 구상하다.

34: bras de mer: 내포(內浦); 해협.

35: préférer *qn/qc/inf* à *qn/qc/inf*: ···보다 ···을 더 좋아하다, 선호하다, 선택하다. à *qn/qc*는 약세형 대명사로 대리 가능함. préférer la ville à la campagne 시골보다 도시를 더 좋아하다. Il préfère écouter de la musique à lire un livre. 그는 책을 읽는 것보다 음악을 듣는 것을 더 좋아한다.

36: devoir *inf.* ···하기로 되어 있다, ···할 예정이다; ···일 것이다. p.288 여기에서 조건법은 확인되지 않은 사실의 진술·추측을 나타냄. p.47

37: en dépit de *qc*: ···에도 불구하고.

38: ainsi que: ···와 아울러, 그리고 또; ···처럼, ···와 같이. Je le connais ainsi que sa femme. 나는 그와 그의 부인을 알고 있다. Il a été puni ainsi que son camarade. 그는 그의 친구처럼 벌을 받았다.

39: combat contre *qc*: ···에 대한 싸움, 투쟁, 억제 [극복] 노력.

40: souffrir de *qc*: ···로 인해 타격을 받다, 피해를 입다. p.70

문법 및 구문

① exiger

1. 타동사

1.1. N_0 exiger *qc*: 요구하다, 요청하다.

❶ Ils ont exigé une compensation.
그들은 보상을 요구했다.
❷ La police a exigé la libération des otages.
경찰은 인질들을 풀어줄 것을 요구했다.
❸ Cet animal exige des soins particuliers.
그 동물은 특별한 보살핌을 필요로 한다.
❹ Cette affaire exige sa présence.
그 사건은 그의 출석을 필요로 한다.
❺ Ce travail exige beaucoup d'attention.
그 일은 세심한 주의를 요한다.

1.2. N_0 exiger *qc* de *qn*: …에게 …을 요구하다, 요청하다.

❶ Les ravisseurs ont exigé une rançon de la famille.
납치범들은 가족들에게 몸값을 요구했다.
❷ Le patron exige de ses ouvriers la proprieté.
사장은 일꾼들에게 청결을 요구한다.
❸ Qu'exigez-vous de moi?
당신은 내게 무엇을 요구합니까?
❹ J'exige de la patience de votre part.
나는 당신의 인내심을 요구한다.

1.3. N_0 exiger de *qn* de *inf*: …에게 …할 것을 요구하다, 요청하다.

❶ Ils exigent de nous d'être reçus le matin.
그들은 우리에게 아침에 그들을 접견해줄 것을 요구한다.
❷ Les ouvriers exigent d'être augmentés.
노동자들은 임금을 올려줄 것을 요구한다.

1.3.1. N_0 exiger de *inf*

❶ Il exige d'être payé immédiatement.

그는 즉시 지불해 줄 것을 요구한다.

❷ Cette voiture exigé d'être réparée.
그 자동차는 수리를 요한다.

1.4. N₀ exiger de *qn* que + *subj.*: …에게 …할 것을 요구하다, 요청하다.

❶ Le patron exige de lui qu'il termine son travail avant midi.
사장은 그에게 그의 일을 오전에 끝낼 것을 요구한다.
❷ On exige d'une machine à laver qu'elle tienne au moins cinq ans.
사람들은 세탁기가 최소한 5년 동안은 내구성이 있어야 한다고 요구한다.

1.4.1. N₀ exiger que + *subj.*

❶ Il exige qu'elle revienne.
그는 그녀가 다시 올 것을 요구한다.
❷ La situation politique exige qu'on agisse avec prudence.
정치적인 상황은 신중하게 행동할 것을 요구한다.

② 분사구문

1. 분사가 주절의 주어에 관계하면서 종속절 역할을 하는 분사구문은 상황보어절의 여러 가지 의미를 나타낸다. 분사구문은 원칙적으로 현재 분사로 구성되며, 과거 분사의 분사구문은 그 앞에 étant, ayant été가 생략된 것이다.

1.1. 시간: 동시성 · 선립성 · 후시성

❶ Sortant du bureau, je l'ai rencontré.
사무실에서 나올 때 그를 만났다.
❷ Prenant son manteau, il est sorti.
그는 외투를 입고 나갔다.
❸ Une fois partie, elle ne reviendra plus.
한번 떠난 이상 그녀는 돌아오지 않을 것이다.
❹ Il est parti, laissant sa famille sans nouvelles pendant plusieurs semaines.
그가 떠났는데, 가족들은 몇 주 동안 그의 소식을 들을 수 없었다.

1.2. 원인 · 이유

❶ Il a accepté son invitation, ne voulant pas le vexer.
그는 그의 기분을 상하게 하고 싶지 않아서 그의 초대에 응했다.

❷ Ne sachant que faire, je n'ai pas répondre.
어떻게 해야 할지 몰라서 나는 대답하지 않았다.
❸ Ayant réussi à réparer sa voiture, il a pu repartir.
그는 마침내 차를 고치게 되어서 다시 출발할 수 있었다.

1.3. 조건 · 가정

❶ Partant à six heures, il sera de retour demain matin.
그가 여섯 시에 출발하면 내일 나침에는 돌아올 수 있을 것이다.
❷ Le travail, commencé trois heures plutôt, aurait été fini à cinq heures.
일이 세 시간 전에 시작되었다면 다섯 시에는 끝났을 것이다.

1.4. 대립 · 양보

❶ Elle n'est pas venue, sachant bien que l'on l'attandait.
사람들이 기다리고 있다는 것을 잘 알면서도 그녀는 오지 않았다.
❷ Isolés par l'arrivée de renforts ennemis, ils espéraient encore.
적 증원군의 도착으로 고립되었지만 그들은 희망을 버리지 않았다.
❸ Aperçus de l'ennemi, ils ont pourtant réussi à s'enfuir.
그들은 적에게 발각되었지만 도망치는 데 성공했다.

1.5. 주절 동사의 동작이 행해질 때의 주어의 상태.

❶ Un soldat blessé était étendu tout habillé sur le lit.
부상을 입은 한 병사가 옷을 입은 채 침대에 누워 있었다.
❷ Il s'est allongé tout épuisé sur la pelouse.
그는 녹초가 되어 잔디 위에 드러누웠다.

2. 절대분사구문: 분사절이 주절의 주어와 다른 주어를 가지고 종속절의 역할을 하는 구문이다.

❶ Le ciel s'éclaircissant, ils se préparent pour le départ.
하늘이 맑아지자 그들은 출발 준비를 한다.
❷ La nuit venue, ils sont rentrés à la maison.
밤이 되자 그들은 집으로 돌아갔다.
❸ Le travail fini, j'ai pu quitter le bureau.
일이 끝나서 퇴근할 수 있었다.
❹ Dieu aidant, ils reviendront sains et saufs.
신의 가호가 있으면 그들이 무사히 돌아올 것이다.

MEMO NOTE

9 Le FMI va mieux intégrer les nouveaux pays développés et se donner de nouvelles missions

Le Monde | 24.04.06

Le 17 septembre, Rodrigo de Rato, le directeur général du Fonds monétaire international (FMI),[1] présentera à l'assemblée annuelle de Singapour une réforme de son institution. Il en a reçu mandat[2] de son Comité monétaire et financier, réuni samedi 22 avril à Washington.

La première des améliorations devrait permettre[3] d'accorder une place plus convenable au sein du FMI[4] à quatre pays : la Chine, la Corée du Sud, le Mexique et la Turquie. La redistribution des cartes[5] que la mondialisation a effectuée a rendu obsolète la répartition des voix et des responsabilités entre les 184 Etats membres.[6] L'Inde y pèse[7] ainsi moins que les Pays-Bas.

"Pour être en phase avec les changements[8] en cours,[9] les votes et les quotes-parts[10] (les contributions des membres) devraient refléter le poids[11] accru des économies émergentes", a reconnu Gordon Brown, ministre des finances britannique et président du Comité monétaire.

Mais cette évolution pose de gros problèmes politiques. Des membres fondateurs, comme les Etats-Unis (17,6% des quotes-parts[10]) ou la France (5,1%), n'entendent pas céder[12] de leur pouvoir. L'Allemagne, l'Inde ou le Brésil réclament, eux,[13] une amélioration de leur position.

AVIS SUR LES DÉSÉQUILIBRES

Les Africains, de leur côté,[14] ont donné de la voix[15] pour profiter de cette réforme.[16] Abdoulaye Diop, ministre sénégalais des finances, a fait remarquer[17]: "C'est nous qui utilisons le plus le FMI" et à 45 pays[18] "nous ne pesons[19] que 5% des voix".[20]

La tâche du secrétaire général sera d'autant moins facile que,[21] paradoxalement, la bonne santé de l'économie assèche les recettes du FMI[22] et dévalue sa fonction officielle de "gendarme" des équilibres financiers de ses membres.

Grâce à des rythmes accélérés de croissance,[23] les pays émergents ont commencé à rembourser[24] par anticipation[25] les dettes contractées auprès du FMI.[26] Le Brésil a ainsi avancé[27] la liquidation de sa dette (15,5 milliards de dollars, soit[28] 12,5 milliards d'euros), comme l'Argentine (9,6 milliards).

Comme le budget de fonctionnement du FMI est assis sur[29] les recettes de ces prêts, cette diminution se traduira[30] par un manque à gagner[31] prévisible de quelque[32] 600 millions de dollars en trois ans[33] et certains[34] parlent d'un budget bientôt déficitaire. M. de Rato doit donc présenter des économies[35] budgétaires et trouver des recettes plus sûres.

Il lui faudra aussi consolider la raison d'être[36] du FMI, car celui-ci[37] voit se raréfier les clients, puisque les plus importants[38] ont moins de soucis. Le secrétaire général va[39] tenter de renouveler[40] la vocation du Fonds, notamment avec une "surveillance multilatérale" : déjà chargé d'ausculter[41] chaque année la santé de chacun de ses membres, le FMI serait chargé de donner[41] un avis sur les grands déséquilibres de l'économie mondiale et de suggérer des médications[42] qui impliqueront forcément plusieurs pays.

 어휘 및 표현

1: Fonds monétaire international (FMI): 국제통화기금(International Monetary Fund, IMF).

2: recevoir mandat de *qn* de *inf.*: …로부터 …하는 것을 위임받다. donner mandat à *qn* de *inf* …에게 …하는 것을 위임하다. de *inf*는 en으로 대리 가능함.

3: devoir *inf.* …하기로 되어 있다, …할 예정이다; …일 것이다. p.288 여기에서 조건법은 확인되지 않은 사실의 진술·추측을 나타냄. p.47

4: au [dans le] sein de *qc*: …의 안에, 내부에.

5: redistribution des cartes: 판도의 재편.

6: Etats [pays] membres: 회원국.

7: peser: 중요성을 가지다; 영향력을 지니다, 영향을 미치다. p.220

8: être en phase avec *qn/qc*: …와 조화를 이루다, 일치하다.

9: en cours: 진행중인. travaux en cours 진행중인 작업.

10: quote-part: 몫, 할당액.

11: poids: 비중, 중요성, 영향력.

12: entendre *inf*, entendre que + *subj.*: …하기를 원하다, 희망하다(=vouloir). Il n'entend pas s'opposer à ce projet. 그는 그 계획에 반대할 생각은 없다. J'entends qu'on vous obéisse. 나는 사람들이 당신에게 복종하기를 원한다.

13: eux: 강세형대명사로 주어 L'Allemagne, l'Inde ou le Brésil를 받아 강조하는 용법으로 쓰임.

14: de leur côté: 그들로서는, 그들에 관한한.

15: donner de la voix: 의견을 제시하다, 발언하다; 외치다; 항의하다(=protester).

16: profiter de *qc*: …을 이용하다(=bénéficier). profiter de l'occasion 기회를 이용하다.

17: fait remarquer: 지적하다. faire remarquer une faute 오류를 지적하다. faire remarquer à *qn* que + *ind.*: …에게 …라는 것을 지적하다.

18: [à + 수사]로 수량을 나타냄. vivre à cinq dans un logement de deux pièces 방 두 칸짜리 집에서 다섯 명이 살다. Ils sont venus à six. 그들은 여섯 명이 함께 왔다. A nous trois, nous en viendrons à bout. 우리 셋이면 할 수 있을 것이다.

19: peser: (수량·규모 따위가) …에 이르다. entreprise qui pèse 2 milliards de chiffre d'affaires 총매상고가 20억 유로에 달하는 기업. p.219

20: ne ~ que: 단지, 오로지(=seulement).

21: d'autant plus [moins, mieux] … que + 절: …이기 때문에 더욱 더 [덜, 잘] …하다. Ce livre est d'autant plus cher que c'est un souvenir de ma mère. 이 책은 어머니의 추억의 선물이기 때문에 더욱 더 귀중하다.

22: assécher les recettes du FMI: FMI의 수입을 감소시키다.

23: grâce à *qn/qc*: … 덕분에, 덕택에. grâce à des rythmes accélérés de croissance 빨라진 성장 속도로 인해. Grâce à son aide, j'ai pu arriver à l'heure. 그의 도움으로 제 시간에 도착할 수 있었다.

24: commencer à *inf*: ⋯하기 시작하다.

25: par anticipation: 미리, 앞서. payer par anticipation 선불하다.

26: auprès de *qn/qc*: a)⋯의 옆에. Sa maison est tout auprès de l'église. 그의 집은 교회의 바로 옆에 있다. b)⋯에게; ⋯에 대하여. se renseigner auprès de l'université 대학에 알아보다. être impoli auprès de *qn* ⋯에게 불손하다. c)⋯에 파견된 [전속된]. ambassadeur auprès de la République française 프랑스 주재 대사. d)⋯에 비하면. La fortune n'est rien auprès de la santé. 재산은 건강에 비하면 아무것도 아니다.

27: avancer: 앞당기다.

28: soit: 즉, 다시 말해(=à savoir, c'est-à-dire).

29: être assis sur *qc*: ⋯에 근거하고 있다.

30: se traduire: 나타나다, 표현되다.

31: manque à gagner: 놓쳐버린 돈(벌이).

32: quelque: 약, 대략(=environ, à peu près).

33: en trois ans: 3년 만에. en은 시간의 경과를 나타냄.

34: certains: 어떤 사람들. aux yeux de certains 어떤 사람들이 보기에는.

35: économie: 절약, 경제적 사용; 저금, 저축. faire des économies d'énergie 에너지를 절약하다. mettre [déposer] ses économies à *qc*: 자기의 저금을 ⋯에 예치하다.

36: raison d'être: 존재이유.

37: celui-ci: 앞의 FMI을 가리킴.

38: les plus importants: 가장 중요한 고객들. 대명사적으로 쓰임.

39: aller *inf*: 곧 ⋯할 것이다((근접미래; 직설법 현재·반과거로 쓰임)).

40: tenter de *inf*: ⋯하려고 시도하다(=essayer).

41: chargé de *qc/inf*: ⋯(하는 것)을 맡고 있는, 책임지고 있는. employé chargé d'une affaire importante 중요한 일을 맡고 있는 직원.

42: médication: 처방, 대책(=remède, solution).

문법 및 구문

① 중성대명사 en

중성대명사 en은 비한정 명사구, 전치사 de + 명사구, 부정법, 절을 대리하는 대명사로서 성·수 불변이며, 약세형으로 긍정명령문의 경우를 제외하고는 동사 앞에 놓인다.

1. 명사구의 대리: 비한정적인 명사구를 대리하며 직접목적어, 속사, 비인칭문의 논리적 주어 역할을 한다.

1.1. 「관사 du, de la, des + 명사」, 부정문의 「de + 명사」의 대리

❶ Si vous n'avez pas de livres, je vous en prêterai.
책이 없다면 내가 빌려주겠소.

❷ Avez-vous reçu des lettres. - Oui, j'en ai reçu.
편지를 받았습니까? - 예, 받았습니다.

❸ Du pain, il en reste encore.
빵은 아직 남아있다.

❹ Du vin, il n'y en a plus.
포도주는 이제 없어요.

❺ Je n'en ai pas bu, du vin.
나는 포도주를 마시지 않았다.

❻ Avez vous de l'argent? - Je n'en ai pas.
돈이 있습니까? - 없습니다.

1.2. 「수량적인 표현 + 명사」에서 명사의 대리

❶ Combien de frères avez-vous? - J'en ai trois.
형제가 몇입니까? - 셋입니다.

❷ As-tu mangé des pommes? - Oui, j'en ai mangé beaucoup.
사과를 먹었니? - 예, 많이 먹었습니다.

❸ Voici des stylos. Prenez-en plusieurs.
펜들이 있는데, 몇 개 집으시오.

❹ Je vous remercie de votre faveur, car c'en est une.
호의에 감사드립니다, 그것도 호의니까요.

❺ Parmi ces chapeaux, il y en a un qu'il m'a acheté.
이 모자들 중에 그가 내게 사준 것도 하나 있다.

★ 이때 동사 뒤에 남게 되는 수량적인 표현은 대명사적 용법이 가능해야 한다. 따라서 「divers + 명사」의 경우는

divers가 대명사적 용법으로 쓰이지 않으므로 명사가 en으로 대리될 수 없고, 「quelques + 명사」의 경우는 명사가 en으로 대리되면 quelques는 명사의 성에 따라 quelques-uns, quelques-unes가 된다.

❻ Il a lu quelques romans. → Il en a lu quelques-uns.
그는 몇 권의 소설을 읽었다.
(Il a lu divers romans. → * Il en a lu divers.)

★ 대리하는 명사 없이 단독으로 쓰여 관계절의 선행사 역할을 하는 en은 언제나 des gens(사람들)의 뜻이다.

❼ Il en est peu qui aient le bonheur de s'endormir aussitôt la tête sur l'oreiller.
눕자마자 잠이 들 수 있는 사람은 극소수다.

1.3. 형용사를 동반한 명사구의 대리: 명사가 en으로 대리되고, 셀 수 있는 명사 단수의 경우 「un(e) + 형용사」, 추상명사나 물질명사의 단수, 모든 복수 명사의 경우에는 「de + 형용사」가 동사 뒤에 남게 된다.

❶ La pauvreté n'est pas un vice, mais la colère en est un grand.
가난은 죄악이 아니지만, 분노는 큰 죄악이다.

❷ Il avait une voiture noire, il en voulait une blanche.
그는 검은색 자동차를 가지고 있는데, 흰색 자동차를 가지고 싶어 했다.

❸ Parmi ces romans, il y en a de très intéressants.
그 소설들 중에는 매우 재미있는 것들이 있다.

❹ En avez-vous de plus beaux?
더 아름다운 것을 가지고 있습니다.

❺ Il n'y a pas de vin. Il faut en acheter de bon.
포도주가 없다. 좋은 것을 사야한다.

2. **전치사구의 대리:** 전치사 de에 의해 유도되는 전치사구를 대리하는 용법으로, 수동문의 동작주 보어를 대리하는 경우 외에는 원칙적으로 사물만 대리하며, 사람을 대리할 때는 소유형용사 또는 「de + 강세형」을 쓴다.

2.1. 명사의 보어

❶ J'ai bien reçu la valise, mais nous n'en avons pas la clef.
가방을 받았는데, 열쇠가 없다.

❷ Je n'ai pas encore été à Londres. Mais j'en connais les monuments.
나는 아직 런던에 안 가봤지만, 그곳의 기념건축물들은 안다.

❸ Voilà une maison. C'est mon ami qui en est le propriétaire.
저기에 집이 있는데, 그 주인은 내 친구다.

❹ C'est un bon restaurant. En voici l'adresse.
그것은 좋은 식당이다. 여기 그 주소가 있다.

★ 「de + 명사」가 수식하는 명사 앞에 전치사가 선행하면 en을 쓰지 못하고 소유형용사를 쓴다. Voilà un temple, je suis émerveillé de ses ornements. 저기에 사원이 있는데, 나는 그 장식물에 감탄한다.

2.2. 동사의 보어

❶ Je lui en ai déjà parlé.
나는 그에게 그것에 대해 이미 말했다.

❷ Vous avez besoin de ce dictionnaire? – Oui, j'en ai besoin.
이 사전이 필요합니까? - 예, 필요합니다.

❸ Je vous en avertis.
당신에게 그에 대해 미리 경고합니다.

2.3. 형용사의 보어

❶ Est-il content de cette nouvelle? – Oui, il en est très content.
그는 그 소식을 듣고 기뻐합니까? - 예, 매우 기뻐합니다.

❷ Sa chambre en est pleine.
그의 방은 그것으로 가득 차 있다.

2.4. 동작주 보어

❶ C'était un événement imprévu, et on en était bouleversé.
그것은 예기치 않은 사건이어서, 사람들은 어쩔 줄을 몰랐다.

❷ Elle l'aime et elle en est aimée.
그녀는 그를 사랑하고 있고, 또 그로부터 사랑을 받고 있다.

2.5. 상황보어

❶ Vous avez été à Paris? – Oui, j'en arrive à l'instant.
파리에 갔다 왔습니까? - 예, 거기서 방금 돌아 왔습니다. ((장소))

❷ Il en résulte de grandes pertes.
그 결과는 커다란 손실이었다. ((기원 · 출처))

❸ Elle a acheté de la farine et en a fait le pain.
그녀는 밀가루를 사서, 그것으로 빵을 만들었다. ((재료))

❹ Il a un fils et veut en faire un médecin.
그는 아들이 있는데 의사로 만들고 싶어 한다. ((재료))

❺ Il a pris un couteau et en a coupé une branche de l'arbre.
그는 칼을 집고 그것으로 나뭇가지를 잘랐다. ((수단))

❻ Elle l'en aimera davantage.
그녀는 그로 인해 그를 더욱 더 사랑하게 될 것이다. ((이유 · 원인))

❼ Je n'en sais rien.
나는 그것에 대해 아무것도 모른다. ((주제 · 화제))

❽ Qu'en pensez-vous?

그것에 대해 어떻게 생각합니까? ((주제 · 화제))

3. 부정법의 대리: 「전치사 de + 부정법」을 대리한다.

❶ Je veux aller au cinéma, mais je n'en ai pas le temps.

나는 영화관에 가고 싶은데, 그럴 시간이 없다. ((명사의 보어))

❷ Il peut réussir, s'il en a la volonté.

그는 그럴 뜻만 있으면 성공할 수 있다. ((명사의 보어))

❸ Il a menti et il s'en repent.

그는 거짓말을 했다, 그래서 그것을 후회하고 있다. ((동사의 보어))

❹ Il n'a pas fait cela, il en est incapable.

그는 그것을 하지 않았다. 그는 그럴 능력이 없다. ((형용사의 보어))

4. 절의 대리: 「de ce que + 절」 또는 de ce가 생략된 「que + 절」을 대리할 수 있다.

❶ Qu'il ait raison, tout le monde en convient.

그가 옳다는 것은 모든 사람이 인정한다. ((동사의 보어))

❷ Il m'a aidé beaucoup et je m'en souviendrai.

그가 내게 많은 도움을 주었는데, 나는 그것을 잊지 못할 것이다.

❸ Il va venir? En êtes-vous sûr?

그가 올까요? 그러리라고 확신해요? ((형용사의 보어))

② rendre

1. 타동사

1.1. N_0 rendre *qc*

1.1.1. N_0 rendre *qc*: 산출하다, 생산하다; (소리 따위를) 내다; 토하다.

❶ Ces terres rendent beaucoup de blés.

이 토지는 밀이 많이 난다.

❷ Ces fruits rendent beaucoup de jus.

이 과일들은 즙이 많이 난다.

❸ Cet instrument rend de très beaux sons.
   이 악기는 매우 아름다운 소리를 낸다.
❹ Il a rendu tout ce qu'il avait dans l'estomac.
   그는 위에 있는 모든 것을 토했다.

1.1.2. N0 rendre *qc*: 표현하다, 재현하다; 번역하다; (판결 따위를) 내리다.

❶ Ce terme rend le mieux ma pensée.
   그 용어가 내 생각을 가장 잘 나타낸다.
❷ Ce tableau rend assez bien l'atmosphère de cette ville.
   이 그림은 그 도시의 분위기를 제법 잘 나타내주고 있다.
❸ Il n'est pas facile de rendre en français cette tournure.
   그 표현을 불어로 번역하는 것은 쉽지 않다.
❹ Un juge doit rendre des jugement.
   법관은 판결을 내려야 한다.

1.2. N0 rendre *qn/qc* à *qn/qc*: …을 …에게 돌려주다, 반환하다; 되찾게 해주다, 회복시켜주다: (도움 따위를) 주다; (경의 따위를) 표하다.

❶ Je lui ai rendu le livre qu'il m'a prêté.
   나는 그에게 그가 빌려준 책을 돌려주었다.
❷ Les ravisseurs ont rendu l'enfant à ses parents.
   납치범들은 아이를 부모에게 돌려주었다.
❸ La police a rendu la liberté au prisonnier.
   경찰이 그 죄수를 석방했다.
❹ Ce médicament lui a rendu ses forces.
   그 약은 그에게 원기를 회복시켜주었다.
❺ Ce traitement lui a rendu la vie; Ce traitement l'a rendu à la vie.
   그 치료가 그를 구해주었다.
❻ Cette tribu rend un culte à la divinité tous les samedis.
   그 부족은 토요일마다 신에게 예배를 드린다.

1.2.1. N0 rendre + 무관사명사 + à *qn/qc*

❶ Voulez-vous nous rendre service?
   우리를 좀 도와주시겠습니까?
❷ Elle tient à ce qu'on lui rende visite.
   그녀는 사람들이 그녀를 방문하기를 몹시 바란다.
❸ Je voudrais rendre hommage aux efforts des joueurs.
   나는 선수들의 노력에 경의를 표하고자 합니다.
❹ Rendez-moi compte de vos dépenses.
   당신의 지출 내역을 내게 보고하시오.

1.2.2. N_0 rendre *qn/qc*/무관사명사

❶ Il n'a pas rendu l'argent que je lui ai prêté.
그는 내가 빌려준 돈을 갚지 않았다.

❷ Elle a rendu la monnaie sur cent euros.
그녀는 100유로를 받고 거스름돈을 내어주었다.

❸ Le voleur a refusé de rendre ce qu'il a volé.
도둑이 훔친 것을 돌려주기를 거절했다.

❹ Cet outil rend énormément service.
그 도구는 매우 유용하다.

❺ Cet article soldé ne peut être ni rendu ni échangé.
이 세일 상품은 반품이나 교환이 안됩니다.

1.3. N_0 rendre *qn/qc* + 속사: …을 …하게 만들다.

❶ Ce livre l'a rendu célèbre.
그 책이 그를 유명하게 만들었다.

❷ Son mari l'a rendue heureuse.
그의 남편이 그녀를 행복하게 만들었다.

❸ Il sait rendre la réunion plus gaie.
그는 모임을 더 유쾌하게 만들 줄 안다.

❹ Le malheur les a rendus forts.
불행이 그들을 강하게 만들었다.

❺ Cet accident a rendu tristes tous ceux qui attendaient son retour.
그 사고는 그가 돌아오기를 기다리는 모든 사람들을 슬프게 만들었다.

1.3.1. N_0 rendre + 속사

❶ Ce travail rend nerveux.
그 일을 하면 신경질이 난다.

❷ Le bruit risque de rendre les gens sourds.
소음은 사람들을 귀머거리로 만들 위험성이 있다.

2. 자동사

2.1. N_0 rendre: 산출하다; 수익을 가져오다; 결과를 낳다.

❶ Ces terres rendent peu.
이 토지는 작물이 거의 안 된다.

❷ Les arbres fruitiers ont bien rendu cette année.

과일나무들이 금년에는 수확이 좋았다.

❸ La pêche a bien rendu cet hiver.

금년 겨울에는 어획량이 많았다.

❹ Ça n'a pas rendu.

아무런 소득도 없었다. 잘되지 않았다.

2.2. N_0 rendre: 토하다.

❶ Il a trop bu et trop mangé, c'est pour ça qu'il a rendu.

그는 너무 많이 마시고 먹었다. 그래서 그는 토했다.

❷ Arrêtez la voiture, j'ai envie de rendre.

차를 멈추세요, 토할 것 같아요.

2.3. N_0 rendre: (받은 힘에 대해) 반응을 보이다, 탄력성이 있다.

❶ Cette raquette rend bien.

이 라켓은 공이 잘 튄다.

❷ Ce billard rend mal.

이 당구대는 쿠션이 좋지 않다.

3. 대명동사

3.1. N_0 se rendre

3.1.1. N_0 se rendre: 항복하다, 굴복하다; 따르다, 복종하다.

❶ Les soldats se sont enfin rendus.

병사들은 마침내 항복했다.

❷ Après de longs combats, ils se sont rendus sans condition.

오랜 전투 끝에 그들은 무조건 항복했다.

❸ Rendez-vous!

항복하라!

3.1.1.1. N_0 se rendre à *qn/qc*

❶ La ville s'est rendue aux assaillants.

그 도시는 침략자들에게 항복했다.

❶ Il s'est rendu à mes raisons.

그는 내게 설득되었다.

❸ Elle s'est rendue à l'évidence.
그녀는 명백한 사실을 인정했다.

3.1.2. N₀ se rendre: 표현되다, 번역되다.

❶ Cette expression ne peut se rendre en français.
그 표현은 불어로 번역될 수 없다.

3.2. N₀ se rendre + 장소: …에 가다; 이르다, 끝이 닿다.

❶ En général, je me rends à mon travail en métro.
나는 대개 지하철을 타고 출근한다.
❷ Elle s'est rendue à l'étranger.
그녀는 외국에 갔다.
❸ Je me suis habillé à la hâte et me suis rendu rue Réaumur.
나는 서둘러 옷을 입고 Réaumur가로 갔다.
❹ Cette rivière se rend à la mer.
그 하천은 바다로 흘러간다.

3.3. N₀ se rendre + 속사: 스스로를 …하게 만들다, 자신이 …이 되다.

❶ Il s'est rendu célèbre par cette invention.
그는 그 발명으로 유명해졌다.
❷ Elle veut se rendre utile, agréable à tout le monde.
그녀는 모든 사람들에게 유익하고 유쾌하게 보이기를 바란다.
❸ Il s'est enfin rendu malade à force de se tourmenter.
그는 고민을 하더니 마침내 병이 났다.

10 Les Etats-Unis tentent d'asphyxier financièrement le régime de Pyongyang

Le Monde | 26.04.06

A défaut d'attaquer[1] militairement la Corée du Nord, les Etats-Unis s'efforcent de l'étrangler financièrement. Au cours des six derniers mois,[2] diverses[3] mesures ont frappé[4] des entreprises et des maisons de commerce[5] nord-coréennes, ainsi que des banques étrangères[6] en relation avec Pyongyang.[7]

La société suisso-nord-coréenne[8] Kohas, qui fabrique des consoles métalliques, a été placée sur la "liste noire"[9] américaine. Elle est soupçonnée de fournir[10] du matériel servant à la fabrication d'armement,[11] et ses avoirs[12] aux Etats-Unis ont été gelés.[13] En mai, de nouvelles dispositions[14] devraient[15] être prises par Washington pour empêcher[16] les entreprises américaines (et étrangères ayant des filiales aux Etats-Unis) de traiter[17] avec des compagnies maritimes nord-coréennes et pour limiter l'accès de leurs navires aux ports.

La justification avancée[18] par les Etats-Unis pour cet embargo[19] de fait[20] à l'encontre de[21] la République populaire démocratique de Corée (RPDC)[22] est le souci d'enrayer les trafics[23] (drogue, cigarettes, faux dollars)[24] auxquels se livrerait[25] le régime afin de développer[26] ses capacités militaires.

Washington fait valoir[27] qu'il ne s'agit pas – en coupant[28] certains[29] canaux financiers internationaux de la RPDC – de "sanctions"[30] mais[31] d'actions de protection de la sécurité nationale, dans le cadre du[32] Patriot Act de 2001[33] destiné à lutter[34] contre le terrorisme.

En dépit d'une série de précédents[35] impliquant ses diplomates, le régime de Pyongyang nie se livrer[36] à des activités illégales.[25] "Les Etats-Unis n'arriveront pas à nous étrangler",[37] estime un haut fonctionnaire nord-coréen, qui concède cependant que "les transactions avec l'étranger sont devenues plus difficiles".

Des négociateurs des pourparlers à six pays(Chine, deux Corées, Etats-Unis, Japon et Russie),[38] destinés à[34] mettre fin aux ambitions nucléaires de Pyongyang,[39] se sont réunis début avril à Tokyo.

Le représentant nord-coréen, Kim Kye-gwan, a rappelé que son gouvernement considère les "sanctions américaines comme des pressions agressives" et "exige leur levée comme préalable à un retour à la table de négociation". Les pourparlers sont dans l'impasse[40] depuis septembre 2005.

COMPTES BLOQUÉS

C'est à l'automne 2005 que Washington a lancé son offensive contre la RPDC, avec une enquête "sans précédent[41] contre le crime organisé en Asie", menée[42] par le département du Trésor,[43] le FBI et la CIA.

Les avoirs[12] d'une dizaine d'entreprises de commerce[44] nord-coréennes aux Etats-Unis ont d'abord été gelés.[13] Puis la Banco Delta Asia(BDA) de Macao a été accusée de[45] "blanchiment d'argent"[46] pour la RPDC. Petite banque locale, elle accueille les comptes[47] d'entreprises nord-coréennes et de neuf particuliers[48] – parmi lesquels[49] figureraient les plus hauts dirigeants du régime – sur lesquels[50] seraient déposés 25 millions de dollars. Tous ces comptes sont bloqués.[51]

Pas plus que dans le cas de la société Kohas,[52] le Trésor[43] américain n'a fourni les preuves des accusations contre la BDA.[53] Estimant que rien n'indique que Kohas ait violé la législation helvétique,[54] le ministère suisse de l'économie n'a pas ouvert d'enquête.[55]

Quant aux[56] autorités financières de Macao,[57] elles n'ont jamais reçu de Washington les preuves étayant les accusations visant la BDA, mais cette dernière[58] n'en a pas moins[59] été "coulée".[60] Les épargnants ont retiré leurs avoirs[12] et "aucune autre banque n'est disposée à prendre[61] le risque, en traitant[17] avec elle, d'être[62] mise à l'index[63] par Washington", commente un banquier européen à Hongkong. "Que les accusations américaines soient fondées ou non,[64] le procédé est dissuasif",[65] ajoute-t-il.

D'autres banques étrangères, notamment suisses, ont fermé les comptes d'entreprises[47] et de banques nord-coréennes après avoir reçu[66] des mises en garde[67] du Trésor[43] américain. De son côté,[68] Tokyo a restreint les transferts de fonds de Coréens du Japon vers la RPDC, source de devises[69] pour le régime de Pyongyang.

Ces "sanctions ciblées"[70] **touchent** l'élite du régime, se félicite Washington. En fait,[71] elles n'entravent que[72] relativement les activités illégales présumées qui, en raison de leur clandestinité,[73] disposent d'autres canaux.[74] Mais elles affectent[75] les transactions légales, en dissuadant les entreprises étrangères de commercer avec la RPDC,[76] souligne l'Association d'affaires européenne de Pyongyang,[77] qui réunit une douzaine de firmes ayant des filiales dans le pays.

"Plusieurs entreprises étrangères commerçant avec la RPDC **se sont vu** demander[78] par leurs banques de cesser leurs activités au risque de[79] **voir** leurs comptes fermés", commente le Britannique Nigel Cowie, directeur de Daedong Credit Bank, organisme financier, implanté à Pyongyang, dont le capital est à majorité[80] étranger. La politique américaine a pour effet pervers de pousser[81] davantage le régime dans les bras de la Chine.[82] Bloquée[51] ailleurs, la RPDC n'a plus que[83] son voisin chinois pour effectuer ses opérations financières[84] avec l'étranger.

Dans une étude récente, Korea Development Institute,[85] organisme de recherches semi-gouvernemental à Séoul, reproche à Washington de renforcer,[86] à travers ses sanctions,[87] la mainmise de Pékin sur l'économie nord-coréenne.

1: à défaut de *qn/qc/inf.* …이 없어서, …하지 않아서 [않으면] (=faute de). à défaut de mieux 차선책으로, 할 수 없이. servir de l'eau à défaut de vin 포도주가 없어서 물을 제공하다. A défaut d'aller au théâtre, il va au cinéma. 그는 극장에 가지 않으면, 영화관에 간다.

2: au cours de *qc*: …중에, 사이에, 동안에.

3: divers: (무관사 복수 명사 앞에 쓰여서) 여러, 몇몇의(=plusieurs, maint).

4: frapper: (조치, 벌금 따위가) 취해지다, 부과되다.

5: maison de commerce: 회사, 상사, 상점.

6: ainsi que: …와 아울러, 그리고 또; …처럼, …와 같이. Je le connais ainsi que sa femme. 나는 그와 그의 부인을 알고 있다. Il a été puni ainsi que son camarade. 그는 그의 친구처럼 벌을 받았다.

7: en relation avec: 와 관계를 맺고 있는, 교류하고 있는. mettre *qn* en relation avec *qn* …을 …에게 소개시키다.

8: société suisso-nord-coréenne: 북한과 스위스 합작기업.

9: liste noire: 요주의 대상자 명부, 블랙리스트.

10: soupçonner *qn* de *inf.* …가 …한 혐의를 두다, 의심하다.

11: servir à *qc/inf.* …(하는 데)에 소용되다, 도움을 주다, Cet outil sert à ouvrir les bouteilles. 이 도구는 병을 따는 데 쓰인다. A quoi sert cette machine? 이 기계는 어디에 쓰입니까?

12: avoir: 재산, 자산.

13: geler: 동결하다. geler les salaires 임금을 동결하다.

14: disposition: (복수로 쓰여) 준비, 조치(=mesure).

15: devoir *inf.* …하기로 되어 있다, …할 예정이다; …일 것이다. p.288 여기에서 조건법은 확인되지 않은 사실의 진술·추측을 나타냄. p.47

16: empêcher *qn/qc* de *inf.* …가 …하는 것을 못하게 하다. p.92

17: traiter: 교섭하다; 거래하다.

18: avancer: (제안·주장 따위를) 내놓다, 제시하다.

19: embargo: (물품의) 통상 [판매]금지; (선박의) 억류, 출항금지.

20: de fait: a)사실상의. gouvernement de fait 사실상의 정부. b)실제로. Il n'est pas venu là, de fait, il est resté à la maison. 그가 거기에 오지 않았는데 실제로 그는 집에 있었다.

21: à l'encontre de: …에 반대하여. agir à l'encontre de l'opinion publique 여론과 반대로 행동하다.

22: République populaire démocratique de Corée (RPDC): 조선인민민주주의공화국, 북한.

23: trafic: 밀매매, 암거래.

24: faux dollar: 위조 달러.

25: se livrer à *qc*: …에 몰두하다, 전념하다; …에 종사하다.

26: afin de *inf*, afin que + *subj.*: …하기 위해.

27: faire valoir: a)주장하다, 강조하다. faire valoir un argument 논거를 주장하다. faire valoir que + *ind.*: …임을 주장 [강조하다]. b)내세우다. 칭찬하다. se faire valoir 자신을 내세우다. faire valoir les mérites de *qn* …의 공적을 칭찬하다. c)이용 [활용]하다; 행사하다. faire valoir les capitaux 자본을 운용하여 증식하다. faire valoir ses droits 권리를 행사하다. d)돋보이게 하다. robe qui fait valoir les formes 몸매를 돋보이게 하는 옷.

28: 「en + 현재분사」의 제롱디프로, 여기에서는 수단·방법을 나타냄. p.285

29: certains: (복수 명사와 결합하여) 몇몇의(=quelques). certains historiens 몇몇 역사가들. Il a eu certains doutes à ce sujet. 그는 그 문제에 대해 다소 의문을 가지고 있었다.

30: il s'agit de *qn/qc*: …이 문제되다, …에 관련 [관계] 되다. Il s'agit de votre vie. 당신의 생명이 관계되는 일이다.

31: mais: 부정문 뒤에 쓰여 대립을 강조. Ce n'est pas un travail, mais un jeu. 이런 것은 일이 아니라, 놀이에 지나지 않는다.

32: dans le cadre de *qc*: a) …의 범위 [한계, 틀] 안에서. rester dans le cadre de la légalité 적법성의 범위를 벗어나지 않다. b) …의 일환으로. pièce représentée dans le cadre du festival universitaire 대학 축제의 일환으로 공연된 연극.

33: Patriot Act de 2001: 2001년 제정된 애국법(2001년 9·11테러 이후 테러 방지를 위해 개인에 대한 감시활동과 정보수집 등을 가능하도록 제정됨).

34: destiné à *qc/qn/inf*: …의 용도로 마련된, …하기 위한.

35: en dépit de *qc*: …에도 불구하고.

36: nier *qc/inf*, nier que + *ind./subj.*: …(임)을 부인 [부정]하다.

37: arriver à *inf*: …하기에 이르다, …하고야 말다(=reussir à *inf*, finir par *inf*).

38: pourparlers à six pays: 6개 국가 회담.

39: mettre fin à *qc*: …을 끝내다, 종결짓다.

40: être dans l'impasse: 궁지 [교착상태]에 빠지다.

41: sans précédent: 전례없는, 전대미문의.

42: lancer [mener] une offensive contre *qn/qc*: …에 공세를 취하다.

43: (département du) Trésor: (미국의) 재무성.

44: entreprise de commerce: 상사(商社).

45: accuser *qn* de *qc/inf*: …가 …한 것을 비난 [고발]하다.

46: blanchiment d'argent: (검은) 돈 [자금] 세탁.

47: compte: 구좌; 예금. compte d'entreprise 기업 구좌. compte de particulier 개인 구좌. compte à terme 정기예금. ouvrir [fermer] un compte dans une banque 은행에 구좌를

트다 [폐지하다]. déposer une somme sur un compte 구좌에 일정 금액을 입금하다.

48: particulier: 개인. en tant que particulier; en simple particulier 개인으로, 사적으로.

49: lesquels: neuf particuliers를 선행사로 하는 복합형 관계대명사. p.192

50: lesquels: comptes d'entreprises nord-coréennes et de neuf particuliers를 선행사로 하는 복합형 관계대명사. p.192

51: bloquer: (가격 따위를) 동결하다, (수표 따위의) 지불을 정지하다(=geler).

52: dans le cas de *qc*: ⋯의 경우에(는).

53: pas ~ plus que ⋯ ne ⋯: ⋯와 마찬가지로 ⋯도 ⋯아니다. Pas plus que son frère, il ne pourra réussir à la convaincre. 그의 형과 마찬가지도 그도 그녀를 설득시키지 못할 것이다.

54: helvétique: 헬베티아(Helvétie) [스위스] 의. législation helvétique 스위스의 법(제).

55: ouvrir: 시작하다, 개시하다. ouvrir un dialogue 대화를 시작하다.

56: quant à *qn/qc/inf.*: ⋯(하는 것)에 관해서는, ⋯(하는 것)로서는. Quant à moi, je partirai demain. 나로 말하자면, 나는 내일 떠나겠다. Quant à parler de vol, c'est exagéré. 절도라는 말을 쓰는 것은 지나친 것이다.

57: autorité: (복수로 쓰여) 당국(자). autorités financières de Macao 마카오 금융 당국. autorités municipales [de la ville] 시당국(자).

58: ce dernier, cette dernière: 후자. 여기서는 BDA를 가리킴. Il est venu avec sa fille, cette dernière semblait très fatiguée. 그는 그의 딸과 같이 왔는데, 그녀는 몹시 피곤해 보였다.

59: n'en ⋯ pas moins: 그래도 역시 ⋯이다. Il peut pleuvoir ou neiger, je n'en partirai pas moins. 비가 오거나 눈이 올지 모른다. 그래도 나는 떠날 것이다.

60: couler: 신용 [신망] 을 잃게 하다(=discréditer).

61: disposé à *qc/inf.*: ⋯할 의향이 있는 [채비가 되어 있는].

62: prendre [courir] le risque de *qc/inf.*: ⋯의 [할] 위험을 무릅쓰다.

63: mettre *qn/qc* à l'index: ⋯을 요주의 대상에 포함시키다.

64: que + *subj.* + ou non: ⋯이든 아니든. Que vous le vouliez ou non, je veux le voir. 당신이 원하든 말든 나는 그를 만나고 싶다.

65: dissuasif: 단념하게 하는, 억제하는

66: après + 부정법 과거; après que + *ind.*: ⋯한 후에, ⋯하고 나서.

67: mise en garde: 경계태세 (조치).

68: de son côté: 그로서는, 그에 관한한.

69: devise: 외화, 외국통화. source de devises 외화 수입의 원천. stock de devises 외환 보유고.

70: ciblé: 특정 대상을 겨냥한, 대상이 한정된.

71: en fait: 사실은, 실제로는. En fait, ils ignorent les liens qui les unissent. 사실, 그들은

그들을 연결해주는 관계들에 대해 모르고 있다.

72: ne ~ que: 단지, 오로지(=seulement).

73: en raison de *qc*: … 때문에.

74: disposer de *qc*: …을 사용하다(=se servir de).

75: affecter: 영향을 미치다, 작용하다.

76: dissuader *qn* de *qc/inf*: …가 …하는 것을 단념하게 하다. 여기서는 「en + 현재분사」의 제롱디프로 쓰임. p.285

77: Association d'affaires européenne de Pyongyang: 평양유럽비즈니스협회.

78: demander à *qn* de *inf*: …에게 …할 것을 요구하다.

79: au risque de *qc/inf*: …의 [할] 위험을 무릅쓰고. Il a sauvé cet enfant au risque de la vie [de se tuer]. 그는 죽음을 무릅쓰고 그 아이를 구했다.

80: à majorité: 대부분, 대다수가(=en majorité).

81: avoir pour effet pervers de *inf*: …하는 역효과를 가져오다.

82: pousser *qn* dans les bras de *qn*: …을 …와 결합 [결속]하게 하다.

83: ne ~ plus que: 이제는 …밖에 …않다. Il n'en a plus qu'un souvenir douloureux. 그는 이제 그에 대해 고통스러운 기억밖에 없다.

84: opérations financières: 금융거래.

85: Korea Development Institute (KDI): 한국개발연구원.

86: reprocher à *qn* de *inf*: …를 …하다고 비난하다.

87: à travers *qc*: …을 통하여. juger les choses à travers les préjugés de sa classe 계급적 편견에 의해 사물을 판단하다.

 문법 및 구문

① toucher

1. 타동사

1.1. N₀ toucher *qn/qc*: 손을 대다, 만지다.

❶ Elle l'ai touché de la main.
그녀는 그를 [그것을] 손으로 만졌다.

❷ Il a touché la vase du doigt.

그는 손가락으로 화병을 만졌다.

❸ Ne me touche pas!

내 몸에 손대지 마!

1.2. N₀ toucher *qn/qc*: 치다, 때리다; 맞히다, 명중하다; (맞혀서) 상처를 입히다; 피해 [타격] 을 입히다.

❶ J'ai touché l'épaule de Jean pour attirer son attention.

나는 Jean의 주의를 끌기 위해 어깨를 툭 쳤다.

❷ Il a touché la balle avec une raquette.

그는 라켓으로 공을 쳤다.

❸ Il a touché le chien avec un bâton.

그는 막대기로 개를 때렸다.

❹ La balle l'a touché à l'épaule; La balle lui a touché l'épaule.

총알이 그의 어깨를 맞혔다.

❺ Il a tiré et touché son adversaire au bras.

그는 총을 쏘아 상대방의 팔에 상처를 입혔다.

❻ Le soldat a été gravement touché.

병사가 (총에 맞아) 심하게 상처를 입었다.

❼ L'épidémie a touché tous ces pays.

전염병이 그들 모든 나라에 퍼졌다.

❽ La hausse du prix du pétrole a touché un grand nombre d'entreprises.

석유 값의 인상은 많은 기업들에 큰 타격을 주었다.

1.3. N₀ toucher *qn*: 충격을 주다; 감동시키다.

❶ Cette tragédie a touché tout le monde.

그 참사는 모든 사람들에게 충격을 주었다.

❷ Sa lettre nous a beaucoup touchés.

그의 편지는 우리를 매우 감동시켰다.

❸ Nous sommes très touchés de sa sympathie.

우리는 그의 호의에 크게 감동을 받았다.

1.4. N₀ toucher *qn/qc*: 접하다, 인접하다.

❶ Ce bâtiment touche l'église.

그 건물은 교회와 인접해 있다.

❷ Ils étaient si proches que chacun touchait son voisin.

그들은 너무 가까이 있어서 서로 붙어있다시피 했다.

1.5. N$_0$ toucher *qn/qc*: 관계가 있다; 친척관계에 있다.

❶ Cette affaire ne me touche pas.
   그 사건은 나와 관계가 없다.
❷ En ce qui touche le service, c'est un très bon restaurant.
   서비스로 말하자면 그곳은 매우 좋은 식당이다.
❸ Votre question ne touche pas notre problème.
   당신의 질문은 우리의 문제와는 관계가 없습니다.
❹ Elle le touche de près.
   그녀는 그와 가까운 친척이다.
❺ Il ne me touche ni de près ni de loin.
   그는 나와 아무런 혈연관계도 없다.

1.6. N$_0$ toucher *qc*: (건반 따위를) 치다; (악기를) 치다, 연주하다.

❶ Quand j'ai entré dans la chambre, il touchait le clavier.
   내가 방에 들어갔을 때, 그는 건반 [자판] 을 치고 있었다.
❷ Voilà des années qu'elle n'a pas touché un piano.
   그녀가 피아노를 쳐본지가 여러 해 되었다.
❸ Le prince touchait agréablement les cordes de sa guitare.
   왕자가 즐겁게 기타를 연주하고 있었다.

1.7. N$_0$ toucher *qc*: (돈·배급 따위를) 받다; (수표를) 현금으로 바꾸다.

❶ Il a touché mille euros pour ce travail.
   그는 그 일에 대한 대가로 천 유로를 받았다.
❷ Combien touchez-vous par mois?
   월수입이 얼마입니까?
❸ Elle touche une petite retraite.
   그는 얼마 안되는 연금을 받는다.
❹ Il a touché le gros lot.
   그는 거액의 당첨금을 받았다.
❺ Il veut toucher un chèque à la banque.
   그는 은행에서 수표를 현금으로 바꾸고자 한다.

1.8. N$_0$ toucher *qn*: 연락을 취하다, 접촉하다.

❶ Je l'ai touchée par téléphone mobile.
   나는 그녀와 휴대 전화로 연락했다.
❷ A quelle adresse pourra-t-on le toucher?
   어떤 주소로 하면 그와 연락이 가능합니까?
❸ Où peut-on vous toucher?
   어디로 연락드릴까요?

1.9. N$_0$ toucher *qc*: (배·비행기가 항구·육지 따위에) 접근하다, 닿다.

❶ Le navire a touché le port [la côte].
　　배가 항구 [해안] 에 닿았다.
❷ L'avion a touché le sol au bout de la piste.
　　비행기가 활주로 끝에 착륙했다.

1.9.1. N$_0$ toucher

❶ Voilà un navire qui a touché.
　　배가 (항구·물의 밑바닥·제방·다른 배에) 닿았다.

2. 간접타동사

2.1. N$_0$ toucher à *qn/qc*

2.1.1. N$_0$ toucher à *qn/qc*: …에 손을 대다, 건드리다; (음식에) 손대다, 먹다; 시도하다.

❶ Cet enfant touche à tout ce qu'il voit.
　　그 아이는 눈에 띄는 모든 것에 손을 댄다.
❷ Ne touche pas à ce vase, il est très fragile.
　　그 화병에 손대지 마라, 그것은 잘 깨진다.
❸ Ce travail est fini, n'y touche plus.
　　그 일은 끝났다, 더 이상 손대지 마라.
❹ Ne touche pas à mon frère.
　　　내 동생을 건드리지 마라.
❺ Il n'a pas touché à son déjeuner.
　　그는 점심에 손도 대지 않았다.
❻ Elle n'a jamais touché à un volant.
　　그녀는 운전을 해본 적이 없다.

2.1.2. N$_0$ toucher à *qn/qc*: …에 접촉하다, 닿아 있다, 인접하다; 이르다, 도달하다.

❶ Sa maison touche à la mienne.
　　그의 집은 나의 집과 인접해 있다.
❷ Sa tête touche au plafond.
　　그의 머리가 천장에 닿는다.
❸ L'année touche à sa fin.
　　연말이 다가온다.
❹ L'affaire touche à son terme.
　　사건이 종결되어 간다.

2.1.3. N$_0$ toucher à *qn/qc*: ⋯에 관련되다, 관계가 있다; ⋯을 대상으로 삼다, 다루다, 언급하다; ⋯에 가깝다, 닮다; ⋯와 혈연관계가 있다.

❶ Il connaît bien tout ce qui touche à ce sujet.
　그는 그 주제와 관계가 있는 모든 것에 정통하다.
❷ Ces mesures ne touchent en rien à ses intérêts.
　이 조치들은 그의 이해관계와는 전혀 관련이 없다.
❸ Nous touchons ici à ce problème.
　우리는 여기에서 그 문제에 대해 언급하고자 한다.
❹ Une prudence exagérée touche de près à une lâcheté.
　지나친 신중은 비굴에 가깝다.
❺ Elle touche de près au directeur.
　그녀는 부장과 가까운 친척이다.

2.2. N$_0$ toucher de *qc*: (악기를) 치다, 연주하다.

❶ Il touche agréablement du piano [de la guitare].
　그는 즐겁게 피아노 [기타] 를 친다.

3. 대명동사

3.1. N$_0$ se toucher: 서로 닿다 [접하다]; 서로 닮다.

❶ Leurs propriétés se touchent.
　그들의 소유지는 인접해 있다.
❷ Les extrêmes se touchent.
　양 극단은 서로 상통한다.
❸ Elles se touchent par tant de points.
　그 여자들은 많은 점에서 서로 닮았다.

② voir

1. 타동사

1.1. N$_0$ voir *qn/qc*: ⋯을 보다, 목격하다, 구경하다; 상상하다, 마음에 그리다; 살펴보다, 조사해보다; 고려하다, 검토하다; 만나다; 알다, 이해하다; 겪다, 경험하다.

❶ Je l'ai vu de mes (propres) yeux.
　나는 내 눈으로 그것을 보았다.

❷ De ma maison, on voit l'horizon.
　　내 집에서는 수평선이 보인다.

❸ Il a vu toute la scène.
　　그는 모든 장면을 다 보았다.

❹ Elle nous propose d'aller voir un film [une pièce de théâtre, un match].
　　그녀는 우리에게 영화를 [연극을, 경기를] 보러가자고 제안했다.

❺ Cela mérite d'être vu.
　　그것은 구경해 볼만하다.

❻ Sa future maison, elle la voit à Nice.
　　그녀는 니스에 있는 미래의 집을 상상해본다.

❼ Da cette affaire, il ne voit que l'argent.
　　그 일에서 그는 돈만 생각한다.

❽ Son grand-père a le don de voir l'avenir.
　　그의 할아버지는 미래를 예견하는 능력이 있다.

❾ Voyez un peu cette affaire.
　　그 문제를 좀 검토해 보세요.

❿ Il faut voir ce qu'on doit faire.
　　무엇을 해야 할지 생각해봐야 한다.

⓫ Le médecin est venu voir les malades.
　　의사가 환자들을 진찰하러 왔다

⓬ J'ai demandé à mon ami de venir me voir.
　　나는 내 친구에게 나를 보러 와달라고 했다.

⓭ Il ne veut voir personne.
　　그는 아무도 만나려 [접견하려] 하지 않는다.

⓮ Je ne vois pas de solution.
　　나는 해결책을 모른다.

⓯ Ce pays a vu plusieurs révolutions.
　　그 나라는 여러 번의 혁명을 겪었다.

1.1.1. N₀ voir *qc* à [en] *qn/qc*

❶ Je ne vois pas de mal à cela.
　　나는 거기에 아무런 문제가 없다고 본다.

❷ Je lui vois un bel avenir.
　　나는 그의 장래가 유망하다고 본다.

❸ On lui a vu beaucoup de talents.
　　그에게는 많은 재능이 있는 것 같다.

❹ On voit en elle une femme idéale.
　　그녀에게서 이상적인 여성상을 본다.

1.1.2. N_0 voir

❶ Je vois.
알겠다.

❷ Il ne sait pas voir.
그는 관찰하는 눈이 없다.

❸ Un instant, nous allons voir.
잠깐 기다리세요, 조사해 봅시다.

❹ Il impose ses façons de voir à ses enfants.
그는 그의 아이들에게 자기의 사고방식을 강요한다.

1.2. N_0 voir *qn/qc + inf.* …가 … 하는 것을 보다.

❶ J'ai vu les enfants jouer dans le jardin.
나는 아이들이 정원에서 노는 것을 보았다.

❷ Je l'ai vue entrer.
나는 그녀가 들어오는 것을 보았다.

❸ Il voit le train passer.
그는 기차가 지나가는 것을 본다.

❹ Je l'ai vu s'évader.
나는 그가 도망하는 것을 보았다.

❺ J'ai vu mon frère manger les pommes.
나는 내 동생이 사과를 먹는 것을 보았다.

❻ Je les ai vus réparer la voiture.
나는 그들이 자동차를 수리하는 것을 보았다.

❼ Elle voit le médecin les examiner.
그녀는 의사가 그들을 진찰하는 것을 본다.

❽ Elle le voit les punir.
그녀는 그가 그들을 벌주는 것을 본다.

★ 부정법 동사는 구체적인 동작을 내포하는 동사이어야 하며, 완료형이나 수동형 또는 부정형을 취할 수 없다

❾ * Je vois Jean savoir mon adresse.

❿ * Je vois Jean être venu.

⓫ * Je vois le chien être battu par Jean.

⓬ * Je vois Jean ne pas arriver.

1.2.1. N_0 voir *inf + qn/qc* (*qn/qc*는 *inf*의 주어)

❶ J'ai vu jouer les enfants dans le jardin.
나는 아이들이 정원에서 노는 것을 보았다.

❷ Elle a vu venir Jean.
그녀는 Jean이 오는 것을 보았다.

❸ Il a vu reculer la voiture.

그는 자동차가 후진하는 것을 보았다.

★ 이 구조에서 부정법 동사가 타동사로서 목적어를 가질 때는 부정법 동사의 주어는 「par(드물게 à) + 명사」 또는 간접보어의 형태로 표현된다.

❹ Elle voit réparer la voiture par [? à] Jean.

그녀는 Jean이 자동차를 수리하는 것을 본다.

❺ Il voit jouer cette sonate par [? à] Marie.

그는 Marie가 그 소나타를 연주하는 것을 본다.

❻ Je leur ai vu chanter cette chanson.

나는 그들이 그 노래를 부르는 것을 보았다.

❼ Je la leur ai vu jouer.

나는 그들이 그것을 연주하는 것을 보았다.

★ 부정법 동사가 타동사일 때 주어나 목적어가 생략된 구문이 자주 쓰인다. 부정법 동사 뒤의 명사구가 목적어인지 동작주인지 의미가 모호해질 수 있으며, 문맥에 의해 판단한다.

❶ Je vois punir Jean.

Jean이 벌을 받고 있는 것을 본다. Jean이 벌을 주고 있는 것을 본다.

❷ Je le vois battre.

그가 맞고 있는 것을 본다./ 그가 때리고 있는 것을 본다.

1.3. N₀ voir *qn/qc* qui + 관계절: ···가 하는 것을 보다.

❶ J'ai vu les acteurs qui jouaient cette pièce.

나는 배우들이 이 작품을 공연하는 것을 보았다.

❷ Elle voit les enfants qui jouent dans le jardin.

그녀는 아이들이 정원에서 노는 것을 본다.

❸ Je l'ai vu qui courait à toute vitesse.

나는 그가 전속력으로 뛰어가는 것을 보았다.

★ 관계절의 동사 시제는 voir의 시제와 일치해야 한다.

❹ * Je vois Jean qui arrivait de la gare.

❺ * Je le vois qui écrivait la lettre.

★ 관계절의 동사는 구체적인 동작을 내포하는 동사이어야 하며, 부정형을 취할 수 없다.

❻ * Je l'ai vue qui était petite.

❼ * Je le vois qui sait cette chanson.

❽ * Je vois Jean qui ne traverse pas la rue.

★ qui이외의 다른 관계대명사에 의한 관계절은 허용되지 않는다.

❾ * Je le vois que le médecin examine.

❿ * Je le vois à qui Jean parle.

1.4. N₀ voir en train de *inf*. ···가 하고 있는 것을 보다.

❶ J'ai vu les enfants en train de jouer dans le jardin.

나는 아이들이 정원에서 놀고 있는 것을 보았다.

❷ Il l'a vue en train de coudre.
그는 그녀가 바느질하고 있는 것을 보았다.

1.5. N₀ voir *qn/qc* + 현재분사: ⋯가 하는 것을 보다.

❶ Je l'ai vu sortant de la maison.
나는 그가 집에서 나가는 것을 보았다.
❷ Elle l'a vu traversant la rue.
그녀는 그가 길을 건너가고 있는 것을 보았다.

1.6. N₀ voir *qn/qc* + 속사: ⋯이 ⋯하다는 것을 보다; 알다, 이해하다.

❶ Quand elle l'a vu bien malade, elle a appelé le médecin.
그녀는 그가 많이 아픈 것을 보고 의사를 불렀다.
❷ Elle l'a voyait moins attentif.
그녀는 그가 이전보다 주의 깊지 못하다는 것을 알았다.
❸ L'usine a vu ses machines arrêtées.
공장의 기계들이 멈추고 말았다.

1.7. N₀ voir que + *ind.*: ⋯하는 것을 보다; 알다, 이해하다.

❶ Vous voyez que je suis très occupé.
당신이 보시다시피 나는 매우 바쁘다.
❷ Voyez-vous qu'il neige?
눈이 오는 것을 보고 계세요?
❸ Je vois que vous m'avez bien compris.
나는 당신이 내 말을 잘 이해했다고 생각한다.
❹ Je vois bien que vous avez changé d'avis.
나는 당신의 의견이 바뀌었다는 것을 잘 알고 있다.
❺ Je ne vois pas qu'elle soit bien disposée à mon égard.
나는 그녀가 내게 호의적인 것을 이해할 수 없다.
★ que + *ind.*는 보어대명사 le로 대리될 수 있다.

1.8. N₀ voir + 간접의문절: ⋯인지 보다; 알다, 이해하다.

❶ Voyez si le pain est cuit.
빵이 구워졌는지 보세요.
❷ Voyons ce que dit le dictionnaire.
사전에 어떻게 쓰여 있는지 봅시다.
❸ Je vois maintenant ce que vous voulez dire.
이제 당신이 무엇을 말하고자 하는지 알겠다.

❹ Je vois mal comment on peut faire cela.
   나는 어떻게 그것을 할 수 있는지 모르겠다.
❺ Je ne vois pas où cela peut vous mener.
   그것이 당신에게 어떤 결과를 초래할지 모르겠다.

1.9. N_0 voir *inf*: 자기가 …하다는 것을 알다, 이해하다.

❶ Je vois ne pas correspondre à votre attente.
   내가 당신의 기대에 부응하지 못하고 있음을 알고 있습니다.

2. 간접타동사

2.1. N_0 voir à *qn/qc*: …에 유의하다, 배려하다.

❶ Voyez à la dépense.
   지출에 주의하시오.
❷ Sa tante verra à son éducation.
   그의 고모가 그를 잘 교육할 수 있도록 신경 쓸 것이다.

2.2. N_0 voir à *inf.*: …하도록 유의하다, 배려하다.

❶ Elle verra à l'éduquer comme il faut.
   그녀가 그를 훌륭하게 교육할 수 있도록 신경 쓸 것이다.
❷ Nous verrons à vous contenter.
   여러분이 만족하도록 노력하겠습니다.

2.3. N_0 voir à ce que + *subj.*: …하도록 유의하다, 배려하다.

❶ Voyez à ce que le repas soit prêt à temps.
   식사가 제 시간에 준비되도록 하시오.
❷ Il faut voir à ce que rien en lui fasse défaut.
   그에게 아무런 부족함이 없도록 해야 한다.
★ N0 voir que + *subj.*의 형태로 쓰는 것은 옛날 어법임.
❸ Voyez que tout soit prêt.
   만반의 준비가 되도록 하시오.

3. 자동사

3.1. N_0 voir: 보다; 상상하다, 마음에 그리다; 판단하다.

❶ Le hibou voit bien dans le noir.
올빼미는 어둠 속에서도 잘 본다.
❷ Il ne voit que d'un oeil.
그는 한 눈밖에 보이지 않는다.
❸ On voit trouble dans cette brume.
이러한 안개 속에서는 희미하게 보인다.
❹ Il a le don de voir dans le fond du coeur.
그는 마음 속을 꿰뚫어 볼 줄 안다.
❺ Il faut bien voir.
잘 보아야 [판단해야] 한다.

4. 대명동사

4.1. N_0 se voir

4.1.1. N_0 se voir: 자기 모습을 보다.

❶ Elle se voit dans la glace.
그녀는 거울에 비친 자기 모습을 본다.

4.1.2. N_0 se voir: 서로 보다; 서로 만나다.

❶ Nous nous sommes vus hier soir.
우리는 어제 저녁에 서로 만났다.
❷ Ils ne se voient plus.
그들은 절교했다.

4.1.3. N_0 se voir: 보이다, 눈에 띄다.

❶ Ce pavillon se voit de loin.
그 정자는 멀리서도 보인다.
❷ C'est un fait qui ne se voit pas souvent.
그것은 흔히 볼 수 없는 사건이다.
❸ Cela se voit tous les jours.
그런 일은 매일 일어난다.

❹ Cela ne s'est jamais vu.
그런 일은 이제까지 한 번도 없었던 일이다.

4.1.3.1. 비인칭구문

❸ Il se voit des choses plus extraordinaires dans cette exposition.
그 전시회에서는 더 놀랄만한 것들이 눈에 띈다.

4.2. N₀ se voir + 속사/상황보어: 자신이 …라는 것을 알다; 자신이 …라고 생각하다, 상상하다; …한 상태에 있다, 빠지다.

❶ Elle se voit déjà première artiste.
그녀는 자기가 벌써 일류 예술가라고 생각한다.
❷ Il s'est vu contraint à renoncer.
그는 포기할 수밖에 없었다.
❸ Elle était fière de se voir admirée de tout le monde.
그녀는 모든 사람들로부터 칭찬을 받아서 자랑스러웠다.
❹ Il s'est vu obligé [dans l'obligation] d'accepter cette proposition.
그는 그 제의를 받아들이지 않으면 안 되게 되었다.
❺ Le médicament se voit remboursé par l'Assurance Médicale.
약값은 의료보험에 의해 지급된다.

4.3. N₀ se voir *qn/qc*: 자신에 …이 있음을 보다; 알다.

❶ Il s'est vu une imagination intarissable.
그는 자기에게 무궁무진한 상상력이 있음을 알았다.

4.4. N₀ se voir *inf*

4.4.1. N₀ se voir *inf* (se는 voir의 보어): 자기가 …한다는 것을 상상하다; 알다.

❶ Il ne se voit pas habiter en Italie.
그는 자기가 이탈리아에서 살 것이라고 상상하지 못한다.
❷ Elle ne s'est pas vue mourir.
그는 자기가 죽는다는 것을 생각하지 못했다.

4.4.2. N₀ se voir *inf* (se는 부정법의 보어): 자기가 …을 당하는 것을 보다; 알다.

❶ Il s'est vu battre par un malfaiteur.
그는 부랑자에게 맞았다.
❷ Elle s'est vu donner un livre.
그녀는 책을 한 권 받았다.

La liberté de la presse se détériore dans le monde et en Europe

Le Monde | 02.05.06

L'année 2005 restera comme la plus meurtrière[1] pour les journalistes depuis dix ans. Le bilan, publié mercredi 3 mai par Reporters sans frontières (RSF)[2] à l'occasion de[3] la 16e Journée internationale de la liberté de la presse,[4] ne porte guère à l'optimisme.[5]

Selon cette organisation, 63 journalistes et 5 collaborateurs des médias ont été tués en 2005. On recense[6] aussi 807 interpellations et 1.300 agressions ou menaces **dont** ont été victimes les reporters[7] de par le monde.[8] RSF, qui publie un album de photos consacré au travail de Gilles Caron (152 pages, 8,90 euros), considère également que "près du tiers de la population mondiale[9] vit dans un pays **où** la liberté de la presse n'existe pas".

Le début de l'année 2005 a été marqué[10] par l'enlèvement de Florence Aubenas et d'Hussein Hanoun. L'envoyée spéciale[11] de Libération[12] et son accompagnateur ont retrouvé la liberté en juin, après cinq mois de détention. Depuis le début de la guerre en Irak, en mars 2003, 88 professionnels[13] des médias ont été tués, **dont** 24 en 2005. Douze reporters ou accompagnateurs ont trouvé la mort[14] depuis le début de l'année, comme Koussai Kahdban, journaliste irakien tué le 22 avril. Trois sont toujours retenus en otage.[15]

Non loin de là,[16] au Liban, les journalistes vivent dans la crainte de l'attentat à la voiture piégée.[17] Samir Kassir et Gebrane Tueni, deux collaborateurs du quotidien An-Nahar,[18] ont ainsi été tués en 2005, et la présentatrice[19] vedette[20] de la chaîne de télévision LBC,[21] May Chidiac, gravement mutilée.[22] Le Proche-Orient[23] reste la zone du monde la plus dangereuse pour les journalistes, selon RSF.

En Asie, le fossé se creuse entre les pays.[24] Ceux **où** des régimes autoritaires sont au pouvoir[25] continuent à souffrir de la censure.[26] C'est le cas de la Corée du Nord,[27] du Bangladesh, de la Birmanie ou du Népal, **où** le roi Guyanendra a multiplié, ces dernières semaines,[28] les tentatives d'interdiction de diffusion d'informations[29] par les médias indépendants. En Chine, la liberté de la presse est régulièrement bafouée.[30] Sept journalistes ont été tués en 2005 aux Philippines.

A l'inverse,[31] l'Inde conforte son attachement au pluralisme de l'information.[32] Dans le Pacifique, la Nouvelle-Zélande se classe régulièrement dans le peloton de tête[33] des pays les plus respectueux des médias.

SECRET DES SOURCES

RSF considère également que le fossé se creuse en Europe,[24] où la situation s'est dégradée en 2005. Cette détérioration est surtout le fait de la Russie,[34] de l'Azerbaïdjan, de la Biélorussie et l'Ouzbékistan. Cinq journalistes ont été assassinés en Europe **dont** deux en Russie. En Europe de l'Ouest, RSF mentionne la situation particulière de l'Italie, où Silvio Berlusconi a cumulé les fonctions de chef du gouvernement avec celle de propriétaire du groupe de médias Mediaset.[35] L'organisation évoque les agressions de journalistes en France lors des émeutes de banlieue.[36] Mais aussi les multiples atteintes[37] au principe de la protection des sources journalistiques[38] pourtant reconnu par la Cour européenne des droits de l'homme.[39]

Ces attaques contre le secret des sources, principe qui favorise le journalisme d'investigation,[40] ont également touché les Etats-Unis et le Canada.[41] Plus généralement, en Amérique, même si la liberté de la presse est officiellement reconnue dans tous les pays[42] **sauf** à Cuba, la situation reste difficile, en particulier[43] en Colombie et au Mexique. Sept journalistes ont été tués en 2005 sur ce continent.

En Afrique, l'impunité **dont** bénéficient[44] nombre d'auteurs d'agression de journalistes est au coeur du problème.[45] A preuve:[46] l'instruction[47] ouverte après la disparition de Guy-André Kieffer, en août 2004 en Côte d'Ivoire, tarde à donner des résultats.[48]

어휘 및 표현

1: meurtrier: 인명을 빼앗는; 다수의 사상자가 발생하는, 위험한; 위협적인.

2: Reporters sans frontières (RSF): 국경없는 기자회.

3: à l'occasion de *qc*: ⋯을 맞이하여, ⋯을 계기로.

4: Journée internationale de la liberté de la presse: 세계 언론자유의 날(5월 3일).

5: porter (*qn*) à *qc/inf*: (⋯을) ⋯로 [하도록] 인도하다, 이끌다(=inciter, pousser). porter *qn* à l'indulgence ⋯을 관대한 태도를 취하도록 하다. Tout ce qu'il a fait porte à croire qu'il a raison. 그가 한 모든 일은 그가 옳다고 믿게 한다. p.163

6: recenser: 조사하다, 집계하다; 조사 목록을 만들다.

7: être victime de *qc*: ⋯의 피해자 [희생자, 희생물]이다. ville qui a été victime du bombardement 폭격으로 피해를 입은 도시.

8: de par: a)⋯에 걸쳐. de par le monde 전 세계에 걸쳐. b)⋯의 이름으로, ⋯에 의해, ⋯에 따라. de par la loi 법에 의해. de par ses fonctions 그의 직무상. c)⋯ 때문에, ⋯에 의해. de par son avidité 그의 탐욕에 의해.

9: près de: 거의, 약 il y a près de dix ans 약 10년 전에. gagner près de mille euros 약 천 유로를 벌다.

10: marquer: 표시하다; 낙인을 찍다: 흔적 [자국, 얼룩]을 남기다.

11: envoyé spécial: 특파원.

12: Libération: 프랑스의 일간지.

13: professionnel: 직업인, 전문가.

14: trouvr la mort: 죽다. Il a trouvé la mort dans un accident. 그는 사고로 죽었다.

15: en: (자격 · 역할을 나타내어) ⋯로(서). donner *qc* en souvenir ⋯을 기념품으로 주다. prendre *qn* en traître ⋯을 배신자로 취급하다.

16: non: 형용사·부사의 부정. non loin de chez lui 그의 집에서 멀지 않은 곳에. somme non négligeable 무시할 수 없는 금액.

17: piéger: 폭탄 [부비트랩]을 설치하다. attentat à la voiture piégée. 폭탄이 설치된 차량에 의한 공격.

18: An-Nahar: 레바논의 일간지.

19: présentateur: (방송 프로의) 사회자, 해설자, 앵커.

20: vedette: 스타, 인기 있는 사람 [것]. 여기서는 동격으로 쓰임. joueur(-)vedette 스타 선수. produit(-)vedette 인기 제품.

21: LBC: 레바논방송공사.

22: mutilé: 팔다리가 잘린 (사람)(레바논방송공사(LBC)의 여성 뉴스앵커인 시디아크가 2005

년 9월 25일 폭탄 테러로 왼손과 왼다리를 잃었음). mutilé de guerre 상이군인.

23: Proche-Orient: 근동. Moyen-Orient 중동. Extrême-Orient 극동.

24: le fossé se creuse (entre les pays): (국가 간에) 차이 [격차]가 생기다.

25: au pouvoir: 집권하고 있는. parti au pouvoir 집권당. arriver [parvenir] au pouvoir 권좌에 오르다.

26: souffrir de *qc*: …로 인해 고통을 느끼다; 타격을 받다, 피해를 입다. p.70

27: c'est le cas de *qn/qc*: 그것은 …의 경우이다, …의 경우가 그러하다.

28: dernier: (명사 앞에 쓰여) 최근의, 최신의. ces dernières semaines 최근 몇 주 동안. habillé à la dernière mode 최신 유행의 옷을 입은.

29: multiplier: 증가시키다; 되풀이하다. multiplier les tentatives d'interdiction de diffusion d'informations 뉴스를 전하는 것을 금지하려는 시도를 되풀이하다.

30: bafouer: 무시하다.

31: à l'inverse: 반대로(=au contraire).

32: attachement: 애정, 애착, 집착; 충실함. attachement à la famille 가족애. attachement à ses devoirs 의무에 충실함. avoir de l'attachement à *qc*: …에 집착하다.

33: peloton: (경주 따위에서의) 무리, 그룹. être dans le peloton de tête [queue] 선두 [후미] 그룹에 들다.

34: être le fait de *qn/qc*: a)…의 사실 [진상]이다. b)…가 할 일이다, …에 어울리는 행위이다. Cette affaire n'est pas son fait. 그 일은 그에게 맞지 않는다.

35: cumuler: 겸직 [겸임]하다. cumuler deux fonctions 두 직무를 겸직하다. cumuler les fonctions de chef du gouvernement avec celle de propriétaire du groupe de médias Mediaset 정부 수반의 직과 함께 미디어그룹 Mediaset의 소유주라는 직을 겸직하다.

36: lors de *qc*: …의 때에, …동안에.

37: atteinte: 침해, 훼손, 손해. atteinte à la réputation 명성의 훼손.

38: sources: 출처, 근거, 정보원, 소식통. sources diplomatiques 외교 소식통. principe de la protection des sources journalistiques 언론 정보원 보호 원칙.

39 Cour européenne des droits de l'homme: 유럽인권법원.

40: journalisme d'investigation: 탐사보도, 조사적 언론.

41: toucher: 관계가 있다(=concerner). en ce qui touche *qn/qc* …에 관해서는. p.125

42: même si + *ind.*: …라 하더라도.

43: en particulier: 특히(=particulièrement). Il aime bien la musique, en particulier les sonates de Chopin. 그는 음악을 매우 좋아하는데, 특히 쇼팽의 소나타를 좋아한다. …p.43

44: bénéficier de *qc*: …의 이득을 보다, 혜택을 받다(=profiter). bénéficier d'un climat doux 온난한 기후의 혜택을 입다.

45: coeur: (문제 따위의) 핵심, 요점. être au coeur du problème 문제의 핵심이다.

46: à preuve: 그 증거는 …이다. Il se sent honteux, à preuve, il a rougi. 그는 부끄럽다고 느끼고 있다. 얼굴이 붉어진 것이 그 증거다.

47: instruction: 심리, 조사.

48: tarder à *inf.* …하는 데 시간이 오래 걸리다, 늦다. p.230

 문법 및 구문

① 관계대명사 dont

관계대명사 dont은 사람 또는 사물을 선행사로 하여 「de + 명사·대명사」의 의미를 나타내며 다음과 같이 사용된다.

1. 동사의 보어

❶ Volià le garçon dont elle m'a parlé souvent.
그녀가 자주 내게 이야기를 한 소년이 저기에 있다.

❷ Il m'a prêté le dictionnaire dont j'avais besoin.
그가 내가 필요로 하는 사전을 빌려주었다.

❸ C'est la maison dont elle rêve.
그것은 그녀가 꿈에 그리던 집이다.

❹ Elle dit qu'il n'y a rien dont elle se repent.
그녀는 후회할 만한 일이 없다고 말한다.

2. 명사의 보어

2.1. 주어의 보어

❶ L'enfant dont le père est mort hier soir demeure maintenant chez nous.
어제 저녁에 아버지를 여읜 그 아이가 지금 우리 집에 머물고 있다.

❷ L'Italie est un pays dont le climat est agréable.

이탈리아는 기후가 아주 쾌적한 나라이다.

2.2. 목적어의 보어

❶ C'est l'homme dont je n'aime pas le tempérament.

그는 내가 그 성격을 좋아하지 않는 사람이다.

❷ C'est une table dont j'ai cassé le pied.

이것이 내가 그 다리를 부러뜨린 그 탁자다.

★ dont이 동시에 주어와 목적어의 보어 역할을 하기도 한다.

❸ Il plaint les pauvres femmes dont les époux gaspillent la fortune.

그는 남편들이 그들의 재산을 탕진하는 가엾은 여자들을 동정한다.

2.3. 속사의 보어

❶ C'est le professeur dont ils sont les élèves.

그는 그들이 가르침을 받고 있는 선생님이다.

❷ La pollution atmosphérique entraînera une catastrophe dont nous serons nous-mêmes les victimes.

대기 오염은 우리자신이 그 희생자가 될 재앙을 초래할 것이다.

3. 형용사의 보어

❶ Volià la voiture dont il est très content.

그가 아주 만족스러워 하는 차가 저기 있다.

❷ Le fils dont il est fier va partir à l'étranger pour faire ses études.

그가 자랑스러워하고 있는 아들이 외국으로 공부하러 떠날 것이다.

❸ Il est mort dans un accident dont nous sommes responsables.

그는 우리가 책임이 있는 사고로 죽었다.

4. 수사의 보어

❶ Voici des livres dont trois [quelques-uns, beaucoup] sont très intéressants.

여기에 책들이 있는데 그 중 세권 [몇 권, 많은 책들]이 아주 재미있다.

❷ Voici mes stylos dont je vous donne deux.

여기 내 펜들이 있는데 그 중 두 개를 당신에게 준다.

★ 관계절에서 동사(구)가 생략되기도 한다.

❸ Il a invité ses amis, dont votre frère.

그는 친구들을 초대했는데, 그 중에 당신의 형도 있었다.

❹ Elle me l'a dit au moins quatre fois, dont deux avec des larmes.

그녀는 나에게 적어도 네 번은 그 이야기를 했는데, 그 중에 두 번은 눈물을 흘리면서 이야기를 했다.

5. 동작주 보어

❶ Elle aime son fils dont elle est aimée.

그녀는 아들을 사랑하며 그녀도 아들로부터 사랑을 받고 있다.

❷ Il a perdu sa femme dont il est aimé.

그는 그를 사랑하는 부인을 여의었다.

6. 출발점 · 출처 · 출신

❶ C'est la chambre dont elle est sortie.

그것이 그녀가 나온 방이다.

❷ C'est l'ouvrage dont cette citation est tirée.

그것이 이 인용문을 따온 작품이다.

❸ La famille dont il est descendu est très renommée dans ce pays.

그의 출신 가문은 그 나라에서 매우 명망이 있다.

★ 일반적으로 출발점 · 출처를 나타낼 때는 d'où를 쓰고, 출신을 나타낼 때는 dont을 쓰나 그러한 구분은 지켜지지 않는 경우가 많다.

7. 수단 · 도구

❶ Il a pris un journal dont il a commencé à s'éventer.

그는 신문을 집어들더니 그것으로 부채질을 하기 시작했다.

❷ Je vous remercie de l'amitié dont vous m'honorez.

당신이 내게 베풀어준 우정에 대해 감사드립니다.

8. 양태

❶ Il a été offusqué par la manière dont le vendeur l'a traité.

그는 점원이 그를 대하는 태도에 기분이 상했다.

❷ On s'intéresse à la façon dont elle est habillée.
　　사람들은 그녀의 옷맵시에 대해 관심을 가진다.

9. 원인 · 이유

❶ Personne ne connaît la maladie dont il est mort.
　　그가 죽은 병을 아는 사람이 없다.
❷ Ne faites rien dont vous devez rougir.
　　얼굴을 붉히게 될 일은 하지 마시오.
❸ Il a pris une décision audacieuse dont on est inquiet dans le monde des affaires.
　　그는 실업계에서 사람들이 걱정하는 대담한 결정을 내렸다.

10. 이야기 · 판단 따위의 주제

❶ C'est la jeune fille dont vous m'avez dit qu'elle voulait quitter l'école.
　　저이가 당신이 내게 학교를 그만두고 싶어 한다고 말한 그 아가씨이다.
❷ C'est l'homme dont on sait qu'il a écrit ce roman.
　　그가 이 소설을 쓴 것으로 알고 있는 그 사람이다.

★ 중성대명사 ce를 선행사로 하는 ce dont은 '…하는 것'이란 뜻으로 쓰이기도 하고, 앞 문장 전체를 받아 '그런데 그 일은'이란 뜻으로도 쓰인다.
❶ C'est ce dont il s'agit.
　　문제가 된 것은 바로 그것이다.
❷ Il m'a donné ce dont j'avais besoin.
　　그가 내가 필요로 하는 것을 주었다.
❸ Ce dont je voudrais vous parler, c'est de la réunion de demain.
　　당신에게 말하고자 하는 것은 내일의 모임에 관한 것이다.
❹ Elle a menti, ce dont je me suis tout de suite aperçu.
　　그녀가 거짓말을 했는데, 내가 바로 그것을 알아차렸다.
❺ Il n'a pas réussi à l'examen, ce dont on s'étonne.
　　그가 시험에 합격하지 못했다는데, 사람들은 그에 대해 놀라워한다.

★ dont이 「전치사 + 명사」의 보어가 될 때는 dont을 쓰지 않고 duquel 또는 de qui를 써야 한다.
❶ C'est la maison à l'intérieur de laquelle le voleur s'introduit.
　　그것이 도둑이 들었던 집이다. (C'est la maison à l'intérieur dont le voleur s'introduit. 또는 C'est la maison dont le voleur s'introduit à l'intérieur.는 불가)
❷ C'est l'homme sur l'aide de qui elle compte.
　　그가 그녀가 도움을 기대하는 사람이다. (C'est l'homme sur l'aide dont elle compte. 또는 C'est l'homme dont elle compte sur l'aide.는 불가)

② 관계대명사 où

관계대명사 où는 장소, 시간 또는 상태를 나타내는 명사 또는 대명사를 선행사로 하며, 때로 선행사 없이 쓰이기도 한다.

1. 장소

❶ C'est un endroit où il fait une petite promenade de temps en temps.
그곳은 그가 가끔 가벼운 산책을 하는 곳이다.

❷ Il m'a indiqué un bon restaurant où on peut manger des escargots.
그가 내게 달팽이 요리를 먹을 수 있는 좋은 식당을 알려 주었다.

❸ Elle pense souvent au pays où elle est née.
그녀는 자주 그녀가 태어난 고장을 생각한다.

❹ C'est le journal où j'ai lu cet article.
이것이 내가 그 기사를 읽은 신문이다.

❺ Il cherche une villa où passer les vacances.
그는 휴가를 보낼 별장을 찾고 있다.

2. 시간

❶ Août est le mois où la plupart des gens partent en vacances.
8월은 대부분의 사람들이 휴가를 떠나는 달이다.

❷ Il a fait très chaud l'année où mon frère est né.
내 동생이 내어난 해는 매우 더웠다.

❸ Le jour où il est venu me voir, je n'étais pas chez moi.
그가 나를 보러왔던 날 나는 집에 없었다.

❹ Le seul beau moment d'un ouvrage est celui où on l'écrit.
저술의 유일한 즐거운 순간은 그것을 쓸 때이다.

★ 선행사가 「부정관사 + 명사」, 「정관사 + seul [premier, dernier, 서수사] + 명사」일 경우에는 일반적으로 que를 쓰나 일상어에서는 où를 쓰기도 한다. un jour d'hiver qu'il faisait très beau 매우 추웠던 어느 겨울날. la première [dernière] fois que je l'ai vu 내가 그를 처음 [마지막] 으로 보았을 때.

3. 상태

❶ On ne peut le sauver dans l'état où il est.
현 상태로는 그를 구할 수 없다.

❷ Au cas où vous viendriez, prévenez-moi.
　당신이 오는 경우에는 내게 알려주시오.
❸ Je ne sais que faire dans le trouble où vont les choses.
　　이 소란 통에 무엇을 해야 할지 모르겠다.

4. 부사(구)

❶ C'est là où elle a perdu sa montre.
　그곳이 그녀가 시계를 잃어버린 곳이다.
❷ Partout où nous allons, c'est la même chose.
　우리가 가는 곳 어디나 그것은 마찬가지다.
❸ Elle regardait devant elle où il n'y avait que la route sans promeneurs.
　그녀는 앞을 바라보았으나 거기에는 걸어가는 사람도 없는 길이 있을 뿐이었다.

5. 장소 · 시간 · 상태 외의 뜻으로 쓰이는 고어적 표현

1) Le but où il tend n'est pas difficile à atteindre.
　　그가 추구하는 목적은 달성하기가 어렵지 않다.
2) C'est une chose où il ne faut nullement se fier.
　　그것은 조금도 믿을 수 없는 것이다.

6. 전치사와 + où

❶ Nous allons visiter la ville d'où il est venu.
　우리는 그가 온 도시를 방문하게 될 것이다.
❷ C'est le chemin par où il a passé.
　그것이 그가 지나온 길이다.
❸ Il faut aller du côté d'où il est venu.
　그가 온 쪽으로 가야 한다.
★ d'où는 선행하는 절을 대리할 수 있다.
❹ Il n'a pas assez travaillé; d'où son échec.
　그는 충분히 공부하지 않았다. 그래서 실패했다.
❺ D'où il résulte qu'il n'a pu agir seul.
　그로부터 그가 혼자 행동할 수 없었다는 결과가 나온다.

7. 선행사 없이

❶ Vous pourriez aller où vous voulez.
당신이 가고 싶은 곳으로 갈 수 있을 것이오.

❷ Il se détache d'où il était.
그는 있던 곳에서 떠난다.

❸ Où vous vous trompez, c'est de croire qu'il n'y a pas de raisons de vivre.
당신이 잘못 생각하는 것은 살 이유가 없다고 믿는 것이다.

③ sauf

1. sauf *qn/qc* : ···을 제외하고 ···이 아니라면

❶ Tout le monde est venu, sauf lui.
그를 제외하고 모두 왔다.

❷ Il a tout perdu sauf l'honneur.
그는 명예를 제외하고는 모든 것을 잃었다.

❸ Tous les invités étaient là, sauf son oncle.
그의 삼촌을 제외하고는 초대받은 사람들이 모두 거기에 있었다.

1.1. sauf + 무관사 명사

❶ Ce sont les chiffres, sauf erreur de notre part.
우리 측의 계산 착오가 있을지 모르지면 이것이 그 액수입니다.

❷ Venez le prendre demain, sauf avis contraire.
반대의 통지가 없다면 내일 와서 그것을 가져가시오.

2. sauf + 전치사구

❶ Nous parlons de tout, sauf de politique.
우리는 정치를 제외하고는 모든 이야기를 한다.

❷ Il a acheté les cadeaux pour tous, sauf pour elle.
그는 그녀의 것을 제외하고는 모두의 선물을 샀다.

3. sauf *inf*: …하는 것을 제외하고 …하는 것이 아니라면((동사가 동사 원형을 보어로 하는 경우)).

❶ Vous pouvez faire tout ce que vous voulez, sauf partir à l'étranger.
당신은 외국으로 떠나는 것을 제외하고는 모든 것을 할 수 있다.

❷ Qu'ils fassent d'elle ce qu'ils veulent, sauf la tuer.
그들은 그녀를 죽이는 것을 제외하고는 어떻게 해도 좋다.

4. sauf à *inf* : …할 가능성이 있을지 모르지만, …할 권리를 유보하고.

❶ J'y consens, sauf à revenir sur ma décision.
후에 나의 결정을 바꿀지는 몰라도, 나는 그에 동의한다.

❷ Il a accepté de le faire, sauf à changer plus tard.
그는 나중에 변경할 수 있다는 조건부로 그렇게 하기로 수락했다.

5. sauf que + *ind*. : …한 것을 제외하고, …한 것이 아니라면.

❶ Nous avons eu beau temps, sauf qu'il a neigé un peu vers midi.
정오경에 눈이 조금 온 것을 제외하고는 날씨가 좋았다.

❷ C'est un très bon étudiant, sauf qu'il est étourdi.
그는 침착하지 못한 점만 제외하면 아주 훌륭한 학생이다.

★ 주절의 동사가 접속법을 요구할 때는 접속법을 쓴다.

❸ Je ne veux rien, sauf que vous me laissiez en paix.
당신이 나를 귀찮게 하지 말고 내버려 두어 달라는 것을 제외하고는 원하는 게 없어요.

6. sauf si/quand + *ind*. : …하는 것이 [때가] 아니라면.

❶ Il viendra sauf s'il neige.
그는 눈이 오는 경우를 제외하고는 올 것이다.

❷ Il ne pourra passer sauf s'il a une carte d'identité.
그는 신분증이 없으면 통과하지 못할 것이다.

❸ Je vais à pied sauf quand il fait mauvais.
나는 악천후가 아니라면 걸어서 간다.

12 Le sort tragique des "enlevés" coréens

Le Monde | 03.05.06

Cinq lycéens qui faisaient du camping[1] sur des plages de la province de Cholla, au sud-ouest de la péninsule coréenne, ont disparu entre 1977 et 1978. Ce n'est que[2] vingt ans plus tard que les services de renseignement sud-coréens[3] **ont révélé** qu'ils avaient été enlevés par des agents du Nord. Le chef du contre-espionnage,[4] Kim Seung-kyu, vient de confirmer[5] à des parlementaires[6] que ces disparus[7] étaient toujours en vie[8] en République populaire démocratique de Corée (RPDC).[9]

Après leur enlèvement, ils auraient travaillé[10] comme instructeurs des agents envoyés au Sud. Parmi eux figurerait[11] Kim Young-nam, disparu en août 1978 au cours d'une baignade[12] avec un camarade sur une plage de l'île de Sunyu, qui pourrait être[10] le mari de la jeune Japonaise âgée alors de 13 ans,[13] Megumi Yokota, enlevée à la même époque dans la banlieue de Niigata, sur la côte de la mer du Japon.

Le feuilleton[14] des enlevés par des agents nord-coréens (au Japon, en Corée du Sud, à Macao et sans doute en Europe) ne cesse de[15] s'enrichir de nouveaux et tragiques épisodes.[16] Ce sont des examens ADN[17] réalisés au Japon qui ont permis d'établir[18] que la fille de Megumi Yokota - qui est âgée de 18 ans[13] et vit à Pyongyang - aurait pour père l'un des jeunes Coréens enlevés.[19]

Selon les autorités nordistes,[20] Megumi se serait suicidée[10] en 1994, mais les cendres[21] rendues à la famille par son mari présumé (alors présenté comme un Nord-Coréen et portant un nom différent...) **se sont révélées** ne pas être les siennes à la suite d'un[22] examen ADN.[17] Selon le quotidien de droite[23] Chosun Ilbo, Kim Young-nam et sa fille auraient été placés depuis des mois[24] en résidence surveillée.[25]

Ces révélations ont remis en lumière le sort[26] des 486 Sud-Coréens retenus par Pyongyang depuis la fin de la guerre de 1950-1953. Beaucoup d'entre eux n'ont pas été à proprement parler[27] "enlevés" : ce sont des pêcheurs entrés dans les eaux territoriales[28] du Nord qui n'ont jamais été rendus. D'autres, en revanche,[29] ont été kidnappés, bien que[30] Pyongyang nie avoir[31] eu recours à de telles pratiques.[32] Selon Séoul, le Nord détient aussi 542 prisonniers faits[33] pendant les hostilités.[34] Pour les autorités nord-coréennes,[20] tous ces Sudistes ont "volontairement" choisi de rester en RPDC.

La mère de 82 ans de Kim Young-nam, qui a parcouru l'île où son fils a disparu, **a imploré** les autorités du Nord[20] de le lui rendre. Lors des négociations entre les deux Corées, qui ont eu lieu les 22 et 23 avril à Pyongyang,[35] le Sud a proposé un échange de ses ressortissants[36] retenus au Nord contre une trentaine d'agents nordistes[37] qui se sont installés au Sud après avoir purgé[38] leur peine. En 2000, Séoul a rendu à Pyongyang 63 espions arrêtés au Sud.

Le Japon a adopté une attitude plus ferme vis-à-vis de la RPDC.[39] Le gouvernement a soumis au Parlement un projet de loi[40] de sanctions économiques en cas de non-progrès[41] sur la question des enlevés et a lancé un mandat d'arrêt international[42] à l'encontre de Sin Guang-su,[43] 76 ans, un des chefs des réseaux d'espionnage nord-coréens au Japon. Arrêté en Corée du Sud en 1985, celui-ci[44] a reconnu avoir organisé l'enlèvement de Tadaaki Hara, l'un des treize Japonais kidnappés dans les années 1970-1980. Cinq d'entre eux – deux couples et l'épouse du déserteur américain Charles Jenkins – ont pu regagner[45] le Japon suite à la visite[46] du premier ministre japonais à Pyongyang en septembre 2002.

Le dirigeant suprême Kim Jong-il avait alors mis ces enlèvements au compte d'"excès de zèle"[47] de ses services.[3] L'agent Sin Guang-su, entré clandestinement au Japon en 1973, aurait bénéficié de l'aide de membres de l'association des Coréens du Japon (pro-Pyongyang)[48] dans l'enlèvement de plusieurs Japonais. Condamné à mort[49] à l'issue de son procès[50] à Séoul, Sin a été renvoyé au Nord en 1999.

Plusieurs cas de disparitions mystérieuses au Japon restent inexpliqués, et deux mères, l'une coréenne et l'autre japonaise,[51] **supplient** aujourd'hui Pyongyang de leur dire ce[52] que sont devenus leurs enfants, unis dans une même tragique destinée.

1: faire + 부분관사 + 명사: (학문·운동·오락 따위를) 하다. faire du camping 야영하다. faire du tennis 테니스를 하다. faire du piano 피아노를 치다. faire de l'espagnol 스페인어를 공부하다.

2: ne ~ que: 단지, 오로지(=seulement).

3: service: (관공서 따위의) 부서, 부, 국. service de renseignement 정보부, 정보기관. services administratifs 행정부서.

4: contre-espionnage: 대간첩활동 [조직].

5: venir de *inf*: 방금 …하다((근접과거; 직설법 현재·반과거로 쓰임)). Elle vient de sortir. 그녀가 방금 나갔다.

6: parlementaire: 국회의원.

7: disparu: 실종자, 행방불명자.

8: être en vie: 살아있다.

9: République populaire démocratique de Corée (RPDC): 조선인민민주주의공화국, 북한.

10: 여기에서 조건법은 확인되지 않은 사실의 진술·추측을 나타냄. p.47

11: figurer: (명부·기록 따위에) 들어 [실려] 있다. le nom qui ne figure pas sur la liste 명부에 들어 있지 않은 이름.

12: au cours de *qc*: …중에, 사이에, 동안에.

13: âgé de: …세인. Elle est âgée de vingt ans. 그녀는 스무 살이다.

14: feuilleton: (신문의 연예 등의 특정 기사에 대한) 면, 난, 거기에 실린 기사.

15: ne (pas) cesser de *inf*: 계속해서 …하다. Il n'a (pas) cessé de neiger hier. 어제는 계속해서 눈이 내렸다.

16: s'enrichir de *qc*: …이 풍부해지다, 늘어나다.

17: examens ADN: 유전자(DNA) 검사.

18: établir *qc*, établir que + *ind.*: …을 밝히다, 확증하다(=prouver). établir l'identité de *qn* …의 신분을 밝히다. établir qu'elle est innocente 그녀가 무죄임을 밝히다.

19: avoir *qn/qc* pour + 무관사 명사: …을 …로 가지다. …은 …이다. Je l'ai pour secrétaire. 그는 내 비서다. [avoir pour *qc* de *inf*] avoir pour but de *inf* …하는 것을 목표로 삼다.

20: autorité: (복수로 쓰여) 당국(자). autorités municipales 시당국(자). autorités nordistes 북한 당국(=autorités du Nord, autorités nord-coréennes).

21: cendre: (복수로 쓰여) 유해, 유골. recueillir les cendres de *qn* dans une urne …의 유해를 유골단지에 모아 담다.

22: à la suite de *qn/qc*: a)(공간적·시간적으로) …의 뒤에, …을 따라. b) …의 결과로,

…이 원인이 되어. A la suite de cet accident, il a dû partir à l'étranger. 그는 그 사고로 인해 외국으로 떠나야만 했다.

23: droite: 우익, 우파. extrême droite 극우파. voter à droite 우파 후보자에 투표하다. Il est de droite. 그는 우파이다.

24: depuis des mois: 몇 달 전부터. attendre *qn* pendant des heures …을 몇 시간 동안 기다리다.

25: être placé en résidence surveillée: 연금되다. tenir *qn* en résidence surveillée …을 연금하다. liberté surveillée 보호 관찰 (처분).

26: (re)mettre *qc* en lumière: …을 (다시) 명백하게 드러내다 [밝히다].

27: à proprement parler: 엄밀하게 [정확하게] 말하자면.

28: eaux territoriales: 영해. eaux internationales 공해.

29: en revanche: 반면에, 그에 반해.

30: bien que + *subj.*: …임에도 불구하고. Bien qu'elle soit malade, elle est partie. 그녀는 병환 중임에도 불구하고 떠났다.

31: nier *inf*, nier que + *ind./subj.*: … 임을 부인하다. Il nie avoir menti. 그는 거짓말했음을 부인한다.

32: avoir recours à *qn/qc*: …에 도움을 청하다, …의 수단을 동원하다.

33: faire: 포로로 잡다, 체포하다. faire trois cents prisonniers 300명의 포로를 잡다.

34: hostilité: 적의 반감; (복수로 쓰여) 적대행위, 전투. engager les hostilités 전투를 시작하다.

35: avoir lieu: 일어나다, 개최되다. La conférence aura lieu le 15 juillet. 강연회가 7월 15일 열릴 것이다.

36: ressortissant: (어떤 국가의) 소속민, 재외 자국민, 거류민.

37: contre: 교환의 뜻의 나타냄. changer des euros contre dollars 유로화를 달러화로 바꾸다.

38: purger: 형을 치르다. purger une peine de deux ans de prison 2년의 징역형을 치르다.

39: vis-à-vis de *qn/qc*: …에 대하여, …을 향하여(=envers); …에 관하여(=à l'égard de). son attitude vis-à-vis de cette question 그 문제에 대한 그의 태도.

40: projet de loi: 법률안.

41: en cas de + 무관사 명사: …의 경우에. en cas d'accident 유고시에는. en cas de besoin 필요한 경우에.

42: mandat d'arrêt: 체포 영장. mandat de dépôt [perquisition] 구류 [수색] 영장.

43: à l'encontre de: …에 반대하여. politique qui va à l'encontre de l'intérêt national 국익에 배치되는 정책.

44: celui-ci: 앞의 Sin Guang-su를 가리킴.

45: regagner: 되돌아오다(=revenir). regagner son pays natal [la ville] 고향으로 [도시로] 돌아오다.

46: suite à *qc*: ⋯에 답하여; ⋯의 결과로.

47: mettre *qc* au [sur le] compte de *qc*: ⋯을 ⋯의 탓으로 돌리다. On a mis son échec au compte de sa négligence. 그의 실패는 태만한 탓으로 여겨졌다.

48: pro-Pyongyang: 평양 [북한]을 지지하는.

49: condamner *qn* à *qc/inf*: ⋯에게 ⋯의 [하도록] 형을 선고하다. condamner *qn* à mort [aux travaux forcés]: ⋯에게 사형 [징역형]을 선고하다.

50: à l'issue de *qc*: ⋯가 끝난 후에. à l'issue de son procès 소송이 끝난 후에.

51: l'un(e) ⋯ l'autre: 이미 언급한 두 사람 [사물]을 대립시켜 나타냄. l'une coréenne et l'autre japonaise 한 사람은 한국인이고 다른 한 사람은 일본인이다. Deux femmes sont arrivées, l'une jeune, l'autre vieille. 두 여자가 도착했는데, 한 사람은 젊고, 다른 한 사람은 늙었다.

52: ce: 관계대명사의 선행사로 간접의문문을 구성. Il ne sait pas ce qu'elle est devenue. 그는 그녀가 어떻게 되었는지 모른다.

 ## 문법 및 구문

① révéler

1. 타동사

1.1. N₀ révéler *qn/qc* à *qn*: ⋯에게 ⋯을 보여주다, 밝히다; 누설하다, 폭로하다.

❶ Il ne voulait pas révéler son divorce à ses amis.
그는 친구들에게 이혼한 사실을 밝히고 싶어 하지 않았다.

❷ Il a révélé à son voisin un secret militaire.
그는 그의 이웃사람에게 군사 기밀을 누설했다.

❸ Il a révélé le complot à la police.
그는 음모를 경찰에 폭로했다.

❹ Son père pense que ces épreuves vont le révéler à lui-même.
그의 아버지는 그러한 시련들이 그에게 자신의 참모습을 깨닫게 해줄 것으로 생각하고 있다.

❺ Dieu lui a révélé la vérité.
하느님은 그에게 진리를 계시해주었다.

1.1.1. N₀ révéler *qn/qc*

❶ Elle ne veut pas révéler ses projets.
그녀는 자기의 계획을 밝히려 하지 않는다.

❷ Il a révélé un secret d'Etat par indiscrétion.
그는 부주의해서 국가 기밀을 누설했다.

❸ Son attitude révèle bien de bon sentiments.
그의 행동은 선의를 잘 드러내주고 있다.

1.2. N₀ révéler (à *qn*) *inf.*: ···에게 ···함을 보여주다, 밝히다; 누설하다, 폭로하다.

❶ Il nous a révélé avoir découvert un secret.
그는 우리에게 비밀을 알아냈다고 밝혔다.

❷ Le gouvernement a révélé avoir vendu des armes à une dictature.
정부는 독재 정권에 무기를 판매했음을 밝혔다.

1.3. N₀ révéler (à *qn*) que + *ind.*: ···에게 ···하는 것을 허락하다, 허가하다, 허용하다.

❶ Il a révélé que son gouvernement n'avait pas encore pris de décision.
그는 그의 정부가 아직 결정을 내리지 못했다고 밝혔다.

❷ Le journaliste a révélé que la nouvelle était fausse.
기자는 그 뉴스가 거짓이라고 폭로했다.

❸ Son comportement n'a révélé à personne qu'il était un espion.
아무도 그의 행동을 보고도 그가 스파이임을 몰랐다.

1.4. N₀ révéler (à *qn*) + 간접의문절

❶ La police a révélé comment le cambriolage s'est passé.
경찰은 그 강도 행위가 어떻게 행해졌는지 밝혔다.

❷ Le journal a révélé comment la vente d'armes a eu lieu.
신문은 무기 판매가 어떻게 이루어졌는지 폭로했다.

2. 대명동사

2.1. N₀ se révéler: 밝혀지다, 드러나다; 누설되다, 폭로되다.

❶ Sa culpabilité ne s'est révélée que plus tard.
그의 죄상이 나중에 가서야 밝혀졌다.

❷ Son génie s'est révélé vers la vingtaine.
그의 타고난 재능이 20세 쯤에 드러나기 시작했다.

❸ Dans cette compétition, il s'est révélé comme un joueur de première classe.
그 경기에서 그는 일류 선수임이 밝혀졌다.

2.2. N₀ se révéler + 속사: ···임이 드러나다, 밝혀지다.

❶ Il s'est révélé un excellent peintre.
그는 훌륭한 화가임을 보여주었다.
❷ Son hypothèse s'est révélée exacte.
그의 가정이 정확함이 밝혀졌다.

2.2.1. N₀ se révéler être + 속사

❶ Ce problème s'est révélé être plus difficile qu'on ne le pensait.
그 문제는 생각했던 것보다 더 어렵다는 것이 밝혀졌다.
❷ Il s'est révélé être un excellent médecin.
그는 뛰어난 의사임을 보여주었다.

② implorer/supplier

1. 타동사

1.1. N₀ implorer *qc*: ···을 간청하다, 애원하다.

❶ Il a imploré notre appui.
그는 우리들의 도움을 간청했다.
❷ L'accusé a imploré la clémence.
피고는 관용을 베풀어 줄 것을 애원했다.
❸ Ils ont imploré le secours de la ploice.
그들은 경찰의 도움을 간청했다.
★ supplier동사는 이 유형의 구문이 불가능하다.

1.1.1. N₀ implorer

❶ Ils ont imploré sans résultat.
그녀는 애원했으나 허사였다.
❷ Elle a imploré à deux genoux.
그녀는 무릎 꿇고 애원했다.

1.2. N$_0$ implorer/supplier *qn*: ···에게 간청하다, 애원하다.

❶ Elle a imploré les juges.
그녀는 판사들에게 애원했다.

❷ Il m'a prié et supplié.
그는 내게 간청하고 애원했다.

❸ Ils ont décidé de supplier les instances supérieures.
그들은 상급기관에 진정하기로 결정했다.

1.3. N$_0$ implorer/supplier *qn* de *inf*: ···에게 ···할 것을 간청하다, 애원하다.

❶ Il m'a imploré de l'écouter.
그는 내게 그의 이야기를 들어줄 것을 간청했다.

❷ Je vous implore de me croire et de me pardonner.
제발 저를 믿어주시고 용서해 주세요.

❸ Elle m'a supplié de l'aider.
그녀는 내게 도와달라고 애원했다.

★ de *inf*는 중성대명사 en으로 대리될 수 있다.

❹ Faites-le, je vous en implore.
그렇게 해주세요, 제발 부탁입니다.

1.4. N$_0$ implorer/supplier *qn* que + *subj.*: ···에게 ···하는 것을 간청하다, 애원하다.

❶ Le village entier a imploré Dieu qu'il pleuve.
온 마을이 신에게 비가 오게 해달라고 기원했다.

❷ Je l'ai même supplié qu'il ne m'écrive pas.
나는 그에게 편지도 써보내지 말라고 애원까지 했다.

❸ Il a supplié son oncle qu'il vienne dès que possible.
그는 그의 삼촌에게 가능한 한 빨리 와달라고 간청했다.

1.4.1. N$_0$ implorer/supplier que + *subj.*

❶ Elle a imploré que l'on veuille l'écouter.
그녀는 자기 이야기를 들어달라고 애원했다.

❷ Elle a supplié que l'on laisse vivre son fils.
그녀는 아들을 살려달라고 애원했다.

1.5. N$_0$ implorer/supplier *qn* de ce que + *subj.*: ···에게 ···하는 것을 간청하다, 애원하다.

❶ Ils ont imploré les juges de ce qu'ils prennent en compte la jeunesse de l'accusé.
그들은 판사들에게 피고가 젊은 나이임을 고려해 달라고 간청했다.

❷ Elle a supplié son mari de ce qu'il soit plus indulgent.

그녀는 남편에게 더 너그럽게 대해줄 것을 간청했다.

❸ Il a supplié Jean de ce qu'il s'occupe de cela.

그는 Jean에게 그것을 맡아둘 것을 간청했다.

1.6. N_0 implorer/supplier *qn* pour que + *subj.*: …에게 …하는 것을 간청하다, 애원하다.

❶ Ils l'ont imploré pour qu'il vienne les aider.

그들은 그에게 와서 도와달라고 간청했다.

❷ On a dû le supplier pour qu'il participe à ce travail.

사람들은 그에게 그 일에 참여해달라고 간청해야 했다.

MEMO NOTE

13 Washington s'ouvre aux réfugiés nord-coréens

Le Monde | 23.05.06

L'accueil par les Etats-Unis de six réfugiés nord-coréens, arrivés le 20 mai en Californie où ils doivent s'installer, est ressenti à Séoul comme un nouvel épisode dans la politique de pression exercée par l'administration Bush à l'encontre de Pyongyang,[1] – mais aussi de Séoul. Les six réfugiés, âgés de 20 à 36 ans,[2] qui vivaient dans la clandestinité[3] en Chine, sont les premiers à bénéficier de l'asile[4] aux Etats-Unis depuis l'entrée en vigueur[5] du North Korean Human Rights Act de 2004.[6] La compassion américaine, qui n'est pas sans arrière-pensées politiques,[7] s'appliquera-t-elle aussi aux quatre Coréens du Nord qui ont trouvé refuge[8] samedi à la mission diplomatique[9] américaine à Shenyang (nord-est de la Chine) ?

Les témoignages dramatiques des six réfugiés – dont celui d'une femme[10] de 20 ans plusieurs fois vendue comme épouse à des Chinois puis rapatriée de force[11] et emprisonnée avant de s'échapper – alimenteront[12] la campagne[13] américaine sur les droits de l'homme en République populaire démocratique de Corée (RPDC).[14] Cette campagne[13] est dotée d'un budget annuel de 24 millions de dollars pour soutenir les organisations humanitaires d'aide aux réfugiés passés en Chine et promouvoir les émissions de radio en direction du Nord.[15]

En dépit des pressions de Washington,[16] la Corée du Sud (qui a accueilli près de huit mille réfugiés,[17] dont les deux tiers[10] depuis 2002) reste circonspecte. Elle s'abstient lors des votes de résolutions[18] adoptées à l'ONU[19] pour condamner Pyongyang. En Corée du Sud, malgré les appels à la fermeté[20] du Grand parti national[21] (opposition),[22] la Commission coréenne des droits de l'homme[23] n'a émis aucune recommandation. "Il est difficile de **porter** un jugement sur la situation des droits en Corée du Nord et nous ne sommes pas en mesure de[24] trancher[25] entre les deux positions qui divisent l'opinion nationale", **estime** Park Chan-un, le directeur général du département politique de cette commission. Pour les uns, il faut dénoncer la situation; pour d'autres,[26] il vaut mieux ne pas braquer le régime[27] et favoriser son évolution tout[28] en apportant au pays une aide humanitaire.

L'accueil de réfugiés nord-coréens aux Etats-Unis est perçu à Séoul comme une critique indirecte: certains[29] réfugiés se plaignent de leur traitement[30] au Sud. Ma Young-ae, 50 ans, a ainsi demandé l'asile politique aux Etats-Unis en 2004, arguant de pressions du Sud[31] pour qu'elle n'accuse pas trop vigoureusement la RPDC. "Les Nord-Coréens demandeurs d'asile aux Etats-Unis ne doivent pas exagérer ou inventer des faits qui discréditent les témoignages de réfugiés honnêtes et crédibles", **estime**, pour sa part,[32] Kwak Dae-jung, rédacteur en chef[33] de Daily NK,[34] un site Internet sur les droits de l'homme en RPDC.

 ## 어휘 및 표현

1: à l'encontre de: ⋯에 반대하여.

2: âgé de: ⋯세인. six réfugiés âgés de 20 à 36 ans 20세에서 36세에 이르는 6명의 난민.

3: dans la clandestinité: 몰래, 은밀히.

4: être le premier à *inf*, être le premier qui [que] + *ind./subj.*: 처음으로 ⋯한 사람이다. Il est le premier à qui je dise ça. 내가 그 이야기를 하는 것은 그가 처음이다.

5: en vigueur: (법률 따위가) 유효한, 시행중인. loi en vigueur 현행법. entrée en vigueur (법률 따위의) 발효.

6: North Korean Human Rights Act: 북한인권법(2004년 미국 의회에서 가결되고 부시 대통령의 서명으로 발효됨).

7: arrière-pensée: 속셈, 저의. arrière-pensées politiques 정치적인 저의.

8: refuge: 피난처, 대피처. demander refuge à *qn* ⋯에게 보호를 요청하다.

9: mission: 대표단, 사절단. mission diplomatique 외교대표단. mission culturelle 문화사절단.

10: dont: (부분의 뜻을 나타내어) 그 중에. Il y a quelques invités, dont une femme. 몇

명의 손님이 있었는데 그 중에 여자도 한 명 있었다. p.140

11: de force: 억지로, 강제로.

12: alimenter: 북돋우다, 조장하다.

13: campagne: 운동, 캠페인. campagne électorale 선거운동.

14: République populaire démocratique de Corée (RPDC): 조선인민민주주의공화국, 북한.

15: en [dans la] direction de: …쪽으로, …의 방향으로. train en direction de Paris 파리행 열차.

16: en dépit de *qc*: …에도 불구하고.

17: près de: 거의, 약. il y a près de dix ans 약 10년 전에.

18: résolution: 결의안.

19: ONU: Organisation des Nations Unies 국제연합, UN.

20: appel: 요청, 호소, 부르짖음; 선동. [appel à *qc/inf*] appel aux armes 무기를 들고 일어나라는 외침. appel à la révolte 반란의 선동.

21: Grand parti national: 한나라당.

22: opposition: 야당.

23: Commission coréenne des droits de l'homme: 한국 국가인권위원회.

24: être en mesure de *inf*: …할 수 있다.

25: trancher: 결단을 내리다, 단언하다.

26: l'un(e) … l'autre, les uns … d'autres: 많은 사람 [사물] 중 임의의 둘(단수) [두 그룹(복수)]의 대립·대조를 나타냄. Les uns fumaient, d'autres s'étaient mis à jouer. 어떤 사람들은 담배를 피우고, 또 다른 사람들은 노름을 시작했다.

27: il vaut mieux *inf*, mieux vaut *inf*, il vaut mieux que + *subj.*: …하는 것이 더 낫다. Il vaut mieux le prévenir tout de suite. 그에게 곧바로 알리는 것이 더 낫습니다.

28: tout: 제롱디프와 같이 쓰여 동시성·대립·양보의 뜻을 강조. Il n'est pas venu, tout en sachant bien que je l'attendais. 그는 내가 기다리는 것을 잘 알면서도 오지 않았다. p.286

29: certaines: (복수 명사 앞에 쓰여) 몇몇의. dans certains pays 몇몇 국가에서. p.199

30: se plaindre de *qn/qc*: …에 대해 불평하다; 항의하다.

31: arguer de *qc*: …을 논거 [이유]로 내세우다.

32: pour ma [ta, sa] part: 나 [너, 그]로서는.

33: rédacteur en chef: 편집장. commandant en chef 군사령관.

34: The Daily NK: 북한 전문 인터넷 신문.

① porter

1. 타동사

1.1. N₀ porter *qn/qc*

1.1.1. N₀ porter *qn/qc*: 들다; 가지고 있다.

❶ Elle potre un sac à la main.
　그는 손에 백을 들고 있다.
❷ Ce vieillard marchait lentement, car il portait une valise lourde.
　그 노인은 천천히 걸어갔다. 왜냐하면 무거운 가방을 들고 있었기 때문이었다.
❸ Elle porte son bébé dans ses bras.
　그녀는 팔에 아이를 안고 있다.
❹ Il faut porter une carte d'identité pour traverser la frontière.
　국경을 통과하기 위해서는 신분증을 소지해야 한다.

1.1.2. N₀ porter *qn/qc*: 받치다, 지탱하다.

❶ Ces colonnes portent la toiture.
　이 기둥들이 지붕을 받치고 있다.
❷ Ce pont ne peut porter des camions.
　이 다리는 트럭들이 지나갈 수 없다.
❸ Ses jambes ne la portaient plus.
　그녀는 다리에 힘이 빠져 더 이상 서 있을 수 없었다.

1.1.2.1. N₀ porter

❶ L'eau de mer porte mieux que l'eau douce.
　바닷물은 담수보다 부력이 크다.
❷ La glace porte comme de la roche.
　얼음은 바위처럼 단단하다.

1.1.3. N₀ porter *qc*: (책임 따위를) 지다: (죄, 벌 따위를) 받다; (고통 따위를) 감당하다, 견디다.

❶ Il porte une lourde responsabilité dans cet accident.
　그는 그 사고에 대해 무거운 책임을 지고 있다.

❷ Ils portent la peine de leurs fautes.

그들은 그들이 저지른 잘못의 벌을 받는다.

❸ Chacun porte sa croix.

누구나 십자가를 지고 있다; 저마다 고통을 견디고 있다.

1.1.4. N_0 porter *qc*: (옷 따위를) 입다, 착용하다; (안경 따위를) 끼다; (머리 · 수염 따위를) 기르고 있다; (특징 · 표정 따위를) 지니다, 나타내다; (이름 · 내용 따위를) 지니다, 가지다.

❶ En hiver, on porte des vêtements chauds.

겨울에는 따뜻한 옷을 입는다.

❷ Mon père porte des lunettes quand il lit le journal.

아버지는 신문을 볼 때 안경을 낀다.

❸ Son oncle porte la barbe.

그의 삼촌은 턱수염을 기르고 있다.

❹ Elle porte sur son visage un air de tristesse.

그녀의 얼굴에 슬픈 기색이 보인다.

❺ Cette lettre porte la date du 14 mars.

그 편지는 3월 14일의 날짜가 찍혀 있다.

❻ Cet institut porte le nom de Sejong.

그 연구소는 세종이라는 이름을 갖고 있다.

1.1.5. N_0 porter *qn/qc*: (계획 · 작품 따위를) 구상하다; (아이 · 새끼를) 배다, 임신하다; (열매 · 꽃을) 맺다; (토지가 곡식을) 생산하다; (돈이 이자 · 이익을) 가져다주다; (행 · 불행 따위를) 가져오다, 초래하다.

❶ C'est le plan de l'oeuvre qu'il porte en lui.

이것이 그가 구상하고 있는 작품의 초안이다.

❷ La femelle du castor porte jusqu'à quatre petits.

해리는 한 번에 네 마리까지 세끼를 밸 수 있다.

❸ Cet arbre porte beaucoup de fruits.

이 나무는 열매를 많이 맺는다.

❹ Toutes les terres ne portent pas également des moissons.

토지마다 수확량이 다르다.

❺ On croit que le vendredi 13 porte malheur.

사람들은 13일의 금요일이 불행을 가져온다고 믿는다.

1.1.5.1. N_0 porter

❶ Les juments portent onze mois.

말은 잉태 기간이 11개월이다.

1.2. N₀ porter *qc* à *qn/qc*: 가져오다, 가져가다; 전달하다, 배달하다; 옮기다, 운반하다.

❶ Il m'a porté le journal. 그는 내게 신문을 가져다 주었다.

❷ Va lui porter ce paquet. 이 소포를 그에게 가져다 주어라.

❸ Il portera ces lettres à la poste. 그는 이 편지들을 우체국으로 가져갈 것이다.

❹ Le camion porte des légumes au marché. 트럭이 채소를 시장으로 운반한다.

1.2.1. N₀ porter *qn/qc*

❶ Ils portent un blessé sur un brancard.
그들은 부상자를 들것에 실어 나른다.

❷ Il porte le courrier en ville.
그는 시내에 우편물을 배달한다.

1.3. N₀ porter *qc* à/contre/sur/vers *qn/qc*: (시선·발길 따위를) 향하게 하다, 옮기다; (주의·노력 따위를) 기울이다; (감정 따위를) 품다; (손해·타격 따위를) 가하다, 입히다; (비판 따위를) 가하다; (판단 따위를) 내리다.

❶ Il a porté la main à son front.
그는 이마에 손을 대었다.

❷ Elle porte ses regards [yeux] sur [vers] son mari.
그녀는 자기 남편 쪽으로 시선을 돌린다.

❸ Ils ont porté toute leur attention sur cette question.
그들의 그 문제에 모든 주의를 기울였다.

❹ Elle lui porte une reconnaissance éternelle.
그녀는 그에게 무한한 사의를 품고 있다.

❺ Cette affaire leur a porté un tort considérable.
그 사건이 그들에게 상당한 타격을 입혔다.

❻ Cette mesure portera atteinte à la liberté de l'expression.
그 조치는 표현의 자유를 침해할 것이다.

❼ On a porté une accusation contre la décision des autorités maritimes.
사람들은 해양 당국의 결정을 비난했다.

1.4. N₀ porter *qn/qc* à *qc*: …을 …에 이르게 하다.

❶ Ces intrigues l'ont porté au pouvoir.
그는 그러한 술책으로 권좌에 오를 수 있었다.

❷ Sa réponse a porté notre colère à son comble.
그의 대답은 우리의 분노를 극에 달하게 했다.

❸ Il faut porter la temperature à 100℃.
온도를 100도로 올려야 한다.

❹ Le journaliste a décidé de porter ce fait à la connaissance public.

기자는 그 사실을 일반인들에게 알리기로 했다.

1.5. N₀ porter *qn* à *qc*: ···을 ···로 이끌다, 인도하다.

❶ L'avidité l'a porté au péché.

탐욕이 그로 하여금 죄를 짓게 했다.

❷ Cet échec le portera à plus de prudence.

그 실패로 그는 더욱 신중해질 것이다.

1.5.1. N₀ porter à *qc*

❶ Son attitude arrogante porte à la révolte.

그의 교만한 태도가 반항을 불러일으킨다.

❷ C'est un climat qui porte à l'apathie.

기후로 인해 무기력하게 된다.

1.5.2. N₀ porter *qn* à *inf*: ···을 ···하도록 이끌다, 인도하다.

❶ Tout cela le porte à croire qu'elle a menti.

그는 그 모든 것으로 미루어 보아 그녀가 거짓말 했다고 생각한다.

❷ Qu'est-ce qui l'a porté à faire cela?

무엇이 그가 그렇게 하도록 했을까?

★ à *inf*는 y로 대리된다.

1.5.2.1. N₀ porter à *inf*: ···을 ···하도록 이끌다, 인도하다.

❶ Tout porte à croire qu'il a raison.

모든 것으로 보아 그가 옳다고 믿게 된다.

1.6. N₀ porter *qc* à *qc*

1.6.1 N₀ porter *qc* à *qc*: (수량·금액을) ···로 평가하다, 견적하다.

❶ Je porte à trois cents le nombre des morts.

나는 사망자가 300명이라고 본다.

❷ Il a porté la somme à deux mille euros.

그는 총액을 2,000유로로 견적했다.

1.6.2. N₀ porter *qc* à *qc*: ···을 ···로 번안하다, 개작하다.

❶ Il m'a proposé de porter un roman policier au cinéma.

그는 내게 추리소설을 영화화할 것을 제안했다.

1.7. N_0 porter *qn/qc sur qc*: 기재하다, 적어넣다.

❶ Ils ne l'ont pas portée sur la liste.
그들은 그녀를 명단에 기재하지 않았다.

❷ Il a porté cette somme sur la note.
그는 그 금액을 계산서에 기입했다.

1.7.1. N_0 porter *qn/qc* + 속사

❶ L'enseignant l'porté absent.
교사는 그를 결석으로 기입했다.

2. 간접타동사

2.1. N_0 porter sur *qn/qc*

2.1.1. N_0 porter sur *qc*: …에 무게가 걸리다, 받쳐지고 있다.

❶ Tout (le poids de) l'édifice porte sur quatre piliers.
건물의 모든 하중이 네 기둥에 걸려 있다.

❷ Le plafond porte sur ces poutres.
천정이 이 들보들에 의해 지탱되고 있다.

2.1.2. N_0 porter sur *qc*: …을 목표로 하다, 대상으로 하다.

❶ Ce débat portait sur la politique du gouvernement.
그 토론은 정부의 정책에 관한 것이었다.

❷ Cette étude porte sur le chômage.
이 연구는 실업에 관한 것이다.

2.1.3. N_0 porter sur *qc*: …에 근거를 두다, 기인하다.

❶ Ce raisonnement porte sur des faits.
그 추론은 사실에 근거를 두고 있다.

❷ Sur quoi porte votre plainte?
당신의 불평의 근거가 무엇입니까?

2.1.4. N_0 porter sur *qn/qc*: …에 영향을 미치다.

❶ La perte porte sur nous.
손해가 우리에게 미쳤다.

❷ Cet adverbe porte sur la phrase entière.
이 부사는 문장 전체에 걸린다.

2.2. N$_0$ porter contre/sur *qc*: …에 부딪치다.

❶ Il est tombé, et sa tête a porté contre [sur] le coin de la table.
그가 넘어져서 탁자 모서리에 머리를 부딪쳤다.

2.3. N$_0$ porter à/sur *qc*: …을 자극하다.

❶ Le vin porte à la tête.
술이 오른다.
❷ Son rire me porte sur les nerfs.
그의 웃음이 내 신경에 거슬린다.

2.4. N$_0$ porter de *qc*: …의 문장을 지니다.

❶ Il porte d'azur au lion de sable.
그의 문장은 청색 바탕에 흑사자이다.

3. 자동사

3.1. N$_0$ porter: (탄환・목소리 따위가) 도달하다, 미치다; 명중하다.

❶ Ce canon porte (jusqu')à 2km.
이 대포는 사정거리가 2km이다.
❷ Il a une voix qui porte loin.
그의 목소리는 멀리까지 들린다.
❸ Le coup de fusil porte juste.
총이 명중했다.

3.2. N$_0$ porter: 효력이 있다, 적절하다.

❶ Sa remarque n'a pas porté.
그의 지적은 실효를 거두지 못했다.
❷ Il nous faut trouver des arguments qui portent.
설득력 있는 논거를 찾아야한다.

4. 대명동사

4.1. N_0 se porter

4.1.1. N_0 se porter: 받쳐지다, 지탱되다.

❶ Cet outil se porte ordinairement sur l'épaule.
이 도구는 대개 어깨에 멘다.

❷ Cette machine se porte sur quatre roues.
이 기계는 네 개의 바퀴에 의해 지탱되고 있다.

4.1.2. N_0 se porter: (옷 따위가) 착용되다; 유행하다.

❶ Les noeuds papillons se portent moins cette année.
금년에는 나비넥타이를 많이 매지 않는다.

❷ Les jupes se portent plus longues ces jours-ci.
요즘에는 치마를 길게 입는다.

❸ Le chapeau de ce type ne se porte plus.
이러한 유형의 모자는 유행이 지났다.

4.1.3. N_0 se porter: 가다, 향하다.

❶ Les curieux se portent sur le lieu de l'explosion.
호기심 많은 사람들이 폭발 현장으로 몰려든다.

❷ Il s'est porté à l'encontre de son oncle.
그는 삼촌을 맞이하러 갔다.

4.2. N_0 se porter sur/vers *qn/qc*: …을 목표로 [대상으로] 하다; (시선·감정 따위가) …로 향하다.

❶ Les regards se portent sur [vers] elle.
시선이 그녀에게로 쏠린다.

❷ Les soupçons se portent sur lui.
그가 혐의를 받고 있다.

❸ La discussion se portera sur les problèmes de la circulation.
토론이 교통문제를 대상으로 이루질 것이다.

4.3. N_0 se porter à *qc*: …에 이르다, 미치다.

❶ Leurs actes de débauche se portent à l'excès.
그들의 방탕한 행위가 도를 지나친다.

❷ Le sang s'est porté à la tête.
화가 났다, 흥분했다.

4.4. N₀ se porter + 부사(구): 건강 상태가 …하다; 활동 상태가 …하다.

❶ Elle se porte bien [mal].
그녀는 건강이 좋다 [나쁘다] .
❷ Comment vous portez-vous?
건강이 어떠세요?
❸ L'économie de la région se porte mieux cette année.
금년에 지역 경제가 더 좋아졌다.

4.5. N₀ se porter + 속사: …로 나서다.

❶ Il s'est porté candidat à [pour] ce poste.
그는 그 자리의 후보로 나섰다.
❷ Il se porte garant [caution, fort] de mon innocence.
그는 내 결백을 보증한다.

② estimer

1. 타동사

1.1. N₀ estimer *qc*: 평가하다, 감정하다; 추산하다, 추정하다.

❶ Il faudrait d'abord estimer la valeur de cette marchandise.
먼저 그 상품의 가치를 평가해보아야 할 것이다.
❷ Elle a fait estimer un objet d'art par un expert.
그녀는 예술 작품을 전문가에게 감정하게 했다.
❸ Nous avons extimé la distance au juger.
우리는 거리를 어림잡아 추정해 보았다.
❹ Le nombre des morts est encore difficile à estimer.
사망자 수가 아직 추산하기가 어렵다.

1.1.1. N₀ estimer *qc* (à) + 수량/부사(구): …을 …로 평가 [감정] 하다; 추산 [추정] 하다.

❶ Ce bijou a été estimé six cents euros.
그 보석은 600유로로 평가되었다.
❷ Je lui ai offert la somme qu'on a estimé ce tableau.
나는 그에게 그 그림의 평가액을 제시했다.

❸ On estime ce tableau à deux cent mille euros.
그 그림은 20만 유로로 평가된다.

❹ Il a estimé cette maison plus chère que je ne pensais.
그는 그 집을 내가 생각했던 것보다 더 비싸게 평가했다.

❺ On estime la durée du nettoyage à trois jours environ.
청소하는 데 약 3일 정도 기간이 걸릴 것으로 추정된다.

❻ Cet expert estime cette estampe au-dessus [au-dessous] de sa valeur.
그 전문가는 그 판화를 그 가치 이상 [이하] 로 평가한다.

1.2. N_0 estimer *qn/qc*: 존경하다, 존중하다, 높게 평가하다.

❶ Elle estime beaucoup son mari.
그녀는 그녀의 남편을 매우 존경한다.

❷ Il n'est pas estimé de personne.
그는 아무에게도 존경을 받지 못한다.

❸ Nous estimons votre opinion.
우리는 당신의 의견을 존중합니다.

❹ Le professeur estime les qualités de cette élève.
선생님은 그 학생의 자질을 높이 평가한다.

❺ Il faut savoir estimer un service rendu.
도움에 감사할 줄 알아야 한다.

1.3. N_0 estimer *qn/qc* + 속사: …을 라고 생각하다.

❶ Elle estime cette robe trop chère pour ses moyens.
그녀는 그 옷이 자기 능력에 비해 너무 비싸다고 생각한다.

❷ Il estime cet article politiquement dangereux.
그는 그 기사가 정치적으로 위험하다고 생각한다.

❸ Je l'estime capable de faire cela.
나는 그가 그렇게 할 능력이 있다고 생각한다.

1.3.1. N_0 estimer *qn/qc* comme + 속사

❶ Le général l'estimait comme son meilleur lieutenant.
장군은 그를 가장 훌륭한 부관으로 생각하고 있었다.

1.3.2. N_0 estimer + 속사 + de *inf*

❶ Elle estime indispensable de l'informer à l'avance.
그녀는 그에게 미리 알리는 것이 꼭 필요하다고 생각한다.

1.3.3. N$_0$ estimer + 속사 + que + *subj.*

❶ J'estime bon qu'on s'en aille.
나는 모두가 떠나가는 것이 좋다고 생각한다.
❷ On estime indispensable que son père vienne témoigner.
사람들은 그의 아버지가 와서 증언하는 것이 꼭 필요하다고 생각한다.

1.4. N$_0$ estimer *inf.* (자기가) …하다고 생각하다.

❶ Il estime avoir fait son devoir.
그는 그의 의무를 다 했다고 생각한다.
❷ Elle estime pouvoir faire ce travail.
그녀는 그 일을 할 수 있다고 생각한다.

1.5. N$_0$ estimer que + *ind./subj.*: …라고 생각하다.

❶ Ils estiment qu'un lien étroit est nécessaire entre deux pays.
그들은 두 국가 사이에 긴밀한 관계가 필요하다고 생각한다.
❷ J'estime qu'il réussira.
나는 그가 성공하리라고 생각한다.
❸ Estimez-vous qu'il est [soit] parfois utile de cacher la vérité.
때로는 진실을 숨기는 것이 좋다고 생각하십니까?

2. 대명동사

2.1. N$_0$ s'estimer: 자기를 평가하다.

❶ Il est nécessaire de s'estimer (à) son prix [à sa juste valeur].
자기를 정당하게 평가하는 것이 필요하다.

2.2. N$_0$ s'estimer + 속사: 자기를 …라고 생각하다.

❶ Il s'estime satisfait du résultat.
그는 자기가 결과에 만족한다고 생각한다.
❷ Avant de combattre, ils s'estiment perdus.
그들은 싸우기도 전에 졌다고 생각한다.
❸ Elle s'estime malheureuse de ne pouvoir vous venir en aide.
그녀는 당신을 도와 줄 수 없어 마음 아프게 생각한다.

MEMO NOTE

14 Visite symbolique de Benoît XVI à Auschwitz

Le Monde | 27.05.06

Devant la foule massée à perte de vue[1] sur la gigantesque esplanade de Blonia, près du[2] centre de Cracovie(Sud),[3] le souverain pontife[4] **a appelé** les Polonais à défendre la place de la religion chrétienne en Europe et dans le monde.

"Je vous **demande** de partager avec les autres peuples d'Europe et du monde le trésor de la foi", a-t-il dit en conclusion de son homélie.[5]

La Pologne, qui est entrée il y a deux ans dans l'Union européenne[6] progressivement élargie à tous les pays du vieux continent,[7] compte[8] plus de 90% de catholiques. L'Eglise y pèse encore de tout son poids[9] dans la vie publique, à la différence de nombreux autres pays européens.[10]

Benoît XVI[11] a souligné qu'avec le pontificat[12] du pape polonais Jean Paul II,[13] la Pologne était "devenue une terre de témoignage particulier de la foi en Jésus Christ".[14]

Il a **demandé** aux Polonais de rester fidèles[15] à la mémoire[16] de son prédécesseur, "votre compatriote" qui, a-t-il dit, a défendu la foi "avec une force et une efficacité extraordinaires".

Benoît XVI leur a rappelé l'appel[17] à "rester forts,[15] de[18] la force que donne la foi" que leur avait lancé[19] Jean Paul II lors de son premier voyage[20] en tant que chef de l'Eglise catholique[21] en Pologne en 1979.

Ce premier voyage du pape polonais dans son pays natal avait accéléré le processus d'affaiblisssment du régime communiste. Les Polonais qui vénèrent Karol Wojtyla[22] à l'égal d'un saint[23] lui attribuent un rôle essentiel dans l'effondrement du système soviétique[24] qui a commencé par leur pays.[25]

Jean Paul II a par la suite[26] bataillé ferme,[27] mais sans succès,[28] pour que[29] l'Union européenne intègre à sa Constitution[30] une référence[31] à ses racines chrétiennes.

"Cracovie de Jean Paul II est aussi ma Cracovie", s'est exclamé dimanche Benoît XVI devant la foule enthousiaste, la plus importante[32] depuis le début de son pèlerinage entamé[33] jeudi à Varsovie,[34] la capitale, où la grand-messe de vendredi n'avait rassemblé que[35] 270.000 personnes.

Samedi soir à Cracovie, sur cette même esplanade de 48 hectares, Benoît XVI avait déjà rencontré plus de 600.000 jeunes fidèles qui lui avaient fait un triomphe.[36] Beaucoup[37] ont dormi sur place malgré[38] la pluie et le froid. Dimanche matin, d'autres fidèles sont arrivés de toute la Pologne.

Zofia Jaskolska, 25 ans, a ainsi fait sept heures de route[39] à partir de Poznan,[40] dans l'Ouest du pays. "Nous sommes reconnaissants envers Benoît de tous ses efforts[41] afin de se rapprocher de nous.[42] J'avais peur qu'après la mort de Jean Paul II, les choses ne soient différentes[43] mais je vois que rien n'a changé. Jean Paul II était très proche des jeunes. Benoît est pareil", confie-t-elle.

Après la messe, Benoît XVI, dont c'était le deuxième voyage à l'étranger (le premier avait eu lieu[44] en Allemagne) depuis le début de son pontificat il y a treize mois, se rend[45] en fin d'après-midi, avant de repartir en avion pour Rome,[46] sur le site d'Auschwitz-Birkenau. Environ 1,1 million de personnes ont péri dans ce camp d'extermination[47] entre 1940 et 1945, dont un million de juifs,[48] pour la plupart[49] gazés[50] dès[51] leur arrivée.

Le pape allemand achève ainsi son voyage en Pologne par[52] un geste très attendu qu'il veut accomplir "avant tout[53] comme catholique" pour prier à cet endroit, symbole de l'Holocauste[54] des juifs, à la mémoire de toutes les victimes de la barbarie nazie.[55]

La nationalité et le passé du pape Joseph Ratzinger,[56] qui fut enrôlé[57] pendant la guerre dans les jeunesses hitlériennes[58] comme tous les adolescents allemands, donnent cependant à cette démarche une signification particulière.

Le porte-parole du Vatican Joaquin Navarro-Valls l'a admis samedi soir et déclaré que Benoît XVI allait à Auschwitz ″en tant que fils du peuple allemand″,[21] de même que[59] Jean Paul II s'y était rendu[45] en 1979 ″en tant que fils du peuple polonais″.[21]

 어휘 및 표현

1: à perte de vue: 까마득히; 끝없이, 한없이. désert qui s'étend à perte de vue 까마득히 펼쳐있는 사막. discourir à perte de vue 한없이 이야기를 늘어놓다.

2: près de *qn/qc*: ⋯ 가까이에.

3: Cracovie: 크라쿠프(폴란드어 Kraków, 영어 Krocow, 폴란드 남부의 도시로 바르샤바 이전의 폴란드의 옛 수도).

4: pontife: 고위 성직자. souverain pontife, pontife romain 로마교황(=pape).

5: en conclusion: 결론으로서. en conclusion de son homélie 그의 설교의 결론으로.

6: Union européenne: 유럽연합(UE, EU)(유럽의 정치 등 통합을 실현화 하기위해서 1993년 11월 1일 발표된 마스트리히트 조약에 의해 유럽 12개국이 참여. 원래 EEC 회원국은 벨기에·프랑스·서독·이탈리아·룩셈부르크·네덜란드였으며 1973년에 덴마크·아일랜드·영국, 1981년에 그리스, 1986년에 포르투갈·스페인, 1995년에 오스트리아·핀란드·스웨덴 등 EFTA 회원국이 모두 가입. 거기에다 2004년 폴란드·헝가리·체코·슬로바키아·슬로베니아·리투아니아·라트비아·에스토니아·키프로스·몰타 등 10개국이 새로 가입하여 가맹국 수가 총 25개국으로 늘어남).

7: vieux continent: 구대륙, 유럽.

8: compter: (수량·연한 따위가) ⋯에 달하다. Cette ville compte neuf universités. 그 도시에는 아홉 개의 대학이 있다. monument qui compte quatre-vingts ans 80년이 된 기념 건축물.

9: peser: 영향력을 지니다, 영향을 미치다. peser de tout son poids 결정적인 영향력을 미치다.
p.220

10: à la différence de *qn/qc*: ···와는 달리. A la différence de son frère, Jean est très sérieux. 그의 형과는 달리 장은 매우 신중하다.

11: Benoît XVI: 베네딕토 16세(1927~)(2005년 4월 19일 요한 바오로 2세에 이어서 제265대 교황에 선출됨. 본명은 요제프 라칭거(Joseph Ratzinger). 독일 바이에른주 마르크트암인 태생.)

12: pontificat: 교황의 직; 교황의 지위.

13: Jean Paul II: 요한 바오로 2세(1920~2005)(제264대 교황. 재위는 1978~2005. 본명은 카롤 보이티야 (Karol Wojtyla). 폴란드 바도비체 태생).

14: foi: 믿음, 신앙. avoir foi en *qn/qc*: ···을 믿다 [신뢰하다].

15: rester + 속사/양태: ···한 상태에 있다, 여전히 ···하다. p.226

16: mémoire: (고인이 남긴) 명성, 평판. honorer la mémoire d'un mort 고인의 유덕을 기리다.

17: appel: 요청, 호소, 부르짖음; 선동. [appel à *qc/inf*] appel aux armes 무기를 들고 일어나라는 외침. appel à aider les pauvres 가난한 사람들을 돕자는 호소.

18: de: (수단·도구·방법을 나타내어) ···으로, ···을 가지고. aider *qn* de ses conseils ···에게 조언하다.

19: lancer: (소리를) 내지르다, 던지듯 말하다; (결정·통첩·호소문 따위를) 보내다; (비난 따위를) 가하다; (시선 따위를) 던지다. 여기에서 lancer의 목적어는 목적격 관계대명사 que의 선행사인 l'appel임.

20: lors de *qc*: ···의 때에, ···동안에.

21: en tant que + 무관사명사: ···로서, ···의 자격으로. parler en tant que spécialiste en la matière 그 분야의 전문가로서 말하다.

22: Karol Wojtyla: 교황 요한 바오로 2세의 본명.

23: à l'égal de *qn/qc*: ···와 똑같이, ···만큼. aimer son fils à l'égal de son père 아버지만큼 아들을 사랑하다.

24: soviétique: 소련의. Union des Républiques Socialistes Soviétiques(USSR) 소비에트연방, 소련.

25: commencer par *qc/inf*: ···(하는 것)부터 시작하다. spectacle qui commence par un ballet 무용으로 시작되는 공연. Elle a commencé par s'emporter. 그녀는 화부터 냈다.

26: par [dans] la suite: 그 후에.

27: ferme: 굳세게, 힘껏. tenir ferme 단단히 붙잡다; 완강히 저항하다.

28: sans succès: 성공하지 못하고. avec succès 성공적으로.

29: pour que + *subj.*: ···하기 위해. Elle fait tout ce qu'elle peut pour que les invités soient contents. 그녀는 손님들이 만족할 수 있도록 그녀가 할 수 있는 모든 것을 다한다.

30: Constitution: 헌법(유럽헌법은 전문과 4개부(部), 5개 기록서와 3개의 설명서로 구성되어 있으며, 제1부는 59개의 조항으로 구성된 유럽연합의 통치기관에 관해 규정하고 있고, 제2부는

이미 니스에서 채택된 유럽연합기본권헌장이다. 제3부 '유럽연합의 정책범위와 활동방식'은 총 342개의 조항을 구성되어 유럽연합과 회원국간의 권한행사를 규정하고 있고, 제4부는 10개의 조항으로 구성된 종료규정이다.).

31: référence: 언급, 논급. intégrer à sa Constitution une référence à ses racines chrétiennes 헌법에 그의 기독교적 연원에 대한 언급을 넣다.

32: important: 대규모의, 다수의, 다량의. nombre important de manifestants 대단히 많은 수의 시위자들. somme important 막대한 금액.

33: entamer: 시작하다, 착수하다.

34: Varsovie: 바르샤바(폴란드어 Warszawa, 영어 Warsaw).

35: ne ~ que: 단지, 오로지(=seulement).

36: fait un triomphe à *qn*: …에게 갈채를 보내다.

37: beaucoup: (명사적으로 쓰여) 많은 사람; 많은 것. Beaucoup sont de notre avis. 많은 사람들이 우리와 의견을 같이 한다. avoir beaucoup à faire 할 일이 많다.

38: malgré *qc*: …에도 불구하고(=en dépit de).

39: faire sept heures de route: 도로를 차로 일곱 시간 동안 달리다.

40: à partir de *qc*: …로부터. à partir de Pusan 부산에서부터. à partir d'aujourd'hui 오늘부터.

41: reconnaissant: 감사하는. être reconnaissant à [envers] *qn* de [pour] *qc* …에게 …에 대해 감사의 뜻을 표하다.

42: afin de *inf*, afin que + *subj.*: …하기 위해, …하도록.

43: avoir peur de *qc/inf*, avoir peur que + (ne) *subj.*: …을 두려워하다. que절의 허사 ne의 사용은 임의적임.

44: avoir lieu: (일·사건 따위가) 일어나다, 발생하다; (대회 따위가) 개최되다.

45: se rendre + 장소부사: …에 가다(=aller). se rendre à l'étranger 외국에 가다. se rendre au travail 일하러 가다, 출근하다.

46: (re)partir pour + 장소: …를 향해 (다시) 떠나다.

47: camp d'extermination: 대량학살 강제수용소.

48: dont: (부분의 뜻을 나타내어) 그 중에. Il y a quelques invités, dont une femme. 몇 명의 손님이 있었는데 그 중에 여자도 한명 있었다. p.140

49: pour la plupart: 대부분.

50: gazer: 가스로 질식시키다; 가스로 몰살시키다.

51: dès *qc*, dès que + *ind.*: …부터, …하자마자. dès son retour 그가 돌아오자.

52: achever *qc* par *qc*: …을 …하는 것으로 끝내다.

53: avant tout: 무엇보다도(=avant toute chose).

54: Holocauste: 대량학살.

55: à la [en] mémoire de *qn*: …을 추모하여.

56: Joseph Ratzinger: 교황 베네딕토 16세의 본명.

57: enrôler: 등록하다, 가입하다.

58: jeunesse: (복수로 쓰여) 청년단, 청년동맹. jeunesses hitlériennes 히틀러 청년단.

59: de même que *qn/qc*, de même que + *ind.*: …와 마찬가지로. Le brigand a été arrêté de même que ses complices. 그 강도는 공범들과 같이 체포되었다. Il a planté beaucoup d'arbres dans la montagne, de même que son père l'avait fait il y a dix ans. 그는 그의 아버지가 10년 전에 그렇게 하신 것처럼 산에 많은 나무를 심었다.

 문법 및 구문

① appeler

1. 타동사

1.1. N₀ appeler *qn/qc*

1.1.1. N₀ appeler *qn/qc*: 부르다, 오게 하다; 이름을 부르다, 호명하다; 점호하다.

❶ Il a appelé un médecin.
그는 의사를 불렀다.

❷ Le médecin a été appelé par téléphone.
의사는 전화로 왕진 요청을 받았다.

❸ Elle l'a appelé de la main [des yeux].
그녀는 손짓 [눈짓] 하여 그를 불렀다.

❹ Elle a appelé un taxi.
그녀는 택시를 불렀다.

❺ Cet aveugle a appelé son chien.
그 맹인이 그의 개를 불렀다.

❻ Je vous appellerai demain matin.
내일 아침에 전화하겠습니다.

❼ Dieu [La mort, Le destin] l'appelée.
그녀가 죽었다.

❽ Tu dois répondre quand on t'appelle.
이름을 부르면 대답해야 한다.

❾ Il n'était pas à la caserne quand on l'a appelé.
그는 점호시에 병영에 없었다.

1.1.1.1. N_0 appeler

❶ Je crois que votre fils appelle.
당신의 아들이 부르고 있는 것 같습니다.

❷ J'ai appelé, mais il ne répond pas.
내가 불렀는데, 그는 대답을 하지 않는다.

1.1.2. N_0 appeler *qn/qc*: 요청하다, 요구하다, 촉구하다.

❶ Ce problème appelle une solution urgente.
그 문제는 긴급한 해결을 요한다.

❷ Ce travail appelle beaucoup de patience.
그 일은 많은 인내를 요구한다.

❸ Nous avons appelé son attention sur cette grave situation.
우리는 그 심각한 상황에 대해 그의 주의를 촉구했다.

❹ La patrie [Le devoir] nous appelle.
조국 [그 일]은 우리를 필요로 한다.

1.1.2.1. N_0 appeler *qn* à *qc*

❶ Il a appelé ses voisins à l'aide [au secours].
그는 이웃에게 도움을 청했다.

❷ Il les a appelés à la réconciliation.
그는 그들에게 화해할 것을 촉구했다.

1.1.2.1.1. N_0 appeler à *qc*

❶ Elle a appelé à l'aide [au secours].
그녀는 도움을 청했다.

❷ Les présidents appellent au dialogue et souhaitent que le gouvernement fasse un effort pour ce dialogue.
위원장들은 대화를 촉구하고, 정부가 그 대화를 위해 노력해 줄 것을 바라고 있다.

1.1.2.2. N_0 appeler *qn* à *inf*

❶ On l'a appelé à former un nouveau gouvernement.
사람들은 그에게 새로운 정부를 구성할 것을 요청했다.

❷ Il a été appelé à donner son avis sur cette affaire.
그는 그 사건에 대해 그의 견해를 제시하도록 요청을 받았다.

❸ Il a été appelé à comparaître devant le tribunal.
그는 법정에 출두하도록 요구받았다.

★ à *inf*는 y로 대리된다.

1.1.2.2.1. N_0 appeler à *inf*

❶ Les syndicats appellent à faire grève.
노동조합들은 파업할 것을 요구하고 있다.

1.1.2.3. N_0 appeler *qn* à ce que + *subj.*

❶ Le président l'a appelé à ce qu'il forme un nouveau gouvernement.
대통령은 그에게 새로운 정부를 구성할 것을 요청했다.

1.1.3. N_0 appeler *qc*: 불러 일으키다, 초래하다; 끌다.

❶ Sa mauvaise conduite a appelé une punition.
그는 나쁜 행실로 벌을 받았다.
❷ Un malheur en appelle un autre.
불행은 불행을 부른다.
❸ Ce costume appelle tous les regards.
그 의상은 모든 사람의 시선을 끈다.

1.2. N_0 appeler *qn/qc* + 속사: …을 …라고 부르다, 명명하다.

❶ Si j'ai une fille, je l'appellerai Sylvie.
나는 딸이 하나 있으면 Sylvie라고 이름 짓겠다.
❷ J'appelle cela une avidité.
나는 그런 것을 탐욕이라고 부른다.
❸ Tu appelles cela chanter?
너 그것은 노래한다고 그러니?

1.3. N_0 appeler *qn* à *qc*: …을 에 초빙하다, 임명하다; 운명짓다.

❶ Le président l'a appelé à une haute fonction.
대통령은 그를 고위직에 임명했다.
❷ Il a été appelé à un nouveau commandement.
그는 새 사령관에 임명되었다.
❸ Il a été appelé à un brillant avenir.
그에게는 빛나는 미래가 약속되어 있다.

1.3.1. N_0 appeler *qn* à *inf*

❶ Ses grandes qualités l'appellent à prendre la direction du groupe.
그는 그의 훌륭한 자질로 인해 그 그룹의 운영을 맡게 된다.

2. 간접타동사

2.1. N₀ appeler de *qc*: …에 따르지 않다, 불복하다, 상소하다.

❶ Nous voulons appeler du jugement.
우리는 판결에 대해 상소하고자 한다.

2.1.1. N₀ appeler

❶ Il a décidé d'appeler.
그는 상소하기로 결정했다.

2.2. N₀ en appeler de *qc*: …에 이의를 제기하다, 불복하다.

❶ J'en appelle de votre décision.
나는 당신 결정에 따르지 않겠소.
❷ Il en appelle de sa défaite.
그는 패배에 이의를 제기한다.

2.3. N₀ en appeler à *qn/qc*: …에 맡기다, 호소하다.

❶ J'en appelle à votre décision.
나는 당신 결정에 따르겠소.
❷ Il veut en appeler à d'autres juges.
그는 다른 판사들에게 재판을 받기를 원한다.
❸ Le président a décidé d'en appeler au pays.
대통령은 국민 여론 [의사]에 호소하기로 결정했다.

3. 대명동사

3.1. N₀ s'appeler + 속사: …라고 불리다, 이름이 …이다.

❶ Il s'appelle Pierre.
그의 이름은 Pierre이다.
❷ Comment vous appelez-vous?
당신 이름이 무엇입니까?
❸ En français, cet objet s'appelle stylo.
불어로는 이 물건을 stylo라고 부른다.
❹ Voilà ce qui s'appelle une fierté.
그게 바로 긍지라고 불리는 것이다.

❺ Cela [Voilà ce qui] s'appelle parler.
그거야 말로 말한다고 할만하다, 지당한 말이다.

② demander

1. 타동사

1.1. N₀ demander *qc* à *qn*

1.1.1. N₀ demander *qc* à *qn*: …에게 …을 요구하다, 요청하다.

❶ Il a perdu son portefeuille, et il a dû demander de l'argent à son père.
그는 지갑을 잃어버려서 아버지에게 돈을 달라고 해야만 했다.
❷ Il nous a demandé une aide.
그는 우리에게 도움을 요청했다.
❸ Je lui ai demandé son dictionnaire.
나는 그에게 사전을 빌려 달라고 부탁했다.

1.1.1.1. N₀ demander *qc*

❶ Je ne demande que mon bon droit.
나는 내 정당한 권리만 주장할 뿐입니다.
❷ Il a demandé la parole.
그는 발언권을 요청했다.
❸ Il a demandé son dû avec force.
그는 단호하게 자기의 몫을 요구했다.

1.1.1.2. N₀ demander à *qn*

❶ Vous pouvez toujours nous demander, mais je ne vous garantis pas que nous vous le donnerons.
어쨌든 우리에게 요구할 수는 있습니다. 하지만 우리가 당신에게 그것을 주리라고 보장은 못합니다.

1.1.1.3. N₀ demander

❶ J'avais besoin de tout, mais je ne demandais pas.
나는 모든 것이 필요했지만 요구하지 않았다.

1.1.2. N₀ demander *qc* à *qn*: …에게 …을 묻다, 질문하다.

❶ Il nous a demandé le chemin de la gare.
그는 우리에게 역으로 가는 길을 물었다.

❷ Elle m'a demandé le nom de mon voisin.
그녀는 내 이웃집 사람의 이름을 물었다.
❸ Il ne m'a pas demandé mon avis.
그는 내 의견을 묻지 않았다.

1.1.2.1. N_0 demander *qc*

❶ Il a demandé la raison de mon absence.
그는 내가 불참한 이유를 물었다.
❷ Il ne faut pas demander pourquoi: c'est évident.
그것은 명백해서 이유를 물을 필요가 없다.

1.2. N_0 demander *qn/qc*: (사람·일자리 따위를) 구하다, 찾다; (면담 따위를) 신청하다; 청혼하다.

❶ Il demande deux dactylos.
그는 타이피스트 두 사람을 구한다.
❷ Cet enfant demande sans arrêt sa mère.
그 아이는 계속 어머니를 찾고 있다.
❸ Il demande un emploi [poste].
그는 일자리를 찾는다.
❹ On demande Jean au téléphone.
Jean에게 전화가 왔다.
❺ On vous demande.
전화왔습니다 [면회입니다].
❻ Je vais demander la main de sa fille; Je vais demander sa fille en mariage.
나는 그의 딸에게 청혼할 것이다.

1.3. N_0 demander *qc*: …을 기대하다, 바라다, 요구하다; (가격·요금 따위를) 청구하다, 원하다.

❶ Les grands malades demandent un repos complet.
중환자들은 완전한 휴식을 필요로 한다.
❷ Ce travail demande beaucoup d'attention.
그 일은 많은 주의를 요한다.
❸ Il demande 100 euros de l'heure.
그는 시간당 100유로를 요구한다.
❹ Nous allons demander des dommages-intérêts.
우리는 손해배상을 청구할 것이다.

1.3.1. N_0 demander *qc* de *qn/qc*

❶ Cette tâche demande de lui un effort particulier.
그 과업은 그의 특별한 노력을 요한다.
❷ Il demande trop de son fils.
그는 아들에게 너무 많은 것을 요구한다.
❸ Il ne damandait pas beaucoup de cette réunion.
그는 그 모임에 대해 많은 것을 바라지 않았다.

1.3.2. N_0 demander de *qn/qc* que + *subj.*

❶ La situation demande de nous tous [de notre part] que nous nous décidions rapidement.
상황은 우리에게 신속하게 결정을 내릴 것을 요구한다.

1.3.3. N_0 demander + 가격 + de/pour *qc*

❶ Il a demandé vingt mille euros de [pour] sa voiture.
그는 그의 차 값으로 2만 유로를 요구했다.
❷ Vous en demandez cher [beaucoup].
값을 비싸게 [많이] 부르시는군요.

1.4. N_0 demander à *qn* de *inf.* ⋯에게 ⋯해달라고 요구하다, 요청하다.

❶ Il a demandé à son ami de venir le voir.
그는 그의 친구에게 그를 보러 와달라고 했다.
❷ Elle lui a demandé d'arriver à l'heure.
그녀는 그에게 제 시간에 도착해 달라고 했다.
❸ Nous allons demander au gouvernement d'appliquer la loi.
우리는 정부에 법을 집행해달라고 요철할 것이다.

1.5. N_0 demander (à *qn*) à *inf.* ⋯하기를 원하다.

❶ Il a demandé à entrer.
그는 들어오겠다고 했다.
❷ Ils demandent à partir plus tôt.
그들은 좀 더 일찍 떠났으면 한다.
❸ Il m'a demandé à voir ce que j'écrivais.
그는 내게 내가 쓰고 있는 것을 보고 싶다고 했다.

1.6. N_0 demander (à *qn*) que + *subj.*: (…에게) …하는 것을 원하다.

❶ Je demande que je puisse faire cela.
나는 내가 그것을 할 수 있기를 원한다.
❷ Il demande qu'elle vienne le voir.
그는 그녀가 그를 보러 오기를 원한다.
❸ Je lui ai demandé qu'il poste ma lettre.
나는 그에게 내 편지를 부쳐줄 것을 부탁했다

1.7. N_0 demander à ce que + *subj.*: …하는 것을 원하다.

❶ Je demande à ce que ce travail soit vite fini.
나는 그 일이 빨리 끝나기를 바란다.
❷ Il ne demande qu'à ce qu'on n'en parle pas.
그는 사람들에 그것에 대해 말하지 않기만을 바란다.

1.8. N_0 demander à *qn* + 간접의문절: …에게 …인지 묻다, 질문하다.

❶ Il demande à son ami s'il peut venir l'aider.
그는 친구에게 자기를 도와주러 올 수 있는지 묻는다.
❷ Elle lui a demandé quand il viendrait.
그녀는 그에게 언제 올 것인지 물었다.
❸ Il m'a demandé comment faire.
그는 내게 어떻게 해야 할지를 물었다.

2. 간접타동사

2.1. N_0 demander après *qn*: …의 안부를 묻다; …을 찾다.

❶ Jean a demandé après vous tout à heure.
Jean이 조금 전에 당신의 안부를 물었다.
❷ Personne n'a demandé après moi pendant mon absence?
내가 없는 동안에 누가 나를 찾지 않았소?

3. 대명동사

3.1. N_0 se demander: 문제가 되다, 의문시되다.

❶ Cela ne se demande pas.
그것은 문제가 안 된다, 물어보나 마나다.

3.2. N_0 se demander *qc*: 자문하다, 의아하게 생각하다.

❶ Il s'est demandé le but de ces manifestations.
그는 그 시위의 목적을 자문해 보았다.

3.2.1. N_0 se demander + 간접의문절

❶ Il se demande s'il a raison.
그는 자기가 옳은지 자문해본다.
❷ Il s'est demandé pourquoi Jean ne venait plus.
그는 왜 장이 이제 오지 않는지 의아하게 생각했다.

3.3. N_0 se demander *qc*: 서로 묻다.

❶ Ils se sont demandé mutuellement leurs adresses.
그들은 서로 주소를 물었다.

15 Le centre-gauche au pouvoir à Séoul recule face à l'opposition conservatrice

Le Monde | 01.06.06

Le parti gouvernemental[1] Uri a essuyé[2] une cuisante[3] défaite, mercredi 31 mai, dans les élections locales[4] destinées à[5] désigner les maires et les membres des assemblées municipales.[6] L'opposition[7] conservatrice a remporté[8] la victoire dans quinze des seize régions, à commencer par Séoul et Pusan[9] (la deuxième ville du pays). La province de Gyeongi, au nord-ouest de la capitale, est aussi passée à l'opposition. Le taux de participation a été de 51,2%.[10]

Bien qu'attendue,[11] la défaite du parti Uri (centre-gauche)[12] n'en est pas moins, par son ampleur,[13] symbolique du déclin du soutien au président Roh Moo-hyun,[14] dont le mandat[15] s'achève en 2007. Elle constitue un sévère désaveu pour M. Roh, qui risque d'être sérieusement affaibli[16] au cours des dix-huit mois[17] qui lui restent à la tête de l'Etat.[18] Endossant[19] la responsabilité de cette déroute, le chef du parti Uri, Chung Ding-young, a annoncé sa démission.

L'attentat dont a été victime[20] la présidente du Grand Parti national[21] (opposition)[7], Park Geun-hye, blessée au visage par un déséquilibré[22] (membre du parti Uri) la semaine précédente, a envenimé[23] la confrontation entre les conservateurs et les progressistes. L'incident a suscité un élan de sympathie en faveur du[24] principal parti d'opposition parmi les indécis.[25] Mme Park, fille du dictateur Park Chung-hee (assassiné en 1979), a achevé sa campagne[26] avec une longue balafre au visage recouverte d'un pansement. Elle **est jugée** la candidate la mieux placée[27] pour succéder au président Roh.[28] Le parti conservateur semble avoir réussi à attirer une partie de l'électorat centriste,[29] déçu par la politique de centre-gauche[12] de M. Roh.

Les incertitudes économiques, qui demeurent en dépit d'une[30] croissance soutenue (+6%),[31] conjuguées à un accroissement[32] des inégalités sociales et à la succession de scandales témoignant de la persistance[33] de pratiques peu transparentes dans les milieux d'affaires,[34] ont contribué à un mécontentement diffus. Une partie de l'opinion reproche également au président Roh une politique trop conciliante[35] vis-à-vis de la Corée du Nord.[36]

Séoul vient ainsi d'exprimer[37] son regret à la suite de la décision,[38] le 31 mai à New York, des membres du consortium international Korean Energy Developpement Organization (KEDO)[39] de mettre officiellement fin au projet de construction[40] de deux réacteurs nucléaires à eau légère[41] en République populaire démocratique de Corée (RPDC).[42] Le KEDO – qui comprend[43] la Corée du Sud, les Etats-Unis, le Japon et l'Union européenne – était chargé de fournir[44] ces réacteurs de 1.000 mégawatts (d'un coût de 5 milliards de dollars) à la suite de l'accord de 1994[38] par **lequel** la Corée du Nord s'était engagée à[45] geler[46] son programme atomique à base de plutonium.[47]

En 2002, Washington avait déclaré[48] caduc cet accord,[49] dont les travaux avaient pris du retard,[50] en accusant[51] Pyongyang de mener[52] un programme clandestin d'enrichissement de l'uranium.[53]

 어휘 및 표현

1: parti gouvernemental: 집권당, 여당(=parti au pouvoir)
2: essuyer: (피해, 모욕, 패배 따위를) 입다, 겪다, 당하다(=subir). essuyer des pertes 손해를 입다. essuyer des reproches de son père 아버지께 꾸중을 듣다.
3: cuisant: 신랄한, 혹독한, 쓰라린.
4: élection locale: 지방선거.
5: destiné à qc/qn/inf: …의 용도로 마련된, …을 대상으로 한. …하기 위한. mesure destinée

à prévenir un danger 위험을 예방하기 위한 조치.

6: assemblée municipale: 시의회.

7: opposition: 야당.

8: remporter: (성공·상 따위를) 거두다, 획득하다, 쟁취하다. remporter un brillant succès 빛나는 성공을 거두다. remporter un prix littéraire 문학상을 받다.

9: à commencer par *qc*: …을 시작으로, 필두로, 위시하여.

10: de: 정도·측정을 나타냄. L'âge moyen des étudiants est de 22 ans. 선수들의 평균 연령은 22세이다.

11: bien que + *subj.*: …임에도 불구하고. Bien qu'elle soit malade, elle est partie. 그녀는 병환 중임에도 불구하고 떠났다. ((생략문)) Bien que malade, elle est partie.

12: centre-gauche: 중도좌파 (정당).

13: par son ampleur: 그 크기 [폭, 규모]에 의해.

14: n'en … pas moins: 그래도 역시 …이다. Il peut pleuvoir ou neiger, je n'en partirai pas moins. 비가 오거나 눈이 올지 모른다. 그래도 나는 떠날 것이다.

15: mandat: 임기; 직무, 임무.

16: risquer de *inf*: …할 우려가 [위험이, 가능성이] 있다. Cela risque de tomber. 그것은 떨어질 우려가 있다.

17: au cours de *qc*: …중에, 사이에, 동안에.

18: tête de l'Etat: 국가 정상, 국가 수반.

19: endosser: (책임 따위를) 지다, 떠맡다.

20: être (la) victime de *qc*: …의 희생자 [대상] 이다. être victime des moqueries de ses amis 친구들의 조롱의 대상이 되다.

21: Grand Parti national: 한나라당.

22: déséquilibré: 정신이상자.

23: envenimer: 격화시키다, 악화시키다(=aggraver, aviver).

24: en faveur de *qn/qc*: …에 찬성하여; …에 유리하게. agir en faveur de *qn* …에 유리하게 행동하다.

25: indécis: 마음을 정하지 못한 사람, 부동층.

26: campagne: 운동, 캠페인. campagne électorale 선거 운동. lancer une campagne anti-japonaise 반일운동을 벌이다.

27: bien placée pour *qc/inf*: …(하기)에 유리한 위치 [입장]에 있는. Il est le mieux placé pour en parler. 그는 그것에 대해 말할 수 있는 가장 유리한 입장에 있다.

28: succéder à *qn*: …의 뒤를 잇다, 후임이 되다.

29: électorat: 유권자, 선거인. électorat féminin 여성유권자. électorat centriste [socialiste] 중도파 [사회주의] 지지 유권자. électorat flottant 부동층.

30: en dépit de *qc*: …에도 불구하고.

31: soutenu: 지속적인, 꾸준한. effort soutenu 꾸준한 노력.

32: conjugué à *qc*: …와 결합된, 짝을 이룬.

33: témoigner de *qc*: …을 증명하다; …의 증거 [표시] 이다, …을 보여주다.

34: milieu: 환경; 사회, 집단, 계층; (흔히 복수로 쓰여) …계. milieu familial [professionnel] 가정 [직업] 환경. milieux politiques [d'affaires, du journalisme] 정계 [실업계, 언론계].

35: reprocher *qc* à *qn*, reprocher à *qn* de *inf*: …를 …(한 것)에 대해 비난하다 [나무라다].

36: vis-à-vis de *qn/qc*: …에 대하여, …을 향하여(=envers); …에 관하여(=à l'égard de). son attitude vis-à-vis de cette question 그 문제에 대한 그의 태도.

37: venir de *inf*: 방금 …하다((근접과거; 직설법 현재·반과거로 쓰임)). Son avion vient de partir. 그의 비행기는 방금 출발했다.

38: à la suite de *qn/qc*: a)(공간적·시간적으로) …의 뒤에, …을 따라. Le cortège marchait à la suite du cardinal. 추기경의 뒤를 따라 사람들이 행렬을 지어 걸어갔다. b) …의 결과로, …이 원인이 되어. A la suite de cet accident, il a dû partir à l'étranger. 그는 그 사고로 인해 외국으로 떠나야만 했다.

39: Korean Energy Developpement Organization (KEDO): 한반도에너지개발기구(1994년 북한의 핵개발과 관련된 미국과 북한의 제네바 합의서에 의해 북한의 핵개발 중단의 대가로 핵발전소 건설과 대체 에너지 제공 등을 담당하기 위해 만들어진 국제기구).

40: mettre fin à *qc*: …을 끝내다, 종결짓다.

41: réacteur nucléaire à eau légère: 경수형 원자로.

42: République populaire démocratique de Corée (RPDC): 조선인민민주주의공화국, 북한.

43: comprendre: (사물을 주어로 하여) 포함하다, 내포하다. Cette somme ne comprend pas le chauffage. 그 액수에 난방비는 포함되어 있지 않다.

44: être chargé de *qc/inf*: …(하는 것)을 책임지고 있다, 맡고 있다.

45: s'engager à *inf*: …할 것을 약속하다.

46: geler: 동결하다. geler les crédits 채권을 동결하다.

47: à base de *qc*: …을 기본 [바탕]으로 한, …을 주성분으로 한.

48: déclarer *qn/qc* + 속사: …을 …라고 선언하다.

49: caduc: 무효가 된, 폐지된. acte juridique caduc 무효화된 법률 행위.

50: prendre [avoir] du retard: 늦다, 지체되다. Cette horloge prend [a] du retard. 저 시계는 늦다.

51: accuser *qn* de *qc/inf*: …를 …(한 것)에 대해 비난하다.

52: mener: 추진하다, 진척시키다. mener une enquête 조사를 진행시키다.

53: enrichissement: 함유도를 높이기, 농축. enrichissement d'uranium: 우라늄 농축.

① juger

1. 타동사

1.1. N₀ juger *qn/qc*

1.1.1. N₀ juger *qn/qc*: 재판하다, 판결하다; 판정하다, 심판하다; 심사하다.

❶ La cour d'appel a jugé sévèrement l'accusé.
  항소법원에서 피고에 대해 엄하게 판결했다.
❷ Le tribunal va juger cette affaire criminelle.
  재판부가 그 형사 사건을 다룰 것이다.
❸ Le comité jugera ce différend.
  위원회가 그 분쟁을 재결할 것이다.
❹ Le jury a jugé les candidats au concours.
  심사위원들이 경쟁시험의 응시자들을 심사했다.

1.1.1.1. N₀ juger

❶ Le tribunal a jugé.
  재판부가 판결을 내렸다.
❷ Ils n'ont pas le droit de juger.
  그들은 판결권이 없다.
❸ L'histoire jugera.
  역사가 심판할 것이다.

1.1.2. N₀ juger *qn/qc*: 판단하다; 평가하다; 생각하다, 여기다.

❶ Jugez la gravité de la situation.
  상황의 심각성을 판단해보시오.
❷ Il faudrait d'abord juger (la valeur de) cet ouvrage.
  먼저 그 작품(의 가치)를 평가해보아야 할 것이다.
❸ Ce tableau n'a pas été jugé à sa juste valeur.
  그 그림은 진가대로 평가되지 못했다.

1.1.2.1. N₀ juger *qn/qc* sur *qc*: …을 보고 판단하다; 평가하다.

❶ Il est difficile de juger les gens sur les apparences.
  사람을 겉만 보고 판단하기는 어렵다.

15. Le centre-gauche au pouvoir à Séoul recule face à l'opposition conservatrice **189**

❷ Il ne faut pas juger (la valeur de) l'ouvrage sur ce seul extrait.
그 발췌 부분만 보고 저서(의 가치)를 평가해서는 안된다.

1.1.2.2. N_0 juger

❶ Il ne faut pas juger hâtivement.
성급하게 판단해서는 안 된다.

1.2. N_0 juger *qn/qc* + 속사: …을 라고 판단하다; 생각하다.

❶ Elle juge cet enfant très intelligent.
그녀는 그 아이가 매우 영리하다고 생각한다.
❷ Jugez-vous cela bien nécessaire?
당신은 그것이 꼭 필요하다고 판단하십니까?
❸ Le président juge indispensable une brève session extraordinaire.
의장은 짧은 임시 회기가 불가피하다고 생각한다.

1.2.1. N_0 juger + 속사 + de *inf*

❶ Il a jugé bon de se sauver.
그는 도망치는 것이 좋겠다고 판단했다.
❷ Ils n'ont pas jugé nécessaire de nous prévenir.
그들은 우리에게 미리 알릴 필요가 없다고 생각했다.

1.2.2. N_0 juger + 속사 + que + *ind./subj.*

❶ J'ai jugé souhaitable qu'elle revienne.
나는 그녀가 다시 돌아오는 것이 바람직하다고 생각했다.
❷ Il a jugé étrange qu'elle ne le prévienne.
그는 그녀가 그에게 미리 알리지 않은 것을 이상하게 생각했다.

1.3. N_0 juger *inf*: (자기가) …하다고 판단하다; 생각하다.

❶ Il a jugé devoir faire ce travail.
그는 그 일을 해야 한다고 판단했다.
❷ Elle a jugé avoir suffisamment travaillé pour ce salaire.
그녀는 그 급료만큼 충분히 일을 했다고 생각했다.

1.4. N_0 juger que + *ind.*: …라고 판결하다; 판단하다; 생각하다.

❶ Le tribunal a jugé que l'accusé est coupable.
재판부는 피고가 유죄라고 판결했다.

❷ Il a jugé qu'elle l'a trompé.

　그는 그녀가 그를 속였다고 생각했다.

★ 의문문, 부정문에서는 종속절에 접속법을 쓰기도 한다.

❸ Jugeriez-vous que cela est [soit] possible.

　그것이 가능하다고 생각하십니까?

❹ Il ne juge pas que cela est [soit] impossible.

　그는 그것이 불가능하다고 생각하지 않는다.

★ que + *ind./subj.*는 le로 대리할 수 없다.

1.5. N$_0$ juger + 간접의문절: …인지 판단하다; 생각하다.

❶ Jugez ce qu'il faut faire [comment il faut agir].

　무엇을 해야 [어떻게 행동해야] 하는지 판단해보시오.

❷ C'est à vous de juger quelle sera la couleur de la porte.

　당신이 문을 어떤 색깔로 할 것인지 판단해야 합니다.

❸ Jugez combien cet enfant a eu peur.

　그 아이가 얼마나 겁이 났었는지 생각해보세요.

2. 간접타동사

2.1. N$_0$ juger de *qn/qc*: …을 판단하다; 평가하다; 생각하다, 상상하다.

❶ Il ne faut pas juger des gens sur les apparences.

　사람을 겉만 보고 판단해서는 안 된다.

❷ L'oreille juge des sons.

　귀는 소리를 식별한다.

❸ Si j'en juge par mon expérience, il va neiger demain.

　내 경험에 비추어 판단하건데 내일 눈이 올 것이다.

❹ Vous pouvez juger de ma surprise quand je l'ai vue.

　당신은 내가 그녀를 보았을 때의 내 놀라움을 상상해볼 수 있을 것입니다.

3. 대명동사

3.1. N$_0$ se juger

3.1.1. N$_0$ se juger: 자기를 심판하다; 평가하다.

❶ Il se juge très sévèrement.

　그는 자기 자신에 대해 아주 엄격하다.

❷ Elle se juge toujours avec une grande indulgence.
   그녀는 자기 자신에 대해 매우 관대하다.

   3.1.2. N₀ se juger: 재판받다; 심판받다; 평가받다.

❶ Le procès se jugera en juillet.
   재판은 7월에 있을 것이다.
❷ Une politique économique se juge à son efficacité.
   경제 정책은 그 효율성에 의해 평가된다.

   3.1.3. N₀ se juger: 서로 심판하다; 서로 평가하다.

❶ Ils ne se jugent pas favorablement.
   그들은 서로 호의적으로 생각하지 않는다.

   3.2. N₀ se juger + 속사: 자기를 …라고 판단하다; 생각하다.

❶ Il se juge incapable de faire ce travail.
   그는 자기가 그 일을 할 수 없다고 판단한다.
❷ Il se juge perdu.
   그는 자기가 가망 없다고 생각한다.
❸ Elle s'est jugée offensée.
   그녀는 자기가 모욕을 당했다고 생각했다.

② 복합형 관계대명사 lequel(laquelle, lesquels, lesquelles)

「정관사 + quel」의 형태로 성·수에 따라 변화하는 관계대명사로, 전치사 à나 de와 함께 쓰이면 auquel, duquel의 축약된 형태로 쓰인다.

1. 일반적으로 전치사 다음에 쓰이는 사물 또는 동물을 나타내는 명사를 대신한다.

❶ Volià l'appreil avec lequel il a pris ces photographies.
   저기 저 사진기를 가지고 그가 이 사진들을 찍었다.
❷ Il leur montre le livre dans lequel il a lu cette histoire.
   그는 그들에게 그 이야기를 읽은 책을 보여준다.
❸ C'est le problème auquel je pense depuis longtemps.
   그것은 내가 오래전부터 생각하고 있는 문제다.

❹ Rapporte ici la chaise sur laquelle tu es assis.
  네가 앉아있는 의자를 이리 가져오너라.
❺ Ce sont les raisons pour lesquelles ils sont opposés à ce projet de loi.
  이것이 그들이 그 법률안에 대해 반대하는 이유이다.

1.1. dans lequel, sur lequel 등이 장소를 나타낼 때는 où를 더 많이 쓴다.

❶ La ville dans laquelle il est né(→La ville où il est né) n'est pas loin d'ici.
  그가 태어난 도시가 여기에서 멀지 않다.

1.2. duquel은 dont을 쓰는 것이 일반적이나 「전치사 + 명사」의 보어가 될 때는 반드시 duquel을 쓴다.

❶ C'est le problème à l'étude duquel il a consacré sa vie.
  그것은 그 연구에 그가 일생을 바친 문제이다. (C'est le problème à l'étude dont il a consacré sa vie. 또는 C'est le problème dont il a consacré sa vie à l'étude.는 불가)

2. 전치사 다음에 쓰이는 인물명사를 대신할 수 있으나 avec lequel의 경우 이외에는 일반적으로 「전치사 + qui」를 쓴다. 단, '…중의', '…중에서'의 뜻을 나타내는 전치사 parmi, entre, au nombre de와 같이 쓸 때는 언제나 lesquels, lesquelles을 쓴다.

❶ C'est l'homme avec lequel elle est sortie hier soir.
  저 사람이 어제 저녁에 그녀가 같이 나갔던 사람이다.
❷ Les deux dames entre lesquelles mon oncle était assis étaient très belles.
  나의 삼촌이 그 사이에 앉았던 두 부인은 매우 아름다웠다.

3. 주어로 쓰이는 lequel은 문어체에서 속하며 사람·사물을 대신할 수 있다. 주로 선행사의 모호성을 피하거나, 명사나 대명사의 반복을 피하기 위해 사용한다.

3.1. 선행사의 모호성을 피하기 위해 사용한다.

❶ Je connais bien la fille de cet homme laquelle part ce soir pour Paris.
  나는 그 사람의 딸을 잘 아는데, 그녀는 오늘 저녁 파리로 떠난다.
❷ Il a remarqué la porte du temple, laquelle a été restaurée au dix-huitième siècle.
  그는 사원의 문을 눈여겨 보았는데, 그 문은 18세기에 복원되었다.

3.2. 관계대명사의 지시적 관념을 강조하기 위해 사용하며, 명사나 대명사의 반복을 피하게 해주는 효과를 낸다.

❶ Le juge a convoqué deux témoins, lesquels ont dit reconnaître l'accusé.
판사가 두 명의 증인을 소환했는데, 그들은 피고를 본적이 있다고 말했다.

❷ Il m'a donné un livre, lequel était très intéressant.
그가 내게 책을 한 권 주었는데, 그 책은 매우 재미있었다.

4. 현대불어에서 lequel이 목적어로 쓰이는 경우는 매우 드물다.

❶ Ce n'est pas une définition du mot, que je cherche, laquelle nous pourrions trouver dans un dictionnaire. ((Gide))
내가 찾는 것은 말의 뜻이 아니다. 그것은 사전에서 찾아볼 수 있을 것이다.

5. lequel이 문어체 또는 공용·상용 문서에서 관계형용사로 쓰인다.

❶ Nous lui avons envoyé une facture pro forma, laquelle facture ne lui a pas été remise.
그에게 견적 송장을 보냈는데, 그 송장이 그에게 전달되지 않았다.

❷ Il est peut-être malade, auquel cas vous me préviendrez.
어쩌면 그가 아픈지도 모른다. 그 경우에는 내게 알리시오.

16 En Corée, le matin n'a pas été calme

Le Monde | 19.06.06

L'horaire matinal du match contre la France n'a pas empêché[1] la Corée du Sud de vivre[2] pleinement cet événement. Programmée[3] à 4 heures du matin (heure de Séoul), la rencontre[4] a fait descendre[5] dans les rues[6] du pays quelque[7] 500.000 personnes, d'après[8] les estimations de la police, qui a répertorié 75 lieux de rassemblement sur tout le territoire. A Séoul, 280.000 supporteurs habillés tout[9] de rouge[10] se sont rassemblés en huit lieux différents de la capitale, dont la Plaza Séoul,[11] qui fait face à[12] l'hôtel de ville,[13] et le stade de Coupe du monde (construit pour le Mondial[14] 2002).

Les hôtels et les saunas de Gwanghwamun, Jongro, Namdaemun et du quartier de l'hôtel de ville n'ont pas désempli.[15] **Certains** employés ont préféré rester sur place[16] plutôt que[17] d'affronter[18] les embouteillages du matin. De nombreuses entreprises ont soit[19] fermé leurs bureaux lundi, soit[19] autorisé[20] leurs employés à venir travailler[21] plus tardivement.

Les employés du site de vente en ligne[22] Auction ont reçu un courriel[23] de leur président leur disant[24] de ne pas venir travailler[21] avant 13 heures, lundi. "Nous avions loué un pub à côté de notre société[25] le jour où la Corée a joué contre le Togo pour regarder le match ensemble, avec nos familles. De nombreux salariés ont beaucoup apprécié,[26] explique le directeur, Park Sang-soon. On s'est dit[27] que beaucoup de nos salariés regarderaient le match contre la France malgré l'heure tardive.[28] Nous **avons** donc **décidé** de commencer de travailler[29] dans l'après-midi."

La filiale locale du fabricant américain d'articles[30] de sport Nike a également demandé[31] à ses employés de venir travailler[21] à partir de 13 heures.[32] Lors d'un dîner[33] mercredi, le président de Nike-Corée a surpris les membres de son équipe en leur souhaitant un bon match.[34]

Yahoo-Corée et Woongjin Coway ont elles[35] aussi repoussé leurs horaires d'ouverture. Idem d'ING Life,[36] qui a autorisé[20] ses employés à travailler de midi à 21 heures au lieu de 9 heures à 18 heures.[37] D'autres entreprises ont pris l'initiative[38] inhabituelle de demander[31] à leur personnel de venir au travail[39] dès 4 heures du matin. Ainsi, tous les salariés coréens de l'entreprise française de chimie Arkema devaient se réunir au siège de la société, à Sogongdong (Séoul), pour regarder, ensemble, la rencontre en direct.[40] Le PDG[41] s'était engagé à[42] payer les notes[43] de taxi. Les salariés de la filiale de L'Oréal – une autre société française – devaient faire de même,[44] mais une heure plus tôt.

Certaines entreprises, enfin, ont carrément[45] fermé leurs portes, lundi, comme la firme pharmaceutique Yuhan ou les grands magasins[46] Shinsegae, qui ont accordé un jour de congé[47] à quelque[48] 1.400 personnes. De nombreuses écoles n'ont pas ouvert, lundi.

 어휘 및 표현

1: empêcher *qn/qc* de *inf.* ···가 ···하는 것을 못하게 하다. p.92

2: vivre: 체험하다, 겪다, 맛보다. vivre une aventure extraordinaire 놀라운 모험을 체험하다.

3: programmer: (라디오·텔레비전 따위의) 프로그램에 넣다, 프로그램을 짜다.

4: rencontre: (운동 따위의) 시합, 경기. rencontre amicale 친선경기. rencontre de deux équipes de baseball 두 야구팀의 시합.

5: faire *inf.* ···하게 하다. ((사역동사구문, p.50))

6: descendre dans la rue: (시위 따위를 위해) 거리로 나서다.

7: quelque: 약, 대략(=environ, à peu près).

8: d'après *qn/qc*: ···에 의하면 [따르면], ···에 의해서 [따라서](=selon, suivant). d'après le témoin 증인에 따르면. peindre d'après la nature 사생하다.

9: tout: (강조 용법으로) 완전히, 온통; 매우, 아주. tout préparé 완전히 준비된. Il est tout heureux. 그는 매우 행복해 한다.

10: habillé de [en] + 색깔: ⋯색의 옷을 입은. habillé de [en] bleu 푸른 옷을 입은.

11: dont: (부분의 뜻을 나타내어) 그 중에. se rassembler en huit lieux différents de la capitale, dont la Plaza Séoul et le stade de Coupe du monde 수도의 8개 다른 지역에 모이는 데, 그 중에 서울 프라자 호텔과 월드컵 경기장도 들어 있다. p.140

12: faire face à qn/qc: ⋯와 마주하다. maison qui fait face à l'église 교회와 마주하고 있는 집.

13: hôtel de ville: 시청.

14: Mondial: 월드컵 경기 대회(=Coupe du monde).

15: désemplir: 줄다, 비다((주로 부정문으로 쓰임)). boutique qui ne désemplit pas 손님이 끊이지 않는 상점.

16: sur place: 그 자리에(서), 그 현장에(서). faire une enquête sur place 현장 조사를 하다. tomber mort sur place 즉사하다. ((명사적 용법)) faire du sur place 그 자리에서 움직이지 않다.

17: plutôt que qc/(de) inf, plutôt que (ne) + 절: ⋯ (하는 것)보다는 오히려. 종속절에 허사 ne의 사용은 임의적임. Je veux aller voir un film plutôt que (de) rester à la maison. 집에 있기보다는 차라리 영화를 보러가겠다.

18: affronter: (적에) 과감히 맞서다; (위험·시련 따위에) 직면하다, 무릅쓰다; 대처하다.

19: soit ⋯, soit ⋯: ⋯이든지 ⋯이든지(간에). Il va venir soit lundi, soit mardi. 그는 월요일 또는 화요일에 올 것이다. ((soit ~, soit ~가 주어로 쓰일 때 동사는 단수 또는 복수형)) Soit lui, soit elle viendra [viendront] ici. 그 또는 그녀가 여기로 올 것이다.

20: autoriser qn à inf: ⋯가 ⋯하도록 허락 [허용]하다(=permettre à qn de inf). à inf는 y로 대명사화 할 수 있음.

21: venir inf: ⋯하러 오다(이동동사구문).

22: site de vente en ligne: 온라인판매 사이트.

23: courriel: 전자우편(=courrier électronique, e-mail).

24: dire à qn de inf: ⋯에게 ⋯하라고 말하다. 여기서는 현재분사의 형태로 앞의 courriel을 수식함.

25: à côté de qn/qc: ⋯의 옆에, 가까이에.

26: apprécier qc, apprécier de inf, apprécier que + subj.: 높이 평가하다; 고맙게 [기쁘게] 생각하다. apprécier un bienfait 호의를 고맙게 생각하다. apprécier d'être chaleureusement accueilli 환영해 준 데 대해 고맙게 생각하다. J'apprécie que vous vouliez me raccompagner jusqu'à la gare. 나를 역까지 바래다 주시려고 하시는 데 대해 고맙게 생각합

니다. 여기에서는 보어 없이 쓰인 용법.

27: se dire que + *ind.*: ···라고 생각하다.

28: malgré *qc*: ···에도 불구하고(=en dépit de).

29: commencer de *inf*. ···하기 시작하다. 일반적으로 commencer à *inf* 구문을 씀.

30: article: 상품, 물품. articles de sport 스포츠 용품. articles de luxe 사치품.

31: demander à *qn* de *inf*. ···에게 ···할 것을 요구 [요청]하다. p.182

32: à partir de *qc*: ···로부터.

33: lors de *qc*: ···의 때에, ···동안에.

34: souhaiter *qc* à *qn*: ···에게 ···을 바라다, 희구하다. 여기서는 「en + 현재분사」의 제롱디프로 쓰임. p.285

35: elles: 강세형으로 앞의 Yahoo-Corée et Woongjin Coway를 받아 aussi와 함께 쓰여 주어를 강조.

36: idem: 위와 같이, 마찬가지로. idem de *qn/qc* ···의 경우에도 마찬가지다. Je suis reçu à l'examen et lui idem. 나는 시험에 합격했고, 그도 마찬가지다.

37: au lieu de ···: ···대신에. 여기에서처럼 전치사 de(au lieu de의 de와 de 9 heures à 18 heures의 de)가 중복될 경우 de 하나를 생략함.

38: initiative: 발의, 제안; 솔선행위, 주도; 주도권; 선수. à l'initiative de *qn* ···의 제안에 의해. prendre l'initiative de *qc/inf* 주도권을 쥐고 [솔선하여] ···하다; ···하는 데 선수를 치다.

39: venir au travail: 일하러 오다, 출근하다.

40: direct: 생중계, 생방송. en direct: 생중계로, 생방송으로. faire du direct 생방송을 하다.

41: PDG: président-directeur général 사장.

42: s'engager à *inf*. ···하기로 약속하다. p.260

43: note: 계산서, 고지서. payer les notes de taxi 택시 요금을 내다.

44: de même: 마찬가지로(=de la même façon). faire de même 똑같이 하다.

45: carrément: 완전히(=complètement).

46: grand magasin: 백화점.

47: congé: 휴가. congé de maladie 병가. congé de maternité 출산 휴가. congé parental 육아 휴가.

48: quelque: 약, 대략(=environ, à peu près).

① certain

1. N certain : 확실한, 틀림없는, 분명한; 확정된, 정해진.

❶ C'est un fait certain.
그것은 확실한 사실이다.
❷ J'ai la preuve certaine qu'il m'a menti sur ce qu'il a fait.
나는 그가 자기가 한 일에 대해 내게 거짓말했다는 확실한 증거를 가지고 있다.
❸ C'est un résultat certain.
그것은 정해진 결과다.

2. un certain N : 어느, 어떤; 얼마만큼의, 상당한.

❶ D'un certain point de vue, elle a raison.
어떤 관점에서 보면 그녀가 옳다.
❷ Un certain M. Dubois est venu vous voir.
어떤 Dubois라는 사람이 당신을 보러왔다.
❸ Il restera à Séoul un certain temps.
그는 얼마간 서울에 있을 것이다.
❹ C'est une dame d'un certain âge.
나이가 지긋한 부인이다.
❺ Sa femme a un certain charme.
그의 부인은 상당히 매력이 있다.

3. certains N: 몇몇의, 다소의.

❶ Certaines phrases de ce texte sont illisibles.
그 글 중의 몇몇 문장은 읽을 수가 없었다.
❷ Certaines personnes n'ont pas payé.
몇몇 사람들은 돈을 내지 않았다.
❸ Il a eu certaines doutes à ce sujet.
그는 그 문제에 대해 다소 의문을 가지고 있었다.

4. N₀ être certain

❶ Si nous travaillons ensemble, le succès est certain.
우리가 함께 일한다면 성공은 확실하다.
❷ La nouvelle n'est pas certaine.
그 소식은 확실하지 않은 것이다.
❸ Notre départ est maintenant certain.
우리의 출발은 이제 정해져 있다.
❹ Il est parti en vacances, c'est certain.
그가 휴가를 떠난 것은 확실하다.
❺ Ce qui est certain, c'est qu'elle viendra.
분명한 것은 그녀가 온다는 것이다.

4.1. que + *subj.* être certain

❶ Que son oncle vienne est certain.
그의 삼촌이 오리라고 하는 것은 확실하다.
❷ Que sa femme soit malade est certain.
그의 아내가 아픈 것은 확실하다.

4.2. 비인칭구문

❶ Il est certain qu'elle est partie en voyage.
그녀가 여행을 떠난 것은 확실하다.
❷ Il est certain que le travail sera fini avant midi.
일이 오전에 끝나리라는 것은 확실하다.
❸ Il est certain que les prix vont augmenter.
물가가 오르리라는 것은 확실하다.
★ 주절이 부정문이거나 의문문일 경우에는 종속절에 접속법을 쓰기도 한다.
❹ Il n'est pas certain qu'elle puisse arriver à l'heure.
그녀가 제 시간에 도착할 수 있을지 확실하지 않다.
❺ Est-il certain qu'elle vienne demain?
그녀가 내일 오는 것이 확실합니까?

5. N₀ être certain de *qn/qc/inf*: …에 대해 확신하다

❶ Il est certain du résultat [succès].
그는 결과 [성공] 에 대해 확신한다.

❷ Je suis certain de cet employé.

    나는 그 직원을 대해 믿습니다.

❸ Nous sommes certains de réussir.

    우리는 성공하리라고 확신한다.

❹ Je ne suis pas certain d'y arriver.

    나는 해 낼 자신이 없다.

❺ Etes-vous bien certain d'avoir fermé la fenêtre.

    창문을 분명히 닫았습니까?

5.1. N_0 être certain que + *ind.*

❶ Je suis certain qu'elle viendra.

    나는 그녀가 오리라고 확신한다.

❷ Elle est certaine que quelqu'un est entré dans sa chambre.

    그녀는 누군가가 자기 방에 들어왔었다고 확신한다.

★ 주절이 부정문일 때 종속절에 접속법을 쓰기도 한다.

❸ Je ne suis pas certain qu'elle puisse venir demain.

    그녀가 내일 올 수 있을런지 의문이다.

★ de *qn/qc/inf*/que + *ind.*는 중성대명사 en으로 대리된다.

❹ Il nous a menti à ce sujet. J'en suis certain. 그가

    우리에게 그 문제에 대해 거짓말을 했습니다. 틀림없습니다.

② décider

1. 타동사

1.1. N_0 décider *qc*: 결정하다, 정하다.

❶ Ils ont décidé une petite promenade.

    그들은 가벼운 산책을 하기로 결정했다.

❷ Le gouvernement a décidé une augmentation des prix.

    정부는 물가를 올리기로 결정했다.

❸ Le jury a décidé l'admission de cet étudiant.

    심사 위원회는 그 학생을 받아들이기로 결정했다.

❹ Cet abus de pouvoir a finalement décidé sa démission.

    그러한 직권 남용이 마침내 그가 사임하도록 했다.

❺ Le jour du départ sera décidé demain.

    출발 날짜가 내일 결정될 것이다.

1.1.1. N_0 décider

❶ Les juges ont décidé en faveur de l'accusé.
  판사들은 피고에게 유리한 결정을 내렸다.
❷ Qui décide?
  누가 결정합니까?

1.2. N_0 décider *qn* à *qc*: …에게 …을 결심시키다.

❶ Il l'a enfin décidée à ce voyage.
  그는 결국 그녀가 그 여행을 하도록 결심시켰다.
❷ Personne ne pourra le décider au repos.
  아무도 그가 쉬도록 하지 못할 것이다.
❸ Cela a décidé le gouvernement à des mesures draconniennes.
  그것이 정부가 엄격한 조치를 취하도록 했다.
★ à *qc*는 중성대명사 y로 대리된다.

1.2.1. N_0 décider *qn*

❶ Il faut décider mon père.
  아버지가 마음을 정하도록 해야 한다.
❶ Cette vendeuse sait décider les clients hésitants.
  그 여점원은 망설이는 고객들이 마음을 정하게 할 줄 안다.

1.3. N_0 décider de *inf*: …하기로 결정하다; 결심하다.

❶ Nous avons décidé de partir le plus tôt possible.
  우리는 가능한 한 빨리 떠나기로 결정했다.
❷ Il a décidé de ne plus fumer.
  그는 담배를 끊기로 결심했다.
❸ Le gouvernement a décidé d'accepter cette proposition.
  정부는 그 제안을 받아들이기로 결정했다.
★ de *inf*는 중성대명사 le로 대리된다.

1.4. N_0 décider *qn* à *inf*: …에게 …하도록 결심시키다.

❶ Je l'ai décidée à partir en vacances.
  나는 그녀가 휴가를 떠나도록 결심시켰다.
❷ Elle a décidé sa soeur à lui écrire une lettre.
  그녀는 그의 언니가 그에게 편지를 쓰도록 결심시켰다.
❸ Cet accident a décidé le gouvernement à prendre des mesures exceptionnelles.
  그 사고는 정부가 특별한 조치를 취하게 했다.

★ à *inf*는 중성대명사 y로 대리된다.

1.5. N$_0$ décider que + *ind./subj.*: …하기로 결정하다.

❶ Le président décide que la séance reprendra le lendemain.
　의장은 회의를 그 이튿날 속개하기로 결정한다.
❷ Il a décidé que chacun lui fasse un rapport sur cette politique.
　그는 각자 그에게 그 정책에 대한 보고서를 제출하도록 결정했다.
❸ Les autorités ont décidé que le prix du pétrole va être [soit] baissé.
　당국은 석유가를 내리도록 결정했다.
★ que + *ind./subj.*는 중성대명사 le로 대리된다.

1.5.1. 비인칭수동문

❶ Il a été décidé que l'on se réunirait chez elle.
　그녀의 집에서 모이기로 결정되었다.
❷ Il sera décidé que tout le monde partira demain matin.
　내일 아침 모두 떠나야 한다는 결정이 내려질 것이다.

1.6. N$_0$ décider *qn* à ce que + *subj.*: …을 …하도록 결심시키다.

❶ Je l'ai décidée à ce qu'elle prenne un congé d'une semaine.
　나는 그녀가 일주일의 휴가를 가지도록 결심시켰다.
❷ Je l'ai décidé à ce qu'il poursuive ses études.
　나는 그가 학업을 계속하도록 결심시켰다.
★ à ce que + *subj.*는 중성대명사 y로 대리된다.

1.7. N$_0$ décider + 간접의문절: …인지 결정하다.

❶ Le chef de file décide où on va.
　선도자가 어디로 갈지 결정한다.
❷ Décidez combien de provisions il nous faudra.
　우리에게 얼마만큼의 식량이 필요한지 정하시오.
★ 간접의문절은 중성대명사 le로 대리된다.

2. 간접타동사

2.1. N$_0$ décider de/sur *qc*: …에 대해 결정하다.

❶ Les parents décident de l'éducation des enfants.
　부모가 자녀 교육에 대해 결정을 내린다.

❷ Le chef de l'Etat décide de la paix et de la guerre.
국가 원수가 평화냐 전쟁이냐 하는 문제를 결정한다.

❸ La vote de la population décidera de l'avenir du pays.
국민투표가 나라의 미래를 결정할 것이다.

❹ Il faudra d'abord décider sur la valeur de cet objet.
먼저 그 물건의 가치를 결정해야 할 겁니다.

★ de *qc*는 중성대명사 en으로 대리된다.

❺ Le sort en a décidé ainsi.
운명이 이렇게 결정지었다.

2.1.1. N₀ décider

❶ C'est toujours lui qui décide.
결정을 내리는 것은 항상 그 사람이다.

3. 대명동사

3.1. N₀ se décider: 결정되다; 해결되다.

❶ Mon admission s'est décidée très vite.
내 입학 허가가 신속히 결정되었다.

❷ Son sort se décidera demain matin.
그의 운명이 내일 아침에 결정될 것이다.

❸ Cette question s'est décidée après une longue discussion.
그 문제가 오랜 논의 끝에 해결되었다.

3.2. N₀ se décider à *qc/inf.* …하기로 결정하다; 결심하다.

❶ Il s'est décidé à une réponse rapide.
그는 신속하게 답변하기로 결정했다.

❷ Le malade s'est décidé à une opération.
환자는 수술을 받기로 결심했다.

❸ Elle s'est décidée à partir en voyage aux Etats-Unis.
그녀는 미국으로 여행을 떠나기로 결정했다.

❹ Il s'est décidé à apprendre l'anglais.
그는 영어를 배우기로 결정했다.

❺ Il s'est décidé à ne plus boire.
그는 술을 끊기로 결심했다.

★ à *qc/inf*는 중성대명사 y로 대리된다.

3.2.1. N_0 se décider

❶ Il est temps de se décider.
결단을 내릴 시간이 되었다.

❷ Il s'est enfin décidé.
그가 마침내 결정을 내렸다.

❸ Il faudrait bien réfléchir avant de vous décider.
결정하기 전에 잘 생각해 보아야 할 겁니다.

3.3. N_0 se décider pour/sur *qn/qc*: …을 선택 [지지] 하기로 결정하다.

❶ Il s'est décidé pour une cravate bleue.
그는 푸른색 넥타이를 선택했다.

❷ Nous nous sommes décidés pour une solution plus simple.
우리는 더 간단한 해결책을 선택했다.

❸ Ils se sont décidés pour le premier candidat.
그들은 첫 번째 후보자로 결정했다.

❹ Elle s'est décidée sur le voyage en Italie.
그녀는 이태리 여행을 하기로 결정했다.

3.4. N_0 se décider à *inf*. (기계 따위가) 작동하기 시작하다; (현상 따위가) …하기 시작하다.

❶ Cette machine ne se décide pas à marcher.
이 기계가 좀처럼 움직이려 들지 않는다.

❷ Est-ce qu'il va se décider à faire beau?
날씨가 좋아질까?

MEMO NOTE

17 La Corée du Sud, championne du monde des nouvelles technologies

Le Monde | 29.06.06

L'économie sud-coréenne n'en finit pas[1] d'afficher[2] de bonnes performances.[3] Selon les derniers[4] chiffres présentés, jeudi 29 juin, par la banque centrale, la croissance a augmenté de[5] 1,2% au premier trimestre par rapport au[6] dernier trimestre 2005. Sur[7] un an, la progression est de[5] 6,1%, un record depuis le quatrième trimestre 2002.

Depuis 1998, l'industrie des nouvelles technologies connaît[8] une croissance moyenne annuelle de 18,8%. Et il **faut** flâner[9] dans Séoul pour réaliser[10] à quel point[11] le pays du Matin-Calme[12] est en avance[13] dans les nouvelles technologies.

Les rues sont envahies[14] par des écrans plats[15] géants et, si les Coréens ne devaient avoir qu'un seul objet[16] dans leur poche, ce serait sans nul doute[17] leur téléphone mobile.[18] Pour les 38,9 millions d'abonnés (sur[19] une population totale de 48 millions), cet objet est quasiment devenu une seconde peau.[20] Avec un taux de pénétration[21] de 75% contre[22] 78% en Corée du Sud, la France n'est certes pas bien loin.[23]

A une réserve près[24]: plus de 11 millions de Coréens sont abonnés à des services de troisième génération (3G) qui permettent la visiophonie,[25] le téléchargement[26] de vidéo et de musique, les jeux en ligne[27] mais aussi de regarder la télévision. En France, ils ne sont "que" 2 millions.[16]

Lancée[28] en 2005, la télévision sur mobile[18] via[29] le satellite ou le numérique[30] terrestre a déjà séduit plus d'un million de Coréens. Dans le bus, le métro et même[31] en marchant, les Coréens regardent leurs programmes préférés. Grâce à[32] la technologie d'identification par radiofréquence (ou RFID),[33] le portable[18] fait aussi office de[34)] titre de transport,[35)] de porte-monnaie électronique[36)] et permet[37)] de consulter[38)] ses comptes bancaires.[39)]

Le téléphone mobile n'est qu'une des facettes[40)] du fort attrait[41)] de la population pour les nouvelles technologies. Plus de 92% des foyers[42)] sont équipés d'un ordinateur,[43)] et la Corée du Sud est aujourd'hui le plus développé au monde sur le marché de l'Internet haut débit[44)] avec plus de 80% des ménages[45)] équipés. Selon les prévisions, il devrait compter[46)] à la fin 2006 près de[47)] 13 millions d'abonnés.

Il est aussi le premier au monde en durée d'utilisation : quelque[48)] vingt heures par semaine.[49)] Près de[47)] 100% des jeunes Coréens (y compris[50)] donc les jeunes Coréennes) utilisent Internet pour les forums de discussion[51)] mais aussi pour les jeux en ligne multi-joueurs.[27)] La plupart des Coréens[52)] n'ont jamais été abonnés à une offre Internet bas débit.[44)] En France, ils sont encore 6 millions.

"CONNECTÉS EN PERMANENCE"

Ayant décidé[53)] de faire[54)] de la Corée du Sud l'un des pays les plus en pointe,[55)] le gouvernement a massivement investi dans les infrastructures de réseaux.[56)] La Corée du Sud dépense près de[47)] 3% de son produit intérieur brut (PIB)[57)] à la recherche et développement, un peu moins que le Japon mais plus que les Etats-Unis et l'Europe. En 2004, le ministère de l'information et de la communication a lancé[28)] un vaste plan, baptisé 8.3.9 (8 services, 3 réseaux et 9 technologies).[58)] L'objectif était de faire en sorte que[59)] les technologies de l'information et de la communication **pèsent** 20% de l'activité économique en 2007 contre[22)] 15% aujourd'hui.

D'ici à 2010,[60)] le gouvernement et les groupes industriels privés devraient[61)] dépenser 70 milliards de dollars (56 milliards d'euros). Le credo[62)] du ministre de l'information et de la communication, Chin Dae Je, est simple : "Conserver le rôle de chef de file[63)] dans les technologies de l'information." Cet ancien PDG[64)] pour les réseaux[56)] d'entreprise de Samsung Electronics rêve d'un pays où les Coréens seront "connectés en permanence,[65)] où qu'ils se trouvent".[66)]

L'industrie coréenne des nouvelles technologies peut s'appuyer sur[67)] des géants[68)] du secteur comme Samsung, LG ou encore Pantech. Avec un chiffre d'affaires[69] de 57 milliards de dollars en 2005, Samsung a représenté 17,5% des exportations du pays (7,5% en 1995). Ce conglomérat[70] industriel se place aujourd'hui au premier rang[71] mondial pour les écrans, au deuxième pour les semi-conducteurs derrière[72] l'américain Intel et au troisième pour les téléphones mobiles derrière[72] Nokia et Motorola, avec une part de marché mondial de 12,5%. En Corée du Sud, il détient 55% du marché. Il **faut** dire que les Coréens n'hésitent[73] pas à changer de téléphone[74] tous les neuf mois[75] et à dépenser parfois jusqu'à[76] 650 euros pour s'afficher[77] avec les modèles dernier cri.[78]

Pour s'imposer[79] face à ses concurrents,[80] Samsung mise avant tout[81] sur[82] la technologie mais s'appuie aussi sur[67] ses 600 designers. "Chaque année, 180 nouveaux terminaux[83] sont mis sur le marché", indique Seungjoon Lee, du centre de design. Avec 6,9 millimètres d'épaisseur, il vient de lancer[84] le mobile le plus fin du monde.

Ce souci du design se retrouve dans les autres activités du chaebol (conglomérat).[70] "Aujourd'hui, le cycle de vie[85] des produits est très court. Ainsi, nous rafraîchissons "nos gammes[86] de téléviseurs tous les neuf mois[75] contre[22] deux ans auparavant", souligne David Steel, vice-président en charge de l'activité[87] d'audiovisuel numérique.[30] Selon lui, en 2010, une télévision sur[19] deux sera munie d'un écran LCD[88] et représentera un marché de 96 milliards de dollars. Pour se tailler[89] la part du lion,[90] Samsung n'a pas hésité à investir[73] 400 millions de dollars dans son centre de recherche et développement situé à Suwon, le plus grand d'Asie. Au total,[91] le groupe prévoit d'investir[92] 20 milliards de dollars d'ici à 2010.[60]

 어휘 및 표현

1: n'en pas finir de *inf*. 좀처럼 …하기를 멈추지 않다, 계속해서 …하다. La neige n'en finit pas de tomber. 눈이 그치지 않는다, 눈이 한없이 내린다.

2: afficher: 과시하다, 드러내다.

3: performance: 성과, 결과.

4: dernier: (명사 앞에 쓰여) 최근의, 최신의. ces dernières semaines 최근 몇 주 동안. s'habiller à la dernière mode 최신 유행의 옷을 입다.

5: de: 정도·측정을 나타냄. être en retard de 10 minutes 10분 늦다. être plus âgé que lui de 5 ans 그 사람보다 5살 많다. L'âgé moyen des joueurs est de 22 ans. 선수들의 평균 연령은 22세이다.

6: par rapport à *qn/qc*: …에 대하여, 비하여. Le prix du pétrole a augmenté par rapport à l'année dernière. 작년에 비해 석유값이 올랐다.

7: sur: …동안, …에 걸쳐. sur un an 일년 동안.

8: connaître: 겪다, 맛보다, 경험하다. connaître plusieurs crises 여러 차례의 위기를 겪다. Ce spectacle connaît un grand succès. 그 공연은 큰 성공을 거두었다.

9: flâner: 한가로이 거닐다, 산책하다.

10: réaliser: 이해하다, 깨닫다, 실감하다.

11: à quel point: 어느 정도로. 여기서는 간접의문절을 구성.

12: pays du Matin-Calme: 조용한 아침의 나라, 한국.

13: en avance: 앞선; 일찍, 미리. Cette montre est en avance. 이 시계는 빠르다. arriver en avance de 5 minutes 5분 일찍 도착하다.

14: envahir: (사물을 주어로 하여) 차지하다, 점유하다; 뒤덮다, 휩쓸다.

15: écran plat: 평면화면.

16: ne ~ que: 단지, 오로지(=seulement).

17: sans nul [aucun] doute: 틀림없이, 확실히(=certainement).

18: (téléphone) mobile, (téléphone) portable: 휴대전화.

19: sur: …중, …가운데. neuf fois sur dix 십중팔구. Sur dix étudiants, quatre seulement ont été reçus. 10명의 학생 중에서 4명만이 합격했다.

20: devenir une seconde peau: 늘 지니고 다니는 것이 되다, 꼭 필요한 것이 되다.

21: (상품 따위의) 시장 침투. taux de pénétration 시장 침투율.

22: contre: (비율·비교를 나타내어) …대 …. Ce projet de loi est adopté à douze voix contre huit. 그 법률안은 12대 8로 가결되었다.

23: ne pas être bien loin: 큰 차이가 없다, 거의 비슷하다.

24: à *qc* près: …을 제외하고, 제외하면. à une réserve près 한 가지 유보 사항을 제외하고. à cela [ceci] près que + *ind.* …라는 점을 제외하면.

25: visiophonie: 화상전화 기술.

26: téléchargement (전산망에 의한) 원격 자료이동 [전송].

27: jeux en ligne: 온라인 게임. jeux en ligne multi-joueurs 여러 사람이 같이 접속하여

즐기는 온라인 게임.

28: lancer: (활동·사업 따위를) 시작하다, 일으키다. lancer une entreprise 사업을 시작하다.

29: via: …을 통해서(=par).

30: numérique: 디지털(의). numérique terrestre 지상파 디지털.

31: même: 제롱디프와 함께 쓰여 동시성 또는 대립을 강조. p.286

32: grâce à *qn/qc*: … 덕분에, 덕택에. Grâce à son aide, j'ai pu réussir à l'examen. 그의 도움으로 시험에 합격할 수 있었다.

33: identification par radiofréquence: 무선주파수인식(영어: Radio Frequency IDentification (RFID). 전자태그라고도 함. 무선라디오 주파수를 이용하여 사물을 인식, 추적, 통제할 수 있는 기반을 제공하는 기술. 사람의 작업을 요하지 않고 RFID 리더와 태그를 통해 사물의 이동정보를 포착하여 관련 시스템으로 전달할 수 있음.)

34: faire office de + 무관사명사: …의 역할을 하다. faire office de concierge 관리인으로 일하다. salle qui fait office d'atelier 작업실로 쓰이는 방.

35: titre: 증서. titre de transport 승차권, 차표(=billet, carte).

36: porte-monnaie électronique: 전자지갑.

37: permettre (à *qn*) de *inf.*: (…에게) …하는 것을 허락하다, 허가하다, 허용하다.

38: consulter: (문서·사전 따위를) 찾다, 뒤지다, 열람하다. consulter un dictionnaire 사전을 찾아보다.

39: compte: 계좌, 구좌. compte bancaire 은행계좌.

40: facette: 면; 모습, 양상.

41: attrait: 성향, 경향(=inclinaison): 기호(=goût). avoir de l'attrait pour *qc* …에 마음이 끌리다, …을 좋아하다.

42: foyer: 가정.

43: équipé de *qc*: …을 갖추고 있는.

44: débit: (정보의) 처리 용량. Internet haut [bas] débit 대용량 [저용량] 인터넷, 고속 [저속] 인터넷.

45: ménage: 세대.

46: compter: (수량·연한 따위가) …에 달하다. Cette ville compte un million d'habitants. 이 도시는 주민이 백만에 달한다.

47: près de: 거의, 약. il y a près de dix ans 약 10년 전에.

48: quelque: 약, 대략(=environ, à peu près).

49: par + 무관사 명사: (단위·배분을 나타내어) …마다. trois fois par jour 하루에 3번. Cela coûte dix euros par tête. 그것은 1인당 10유로이다.

50: y compris *qn/qc*: …을 포함하여. 명사 앞에서는 불변이나 뒤에서는 일치시킴. Il s'est fâché avec toute la famille, y compris sa soeur. 그는 자기 누이를 포함한 모든 가족과

틀어졌다. deux cents euros, l'éléctricité y comprise 전기료를 포함해서 200유로로.

51: forum de discussion: (인터넷) 토론방.

52: la plupart de + 명사: 대부분 [대다수]의 ….

53: 조동사의 현재분사 + 과거분사: 현재분사 완료형으로 주절의 동사의 행위보다 먼저 이루어진 행위를 나타냄.

54: faire *qn/qc* de *qn/qc*: …을 …로 만들다 [변화시키다]. accident qui a fait d'elle une infirme 그녀를 불구자로 만든 사고.

55: en pointe: 최첨단의. technologie en [de] pointe 최첨단 기술.

56: réseau: (통신·교통 따위의) 조직망, 네트워크.

57: produit intérieur brut (PIB): 국내총생산.

58: IT 839 정책을 가리킴. IT 839 정책은 참여정부 출범과 함께 국가전략 과제로 선정한 '차세대 10대 신성장동력' 중 정통부 관련 내용을 나타내는 것으로, 8대 서비스(디지털멀티미디어방송(DMB)·무선주파수인식(RFID)·인터넷전화(VoIP)·휴대인터넷(WiBro)·지상파 DTV·홈 네트워크·W-CDMA·텔레매틱스), 3대 인프라(광대역통합망(BcN)·u-센서네트워크(USN)·차세대인터넷프로토콜(IPv6)), 9대 신성장동력(차세대이동통신·차세대 PC·지능형로봇·IT-SoC·임베디드 S/W·디지털콘텐츠·디지털 TV/방송·홈 네트워크·텔레매틱스)을 말하며, 이들 8대서비스, 3대 인프라, 9대 신성장동력을 집중적으로 지원, 새로운 성장동력을 창출하는 선순환구조를 만들겠다는 정책.

59: faire en sorte de *inf*, faire en sorte que + *subj.*: …하도록 노력 [주의]하다. Faites en sorte la porte soit fermée à clef. 문을 열쇠로 잠그도록 하세요.

60: d'ici (à) + 시간 [장소] 명사: 지금부터 [여기에서부터] …까지. d'ici (à) la fin du mois 지금부터 월말까지. d'ici (à) cinq jours 지금부터 5일 이내에. d'ici peu 곧. d'ici (à) Pusan 여기에서 부산까지.

61: devoir *inf*: …하기로 되어 있다, …할 예정이다; …일 것이다. p.288 여기에서 조건법은 확인되지 않은 사실의 진술·추측을 나타냄. p.47

62: credo: 신조, 신념.

63: chef de file: 행렬의 선두.

64: PDG: président-directeur général 사장. PDG pour les réseaux d'entreprise de Samsung Electronics 삼성전자 네트워크 총괄 사장.

65: en permanence: 항상, 언제나(=constamment, toujours).

66: 의문사 + que + *subj.*: (양보절을 구성하여) …이든지. où qu'ils se trouvent 그들이 어디에 있든지. de quelque manière que ce soit 어떤 방식이건.

67: s'appuyer sur *qn/qc*: …을 믿다, …에게 의지하다.

68: géant: 거대한 기업.

69: chiffre d'affaires: 총매상고.

70: conglomérat: 종합회사, 그룹.

71: rang: 석차, 순위; 등급, 서열, 순서, 차례. se placer au premier rang mondial pour les écrans 화면 부문에서 세계 1위에 위치하다.

72: derrière *qn/qc*: (순서·서열을 나타내어) ···에 이어서, ···을 뒤 따라. se placer au troisième pour les téléphones mobiles derrière Nokia et Motorola 휴대전화 부문에서 노키아와 모토롤라에 이어 세계 3위에 위치하다.

73: hésiter à *inf*: ···하기를 망설이다, 주저하다.

74: changer de + 무관사명사: ···을 바꾸다, 갈다. p.271

75: tous les + (수형용사) + 시간명사: ···마다. tous les jours 매일. toutes les heures 매시간. tous les neuf mois 9개월마다.

76: jusqu'à: (수량·정도를 나타내어) ···까지. dépenser jusqu'à 650 euros 650유로까지 지출하다.

77: s'afficher: 공공연하게 모습을 나타내다; 과시하다.

78: (le) dernier cri: 최신형의. modèle dernier cri 최신 모델. le dernier cri de la mode 최신 패션. Cette moto est du dernier cri. 이 오토바이는 최신형이다.

79: s'imposer: (권위·재능 따위에 의해) 자신을 인정하게 하다, 인정받다. s'imposer comme [pour] leadeur. 지도자로 인정받다. s'imposer sur le marché (상품 따위가) 시장에서 인정받다.

80: face à *qn/qc*: ···와 마주하여; ···에 직면하여. se trouver face à une difficulté 어려움에 직면하다.

81: avant tout: 무엇보다도(=avant toute chose).

82: miser sur *qc*: ···에 기대를 걸다.

83: terminal: 단말기, 단말장치.

84: venir de *inf*: 방금 ···하다((근접과거; 직설법 현재·반과거로 쓰임)). Son ami vient de partir. 그의 친구가 방금 출발했다.

85: cycle de vie: 라이프 사이클, 수명.

86: gamme: 일련의 종류 [범위, 단계]. nouvelle gamme d'ordinateur 컴퓨터의 새로운 시리즈. toute la gamme de sentiments 모든 종류의 감정.

87: en charge de *qc*: ···을 맡고 있는, ···에 대해 책임이 있는.

88: muni de *qc*: ···을 갖추고 있는.

89: se tailler: 얻다, 차지하다(=obtenir).

90: part du lion: 제일 좋은 [큰] 몫.

91: au total: 전부 합해서, 총계.

92: prévoir *qc*, prévoir de *inf*: ···(할 것)을 계획하다, 예정하다. Il prévoit d'aller à l'étranger cet été. 그는 이번 여름에 외국에 갈 예정이다.

① falloir

falloir는 비인칭으로만 쓰이는 본질적 비인칭동사이다.

1. Il faut *qn/qc* : …이 필요하다.

❶ Il faut dix ouvriers pour ce travail.
그 일에는 열 명의 일꾼이 필요하다.
❷ Avec lui, il faut de la patience.
그에게는 인내심이 필요하다.
❸ Il faut vingt minutes à pied pour aller à l'école.
학교 가는 데 걸어서 20분 걸린다.
❹ Il faudra deux ans pour finir ce travail.
그 일을 마치려면 2년이 걸릴 것이다.

1.1. Il faut *qn/qc* à *qn/qc*

❶ Il me faut du pain.
내게는 빵이 필요하다.
❷ Il lui a fallu du repos.
그에게는 휴식이 필요했다.
❸ Il faut de l'eau aux plantes pour pousser.
식물이 자라는 데는 물이 필요하다.
❹ Il nous faudra beaucoup d'argent pour acheter cette maison.
그 집을 사기 위해서는 우리에게 많은 돈이 필요할 것이다.
★ falloir 동사의 비인칭 구문에서는 다른 일반적인 비인칭 구문에서와는 달리 동사 뒤에 비한정 명사구뿐만 아니라 한정 명사구도 올 수 있으며, le la, les에 의한 대명사화, 관계절의 구성이 가능하나. 과거분사는 일치시키지 않는다.
❺ Il me faut de l'argent. 내게 돈이 필요하다.
  → Il m'en faut.
❻ Il nous faut cet outil.
  → Il nous le faut.
❼ Il n'a pas trouvé les livres qu'il lui a fallu.
❽ Voici le dictionnaire qu'il vous faut.
당신에게 필요한 사전이 여기 있습니다.

2. Il faut *inf*: …해야 한다, …할 필요가 있다.

❶ Il faut partir tout de suite pour arriver à l'heure.
　제 시간에 도착하기 위해서는 곧바로 떠나야 한다.
❷ Il faut bien réfléchir avant de parler.
　말하기 전에 숙고해야만 한다.
❸ Il faudra lui en parler.
　그에게 그에 대해 말해야만 한다.
❹ Il faut se dépêcher, demain ce sera trop tard.
　서둘러야 한다, 내일이면 너무 늦게 될 것이다.
❺ Il ne faut pas manger trop vite.
　너무 빨리 먹으면 안 된다.
❻ Il ne faut pas arriver en retard.
　지각하면 안 된다.

2.1. Il faut à *qn/qc* + *inf*

❶ Il me [te, lui] partir tout de suite.
　나는 [너는, 그는] 곧바로 출발해야 한다.
❷ Il vous faudra nous écrire.
　당신은 우리에게 편지를 써야 할 것입니다.
❸ Il lui fallait se dépêcher.
　그는 서둘러야만 했다.
★ falloir 동사의 비인칭 구문에서는 다른 일반적인 비인칭 구문에서와는 달리 부정법은 le로 대명사화되거나 생략될
　수 있다.
❹ Venez me voir s'il le faut.
　필요하면 나를 보러 오세요.
❺ Téléphonez-nous, quand il faut.
　필요할 때는 우리에게 전화하세요.

3. Il faut que + *subj.*

❶ Il faut que tu partes tout de suite.
　너는 곧바로 떠나야 한다.
❷ Il faut que je lui donne une réponse aujourd'hui.
　나는 오늘 그에게 회답해야 한다.
❸ Il faudra que vous me rendiez votre devoir demain au plus tard.
　당신은 늦어도 내일은 내게 과제를 제출해야 합니다.

❹ Que faut-il que je fasse?

내가 무엇을 해야 합니까?

❺ Il ne faut pas que je boive d'alcool avec ce médicament.

내가 이 약을 먹을 때는 술을 마셔서는 안 된다.

★ que + *subj.*는 le로 대명사화되거나 생략될 수 있다.

❻ Faut-il que je revienne ici encore? - Oui, il le faut.

내가 여기에 다시 와야만 합니까? - 예, 그럴 필요가 있습니다.

❼ Vous êtes venu à pied? - Il a bien fallu.

걸어서 오셨습니까? - 그럴 수밖에 없었습니다.

❽ J'ai honte. - Mais, il ne faut pas.

부끄럽습니다. - 그럴 필요 없습니다.

4. Il s'en faut de + 수량 표현 : …이 부족하다, 모자라다.

❶ Il s'en faut de vingt euros [de la moitié].

20유로가 [절반이] 부족하다.

❷ Il s'en faut de beaucoup.

어림도 없다(=Tant s'en faut).

❸ Il n'a pas réussi à l'examen, il s'en est fallu de peu.

그는 시험에 합격하지 못했는데, 거의 합격할 뻔 했다.

4.1. Il s'en faut de + 수량 표현 + que + (ne) *subj.*

❶ Il s'en faut d'un point qu'il n'ait été admissible.

그가 합격하는 데 1점이 부족했다.

❷ Il s'en est fallu de peu qu'il (ne) manque son train.

그는 자칫했으면 기차를 놓칠 뻔 했다.

❸ Il ne s'en est pas fallu de beaucoup qu'il ne se fâche.

그가 자칫했으면 화낼 뻔 했다.

❹ Il ne s'en est guère fallu que je ne fusse trompé par son air de candeur.

나는 자칫했으면 그의 순진한 태도에 속을 뻔 했다.

4.2. Il s'en faut.

❶ Est-ce qu'elle est contente? - Il s'en faut (bien, de beaucoup).

그녀가 만족합니까? - 천만에, 어림도 없습니다(=Tant s'en faut, Loin s'en faut).

4.3. Tant/Bien/Beaucoup/Loin/Peu s'en faut que + (ne) *subj.*

❶ Tant [Bien, Beaucoup, Loin] s'en faut qu'il soit honnête.

그가 정직하다는 것은 어림도 없는 얘기다.

❷ Peu s'en est fallu que nous ne dérapions.
우리는 자칫했으면 탈선할 뻔 했다.

4.3.1 Tant/Bien/Beaucoup/Loin/Peu s'en faut.

❶ Il n'est pas intelligent, tant s'en faut.
그는 영리하지 않다, 그와 정반대다.
❷ Il a fini son devoir ou peu s'en faut.
그는 숙제를 거의 끝냈다.

② peser

1. 타동사

1.1. N_0 peser qn/qc: …의 무게를 달다, 계량하다.

❶ Le marchand pèse le sel avec une balance [sur une bascule].
상인은 소금을 저울에 단다.
❷ Il a mis de la viande sur la balance pour le peser.
그는 고기를 달기 위해 저울 위에 올려놓았다.
❸ Elle pèse le sel dans la main.
그녀는 손대중으로 소금의 무게를 헤아린다.

1.1.1. N_0 peser qc à qn: …에게 …을 달아주다.

❶ Le marchand lui a pesé cinq kilos de poires.
상인은 그에게 5킬로의 배를 달아주었다.
❷ Vous me pèserez six kilos de pommes,
사과 6킬로 그램을 달아주세요.

1.2. N_0 peser qc: …을 숙고하다; 가늠하다, 평가하다; 검토하다.

❶ Elle a longuement pesé sa décision.
그녀는 결정하기 전에 오랫동안 숙고했다.
❷ Pesez bien vos mots.
말을 신중히 해야 합니다.
❸ Il faut bien peser tous les risques.
위험성을 충분히 검토해야 한다.
❹ Vous devriez bien peser le pour et le contre.
찬성과 반대 여부를 잘 검토해야 할 겁니다; 이해득실을 잘 따져 보아야 할 겁니다.

2. 간접타동사

2.1. N$_0$ peser sur/contre *qc*: ⋯을 힘을 주다, 누르다, 밀다.

❶ L'ouvrier a pesé sur le levier.
일꾼이 지레를 힘주어 눌렀다.

❷ Il a pesé sur [contre] la fenêtre pour l'ouvrir.
그는 창문을 밀어서 열었다.

2.2. N$_0$ peser sur *qn/qc*: ⋯을 짓누르다; ⋯을 억압하다; ⋯에게 부담이 되다.

❶ Le fardeau pesait sur ses épaules.
짐이 그의 어깨를 짓누르고 있었다.

❷ Les impôts pèsent sur les contribuables.
세금이 납세들을 압박하고 있다.

❸ Le sommeil pesait sur elle.
그녀는 졸려서 죽을 지경이었다.

❹ Le bifteck me pèse encore sur l'estomac.
비프스테이크가 아직도 소화되지 않아 위가 거북하다.

❺ Ce remords lui pesait sur le coeur [sur la conscience].
그러한 후회가 그의 마음 [양심]을 짓누르고 있었다.

❻ La responsabilité de cet accident a pesé sur eux.
그 사고의 책임이 그들에게 돌아갔다.

2.2.1. 비인칭구문

❶ Il pèse une atmosphère lourde,
무거운 분위기가 지배하고 있다.

2.3. N$_0$ peser à *qn*: ⋯에게 짐스럽게 느껴지다, 괴롭게 여겨지다.

❶ Son travail lui pèse beaucoup.
그 일은 그에게 힘겹다.

❷ Ses enfants leur pèsent.
그들은 아이들 때문에 속을 썩인다.

❸ Mon mensonge me pèse.
나는 거짓말을 한 것이 괴롭게 느껴진다.

❹ La solitude a commencé à lui peser.
그는 고독이 견디기 힘들어지기 시작했다.

2.3.1. de *inf* (cela) peser à *qn*; que + *subj.* (cela) peser à *qn*

❶ De devoir finir ce travail à l'heure (cela) lui pèse.
그 일을 제시간에 끝내야 한다는 것이 그에게 부담이 되었다.

❷ Qu'il doive quitter sa famille (cela) lui pèse.
가족과 헤어져야 한다는 것이 그에게 괴롭게 느껴진다.

2.3.2. cela peser à *qn* de *inf*; cela peser à *qn* que + *subj.*

❶ Cela lui pèse d'aller si loin.
그렇게 멀리 가야 한다는 것이 그에게 힘들게 느껴진다.

❷ Cela me pèse que je doive le lui dire.
그에게 그러한 말을 해야 한다는 것이 괴롭다.

3. 자동사

3.1. N_0 peser + 수량

3.1.1. N_0 peser + 수량: 무게가 …나가다.

❶ Je pèse 65 kilos.
나는 체중이 65킬로그램이다.

❷ Cette machine pèse peu [beaucoup, lourd].
그 기계는 무겁다.

❸ Combien pèse le poulet?
닭의 무게가 얼마나 나갑니까?

❹ Il a payé les vingt kilos que ce colis a pesé.
그는 무게가 20킬로 나가는 그 소포의 송료를 지불했다.

3.1.1.1. N_0 peser

❶ Ce fardeau pèse, elle ne pourrait pas le porter seul.
그 짐은 무거워서 그녀가 혼자 들고 갈 수 없을 것이다.

3.1.2. N_0 peser + 수량: 규모 [중량, 수]가 …가 되다, …에 이르다.

❶ Cette ville pèse deux millions d'habitants.
그 도시는 인구가 200만에 달한다.

❷ Cette entreprise pèse quatre milliards de chiffre d'affaires.
그 기업은 총매상고가 40억 유로에 달한다.

3.2. N_0 peser: 영향력을 지니다, 중요성을 지니다.

❶ C'est un élément qui pèse le plus dans sa décision.
그것은 그의 결심에 가장 많은 영향을 미치는 요소이다.

❷ Cette région pèse lourd dans l'économie nationale.
그 지역은 국가 경제에 있어 큰 중요성을 지닌다.

❸ Que pèse-t-il face aux dirigeants de ce pays.
그는 그 나라 지도자들에게 얼마나 영향력을 미치는가?

3.2.1. N_0 peser sur *qn/qc*

❶ La mort subite de sa mère va peser sur sa décision.
그의 어머니의 갑작스런 죽음은 그의 결심에 영향을 미칠 것이다.

❷ Ce résultat pèsera lourdement sur la situation politique.
그러한 결과는 정치적인 상황에 중요한 영향을 미칠 것이다.

3.2.2. il peser sur *qn/qc* que + *subj.*

❶ Il pèse sur sa décision qu'elle ait fait cela.
그녀가 그렇게 한 것은 그의 결정에 영향을 미친다.

4. 대명동사

4.1. N_0 se peser

4.1.1. N_0 se peser: 자기의 몸무게를 재다.

❶ Elle se pèse chaque matin pour voir si elle a engraissé.
그녀는 살이 쪘는지 보려고 매일 아침 몸무게를 잰다.

❷ A quoi ça sert de vous peser tous les jours?
매일 몸무게를 재어본들 무슨 소용이 있습니까?

4.1.2. N_0 se peser: 계량되다.

❶ Les diaments se pèsent en carats.
다이아몬드는 캐럿으로 계량된다.

18 Nouveau record du prix du pétrole

Le Monde | 07.07.06

Le prix du pétrole a inscrit un nouveau record vendredi 7 juillet, à[1] plus de 75,70 dollars le baril.[2] Les cours[3] à New York et Londres ont été dopés[4] par la vigueur[5] de la demande[6] mondiale et les inquiétudes géopolitiques, en particulier[7] autour des tensions[8] sur le nucléaire avec l'Iran et la Corée du Nord.

Sur le New York Mercantile Exchange (Nymex),[9] le baril de light sweet crude[10] pour livraison en août a grimpé[11] jusqu'à 75,78 dollars, en hausse de 64 cents[12] par rapport à la veille.[13] Il s'agit de son plus haut niveau[14] depuis le début de sa cotation[15] à New York, en 1983. Il bat[16] donc son précédent record, établi mercredi, à 75,40 dollars, et enregistre une hausse de 24% depuis le début de l'année.

TENDANCE VOLATILE

A Londres, sur l'Intercontinental Exchange (ICE),[17] le brent[18] de la mer du Nord pour livraison en août a franchi le seuil de 75 dollars pour la première fois[19] depuis le début de sa cotation, en 1988, grimpant[11] jusqu'à 75,09 dollars, nouveau record.

Corrigés de l'inflation,[20] les prix du pétrole **restent** toutefois en dessous des[21] quelque[22] 85 dollars (au cours[3] actuel du dollar) atteints après la révolution iranienne de 1979. "Le marché pétrolier a repris sa tendance haussière à moyen terme,[23] mais comme on l'a vu dans le passé, cette tendance peut se révéler volatile",[24] a souligné Adam Sieminski, analyste à la Deustche Bank, prévoyant un cours moyen de 70 dollars le baril[2] à New York jusqu'au deuxième trimestre 2007 au moins.[25] Selon Jean-Marie Chevalier, membre du Cambridge Energy Research Associates (CERA),[26] seule une récession[27] américaine peut inverser cette tendance.

L'IRAN ET LA CORÉE INQUIÈTENT

La demande,[6] entraînée par la solidité[28] de la croissance économique mondiale, **reste** forte en dépit des prix élevés.[29] Mais le marché s'inquiète aussi du contexte géopolitque, agité. L'Iran **tarde** à répondre à l'offre[30] de coopération des grandes puissances[31] en échange de[32] la suspension de ses activités d'enrichissement d'uranium.[33] La Corée du Nord a promis d'autres tirs d'essai de missiles et des "actions vigoureuses" contre les pays qui exerceraient des représailles, réveillant le spectre[34] d'un essai nucléaire.

L'Iran est le quatrième producteur mondial de pétrole, avec 4 millions de barils par jour.[35] La Corée du Nord ne produit pas d'or noir,[36] mais une escalade[37] des tensions dans la région pourrait[38] perturber l'approvisionnement[39] en brut[40] de l'Asie, selon des courtiers.[41]

Le prix du pétrole semble être encore loin d'avoir atteint ses limites:[42] "Cela peut monter à 100 dollars le baril, voire[43] plus...", pense Jean-Marie Chevalier, du CERA.

 어휘 및 표현

1: à: 가격을 나타내는 용법. Il a acheté cette cravate à 30 euros. 그는 이 넥타이를 30유로에 샀다.

2: le + 명사: 배분적 용법. 75,70 dollars le baril 배럴당 75달러 70센트. vingt euros la pièce 개당 20유로. deux fois la semaine 주당 두 번.

3: cours: 시가, 시세. au cours actuel du dollar 달러의 현 시세로. Le cours du dollar a augmenté. 달러 시세가 올랐다.

4: doper: 자극하다. 활발하게 하다. doper l'économie 경제를 활성화하다.

5: vigueur: 활발(함), 활기.

6: demande: 수요.

7: en particulier: 특히(=particulièrement). p.43

8: autour de ···: a) ··· 주위 [근처]에. tourner autour de la maison 집 주위를 돌다. b) 약, 대략. Il a autour de quarante ans. 그는 40세쯤 되었다. c)···에 관하여 [대하여]. faire le silence autour de *qc* ···에 대해 침묵하다. les inquiétudes géopolitiques, en particulier autour des tensions sur le nucléaire avec l'Iran et la Corée du Nord 특히 이란 및 북한과의 핵문제로 인한 긴장에 대한 지정학적인 불안감.

9: New York Mercantile Exchange (Nymex): 뉴욕 상품 거래소.

10: light sweet crude: 저유황경질유.

11: grimper: (가격 따위가) 많이 오르다, 급등하다.

12: en hausse: 상승한, 상승중인. en hausse de 64 cents 64센트 상승한.

13: par rapport à *qn/qc*: ···에 대하여, 비하여. par rapport à la veille 전날에 비해.

14: il s'agit de *qn/qc*: ···이 문제되다, ···에 관련 [관계]되다. Dans cette affaire, il s'agit de votre honneur. 이번 일은 당신의 명예의 문제이다.

15: cotation: 가격표시.

16: battre: (기록을) 깨다. battre son précédent record 이전 기록을 깨다.

17: Intercontinental Exchange (ICE): 2000년에 국제 석유회사들과 투자은행들이 설립한 온라인 거래 회사로 2001년 런던 국제석유거래소를 인수하였음.

18: brent: 영국 북해 지역에서 생산되는 원유. 미국의 서부텍사스 중질유, 아랍에미리트연방의 두바이유와 함께 세계 3대 유종으로 꼽힘.

19: pour la première fois: 처음으로.

20: corrigés de l'inflation: 인플레이션에 의한 상승을 수정한.

21: en dessous de: ···의 아래의, ··· 이하의

22: quelque: 약, 대략(=environ, à peu près).

23: à moyen [court, long] terme: 중기 [단기, 장기]의.

24: se révéler + 속사: ···임이 드러나다.

25: au moins: 적어도.

26: Cambridge Energy Research Associates (CERA): (미국) 케임브리지에너지연구소.

27: récession: 경기의 후퇴.

28: solidité: 견실함, 견조함.

29: en dépit de *qc*: ···에도 불구하고. en dépit des prix élevés 높은 가격에도 불구하고.

30: offre: 공급.

31: puissance: 대국. grandes puissances 강대국, 열강.

32: en échange de *qc*: ···의 댓가로, ···대신.

33: enrichissement: 함유도를 높이기, 농축. enrichissement d'uranium: 우라늄 농축.

34: spectre: 위협, 공포.

35: par + 무관사 명사: (단위·배분을 나타내어) …마다. trois fois par semaine 일주일에 3번. Cela coûte dix euros par tête. 그것은 1인당 10유로이다.

36: or noir: 검은 황금, 석유.

37: escalade: 단계적 확대, 격화.

38: 여기에서의 조건법은 우발성을 나타냄.

39: approvisionnement: 공급, 보급. centre d'approvisionnement 공급기지. [approvisionnement de qc en qc] approvisionnement d'une armée en vivres 부대에 식량을 공급하기.

40: brut: 원유.

41: courtier: 중개인, 브로커.

42: être loin de *inf.* …하는 것과는 거리가 멀다, …하는 것은 당치도 않다.

43: voire: 그 위에, 게다가 또. Leur conversation durera plusieurs minutes, voire plusieurs heures. 그들의 대화는 몇 분, 아니 몇 시간이나 계속될 것이다.

 문법 및 구문

① rester

1. 자동사

1.1. N₀ rester

1.1.1. N₀ rester: (같은 장소에) 있다, 남아있다; 머무르다; 거주하다, 살다; 존속하다.

❶ Elle aime rester à la maison.
그녀는 집에 있기를 좋아한다.

❷ Il est resté au lit jusqu'à onze heures.
그는 11시까지 침대에 누워 있었다.

❸ Restez là, jusqu'à ce que je vous appelle.
내가 부를 때까지 거기에 있어 주시오.

❹ Il croyait que le chat était mort. Il est resté sans bouger.
그는 고양이가 죽은 줄 알았다. 고양이는 움직이지 않고 있었다.

❺ Il est allé à Londres et y est resté une semaine.

그는 런던에 갔는데, 거기에서 일주일 동안 체류했다.

❻ Il reste en banlieue.

그는 교외에 살고 있다.

❼ On a beau laver, cette tache reste.

빨아도 소용없다, 그 얼룩은 남는다.

❽ C'est un ouvrage qui restera.

그것은 후세에 남을 작품이다.

❾ Les paroles s'envolent, les écrits restent.

말은 사라져도 글은 남는다.

1.1.1.1. N_0 rester à *qn*: ···것으로 존속하다, ···에게 속해 있다.

❶ Cet accident lui est resté dans la mémoire.

그 사고는 그의 기억에 남았다.

❷ Dans cette affaire, l'avantage nous est toujours resté.

그 일에서 우리가 여전히 유리했다.

1.1.2. N_0 rester: (전체 중에서 일부분이) 남다, 남아있다.

❶ Il compte le peu de jours qui reste [restent].

그는 별로 남아있지 않은 날들을 세어본다.

❷ Restent deux problèmes.

두 가지 문제가 남는다.

❸ Ne restent [reste] que trois rescapés de cet incendie.

그 화재에서 살아남은 사람은 세 사람뿐이다.

❹ Deux ôté de cinq, reste deux.

5빼기 2는 3이다.

1.1.2.1. N_0 rester de *qn/qc*

❶ Rien ne reste de sa fortune.

그의 재산 중에 남아있는 것이 아무것도 없다.

❷ Tout ce qui reste des pommes est [sont] sur la table.

남아있는 사과는 모두 탁자 위에 있다.

1.1.2.2. N_0 rester à *qn*: ···에게 남아 있다.

❶ Un oncle, c'est le seul parent qui reste à cet enfant.

삼촌이 그 아이에게 남아 있는 유일한 친척이다.

❷ Je regarde ce que je perds, et ne vois pas ce qui me reste.

나는 잃어버린 것은 보면서, 남아있는 것은 보지 못한다.

1.2. N_0 rester + 속사/양태: ⋯한 상태에 있다, 여전히 ⋯하다.

❶ Sa mère est restée malade pendant plusieurs mois.
그의 어머니는 여러 달 동안 앓고 있었다.

❷ Depuis la guerre, il est resté caporal.
그는 전쟁 이후로 여전히 하사였다.

❸ Cette machine reste en panne depuis une semaine.
이 기계는 일주일 전부터 고장난 채로 방치되어있다.

❹ Nous ne resterons pas les bras croisés.
우리는 팔짱만 끼고 있지는 않을 것이다.

1.2.1. de *inf* (cela) rester + 속사/양태; que + *ind.* (cela) rester + 속사/양태

❶ (D') opérer des tests de comparaison (cela) reste nécessaire.
비교 테스트를 하는 것은 여전히 필요하다.

❷ Que deux et deux égalent quatre (cela) reste toujours vrai.
2 더하기 2는 4라고 하는 것은 여전히 사실이다.

1.3. N_0 rester à *inf*

1.3.1. N_0 rester à *inf*: 남아서 ⋯하다, 계속 ⋯하다.

❶ Elle restait à table à bavarder avec ses amis.
그녀는 식사 후에도 남아서 친구들과 수다를 떨고 있었다.

❷ Je me souviens d'être resté un long moment à méditer dans ma chambre.
나는 내방에서 오랫동안 남아서 명상에 잠겼던 것을 기억한다.

1.3.1.1. N_0 rester + 기간 + à *inf*

❶ Il est resté trois heures à regarder la télévision.
그는 세 시간을 텔레비전을 보면서 지냈다.

❷ Il est resté des heures à lire dans son bureau.
그는 사무실에서 몇 시간이나 독서를 하면서 보냈다.

1.3.2. N_0 rester à *inf*: ⋯해야 할 일로 남다, ⋯할 필요가 있다.

1) Une bande de terre restait à traverser pour gagner le bord du fleuve.
강가에 도착하기 위해서는 띠 모양의 땅을 가로질러가야만 했다.

2) Tout reste à refaire.
모든 것을 다시 해야 한다.

1.3.2.1. N_0 rester à *qn* à *inf*

❶ Deux mille euros lui restaient à payer.
그는 아직도 2천 유로를 지불하지 않으면 안되었다.

1.4. N_0 rester *inf*: 남아서 …하다, …하려고 남다.

❶ Restez déjeuner avec nous.
남아서 우리와 같이 점심식사를 하십시오.

1.5. N_0 rester sur *qc*: …에 집착하다, …을 고집하다; (인상 따위를) 계속 받다.

❶ Continuez, ne restez pas sur un échec.
실패에 너무 집착하지 말고 계속해 나가세요.
❷ J'espère que vous ne partirez pas sans rester sur une bonne impression.
당신이 좋은 인상을 가지고 떠나기를 바랍니다.

1.6. N_0 en rester à *qn/qc*: …에 그치다, …에서 중단되다.

❶ Il n'est pas très avancé en français, il en est resté au premier chapitre.
그는 프랑스어 공부에 큰 진전이 없어서 1장에 머물러 있다.
❷ J'en suis resté aux usages de ma jeunesse.
나는 젊은 시절의 관습에 멈춰있었다.
❸ Faut-il en rester là pour aujourd'hui?
오늘은 이 정도로 해두어야 합니까?
❹ Où en sont restés les travaux?
일이 어디까지 진행되었습니까?
❺ Où en êtes-vous resté de votre traduction?
어디까지 번역했습니까?

1.7. N_0 en rester à *inf*: …하는 데 그치다, 멈추다.

❶ Elle en est restée à collectioner les timbres.
그녀는 우표 수집하는 단계에 멈춰 있었다.

1.8. N_0 en rester pour *qc*: … 정도에 그치다, … 이상은 못나가다.

❶ Les galants en étaient restés pour leurs frais.
여자에게 친절하게 구는 남자들의 노력은 아무런 이득을 가져다주지 못했다.

2. 비인칭구문

2.1. il rester *qn/qc*: ⋯이 남아 있다.

❶ Il reste beaucoup de monde sur la place.
광장에 많은 사람들이 남아있다.

❷ Il reste encore une possibilité.
아직도 가능성이 있다.

2.1.1. il rester *qn/qc* à *qn/qc*: ⋯에게 ⋯이 남아 있다.

❶ Il me reste deux cents euros.
내게 2백 유로가 남아있다.

❷ Il nous reste encore du temps pour nous décider.
우리에게는 아직도 결정할 시간이 있다.

❸ Jean est le seul ami qu'il me reste.
Jean이 내가 남아있는 유일한 친구다.

❹ Il ne me reste que vous.
내게는 이제 당신밖에 없다.

2.1.2. il rester *qn/qc* (à *qn/qc*) à *inf*: 해야 할 ⋯이 남아 있다.

❶ Il reste encore un problème à résoudre.
아직도 해결해야 할 문제가 남아있다.

❷ Il nous reste beaucoup à faire.
우리에게는 할 일이 많이 남아있다.

2.2. (il) rester que + *ind.*: 그래도 ⋯인 것은 사실이다, ⋯임에 변함이 없다.

❶ (Il) reste que nous ne nous sommes pas d'accord sur ce point.
우리가 그 점에 대해 의견을 달리하는 것은 사실이다.

❷ Personne ne voulait y croire. (Il) reste que l'erreur est faite.
아무도 그것을 믿으려 하지 않았지만, 과오가 저질러진 것은 사실이다.

❸ Il n'en reste pas moins qu'elle a raison.
그래도 역시 그녀가 옳다.

2.3. (il) rester à *inf*: 아직도 ⋯해야 한다, ⋯할 일이 남아있다.

❶ (Il) reste toujours à discuter sur ce sujet.
아직 그 주제에 대해 토론해야 한다.

❷ (Il) reste à savoir si cela est possible.
그것이 가능한지는 아직 모른다.

2.3.1. il rester à *qn* à *inf.*: …에게 …할 일이 남아있다.

❶ Il nous reste à régler cette affaire.
  우리에게는 아직 그 사건을 해결해야 할 일이 남아있다.

❷ Il ne me reste plus qu'à vous remercier.
  당신에게 감사의 말씀을 드릴뿐입니다.

❸ Il ne nous reste plus qu'à appeler le médecin.
  우리에게 이제 남은 것은 의사를 부르는 일뿐이다.

2.4. il rester + 속사 + de *inf.*; il rester + 속사 + que + *ind.*: …하는 것은 …하는 것으로 여겨지다.

❶ Il reste toujours nécessaire d'agir le plus vite que possible.
  가능한 한 빨리 행동하는 것이 여전히 필요하다.

❷ Il reste toujours vrai que la terre tourne autour du soleil.
  지구가 태양 주위를 돈다는 것은 여전히 사실이다.

② tarder

1. 자동사

1.1. N_0 tarder: 늦어지다, 지체하다.

❶ Cela l'inquiète qu'elle tarde ainsi.
  그녀가 이렇게 늦어지다니 걱정된다.

❷ Pourquoi tardez-vous?
  왜 지체하십니까?

❸ Partez sans tarder.
  지체하지 말고 출발하시오.

❹ Sa réponse ne va pas tarder.
  곧 그의 답장이 올 것이다.

❺ L'hiver tarde.
  겨울이 늦게 온다.

1.2. N_0 tarder (N_0는 사물): 기다려지다.

❶ Que votre retour tardait à mon impatience!
  당신이 돌아오기를 얼마나 기다렸는지!

1.2.1. N_0 tarder à *qn* (de *inf*)

❶ Le temps me tarde d'arriver chez vous.
　당신 집에 도착하는 것이 몹시 기다려집니다.

❷ Sa réponse me tarde de venir.
　그의 답장이 오는 것이 몹시 기다려진다.

1.2.2. Il tarder à *qn* de *inf*

❶ Il me tarde de la voir revenir.
　그녀가 돌아오는 것을 빨리 보고 싶다.

❷ Il lui tardait de sortir de là.
　그는 빨리 그곳에서 나가고 싶었다.

1.2.3. Il tarder à *qn* que + *subj.*

❶ Il lui tarde que sa mère revienne.
　그는 그의 어머니가 돌아오는 것이 기다려진다.

❷ Il me tarde que l'examen soit fini.
　나는 시험이 끝나는 것이 몹시 기다려진다.

1.3. N_0 tarder à *inf.* ···하는 데 느리다, 시간이 많이 걸리다.

❶ Elle tarde à préparer le dîner.
　그녀는 저녁 준비하는 것이 늦다.

❷ Il ne tadera pas à partir.
　그는 곧 떠날 것이다.

❸ Ne tardez pas à le prévenir de notre arrivée.
　곧바로 그에게 우리의 도착을 알리시오.

❹ Le printemps tarde à apparaître.
　봄이 늦게 온다.

19 La Corée du Nord devient la 9e puissance nucléaire

Le Monde | 09.10.06

Le monde compte[1] une nouvelle puissance nucléaire.[2] Défiant[3] les mises en garde[4] et les menaces de sanctions, la République populaire démocratique de Corée (RPDC)[5] a procédé, lundi 9 octobre, à un essai nucléaire souterrain[6] "couronné de succès",[7] a annoncé l'agence officielle de presse[8] KCNA.[9] Selon les services de renseignement sud-coréens,[10] qui ont observé une secousse sismique[11] de magnitude 3,5[12] sur l'échelle de Richter,[13] l'explosion a eu lieu[14] à 10 h 30 sur le site de Hwadaeri, près de Kilju, dans la province septentrionale de Hamgyong,[15] à 385 kilomètres au nord-est de Pyongyang,[16] a déclaré un haut responsable du ministère de la défense[17] cité par l'agence Yonhap.[18]

L'essai est intervenu[19] le lendemain du neuvième anniversaire, célébré en grande pompe[20] à Pyongyang, de la nomination à la tête[21] du Parti du travail[22] du dirigeant suprême Kim Jong-il. La presse locale n'avait alors fait aucune allusion à un essai nucléaire imminent.[23] KNCA[9] loue "l'événement historique", assurant[24] qu'aucune émission radioactive[25] n'a été détectée.

L'essai a été immédiatement condamné par un communiqué du ministère des affaires étrangères[17] chinois ainsi que[26] par le Japon, dont le premier ministre, Shinzo Abe, est en visite à Séoul.[27] Tokyo, qui a annoncé la constitution d'une cellule de crise,[28] a fait savoir être partisan[29] d'un recours[30] au chapitre VII de la charte des Nations unies[31] qui prévoit des sanctions.[32] Le 6 octobre, le Conseil de sécurité[33] avait adopté à l'unanimité[34] une déclaration demandant[35] à Pyongyang de renoncer à son essai.[36] La RPDC[5] avait annoncé[37] s'être dotée de l'arme nucléaire[38] en février 2005. La Chine, son principal allié, a réagi également vigoureusement dans un communiqué du ministère des affaires étrangères : "La Corée du Nord a ignoré[39] les inquiétudes de la communauté internationale et a procédé de manière éhontée[40] à un essai nucléaire.[6] Le gouvernement chinois exprime à cette occasion[41] sa ferme opposition."

Le ministre chinois des affaires étrangères, Li Zhaoxing, et la secrétaire d'Etat[42] américaine, Condoleezza Rice, se sont également entretenus, lundi matin par téléphone, de cette crise.[43] "Les deux parties[44] ont échangé leurs vues sur les derniers développements dans la péninsule coréenne", a indiqué le ministère des affaires étrangères dans un court communiqué. Li Zhaoxing a réaffirmé à Condoleezza Rice les positions de Pékin, qui condamne cet essai. "La Chine demande[35] expressément[45] à la Corée du Nord de tenir[46] ses engagements d'une péninsule coréenne dénucléarisée, de cesser toute action qui pourrait[47] mener à une détérioration de la situation,[48] et de reprendre le chemin des pourparlers",[49] a-t-il ajouté, en appelant[50] toutes les parties[44] concernées[51] à "faire preuve de calme".[52]

Contrastant avec les réactions de Pékin[53] qui condamne, du Pakistan qui "déplore"[54] ou de l'Inde qui se dit "profondément préoccupée"[55] par l'essai nord-coréen, les Etats-Unis jouaient lundi matin, la prudence,[56] en attendant[57] une confirmation formelle.[58] "A ce stade, nous ne confirmons pas l'existence d'un essai nucléaire", a indiqué le porte-parole de la Maison Blanche, Tony Snow, soulignant que les données étaient toujours analysées.

Mais si l'essai se confirmait, Washington a fait savoir[29] que les Etats-unis le considéreraient[59] comme une "provocation (...) qui aggraverait[47] les tensions dans la région" réclamant une "action immédiate" du Conseil de sécurité de l'ONU. L'administration américaine souhaitait une réunion du Conseil de sécurité lundi. Toutefois, les Etats-Unis ont souligné qu'aucune opération militaire américaine, comme un blocus naval[60] ou des arraisonnements[61] de bateaux, ni[62] aucun déploiement de renforts américains n'étaient prévus.[32]

Le président américain, George Bush, qui a placé la Corée du Nord sur "l'axe du Mal"[63] des pays cherchant[64] à se doter[38] d'armes de destruction massives,[65] **avait été informé**, dimanche soir, de l'activité nucléaire nord-coréenne par son conseiller à la Sécurité nationale, Stephen Hadley.[66]

C'est le gouvernement chinois, lui-même avisé[67] par le régime nord-coréen avant que l'essai ait lieu,[68] qui[69] a alerté[70] l'ambassade américaine à Pékin, laquelle[71] a ensuite **informé** la secrétaire d'Etat, Condoleezza Rice.[42] M. Bush a demandé[72] à M. Hadley si des mesures[73] diplomatiques **avaient été prises**, a rapporté M. Snow. L'administration américaine **a déjà pris** contact avec les Sud-Coréens et les Chinois[74] et "les Etats-Unis suivent attentivement la situation[75] et réaffirment leur engagement à protéger leurs alliés dans la région", a affirmé Tony Snow. Selon lui, la Maison Blanche n'a pas l'intention[76] de revenir sur son refus[77] d'engager[78] des discussions bilatérales directes avec le gouvernement nord-coréen, en dépit des pressions[79] en ce sens[80] de certains[81] de ses alliés.

La Corée du Sud a également condamné Pyongyang : "Notre gouvernement reste[82] attaché à son principe[83] de ne pas tolérer une Corée du Nord puissance nucléaire" a déclaré le porte-parole de la présidence. Côté français,[84] le ministre des affaires étrangères, Philippe Douste-Blazy, soulignait un "acte d'une très grande gravité[85] pour la sécurité internationale". "Il appartient maintenant à la communauté internationale de réagir à cette nouvelle situation[86] et d'apporter une réponse ferme à Pyongyang",[87] a indiqué le chef de la diplomatie française.

Le régime de Pyongyang avait fait valoir[88] qu'il entendait[89] procéder à un essai nucléaire[6] pour renforcer ses capacités de défense et faire face à "la menace nucléaire des Etats-Unis".[90] Pyongyang demande en outre[91] la levée des sanctions financières **prises** à son encontre[92] par Washington. Le régime refusait de revenir[93] à la table de négociations à six[94] (Chine, deux Corées, Etats-Unis, Japon et Russie) destinées à trouver[95] une solution à la crise nucléaire ouverte[96] en 2002 par les révélations de Washington sur un programme clandestin d'enrichissement de l'uranium,[97] tant qu'elles n'auraient pas été pas levées.[98]

L'essai nucléaire nord-coréen intervient[19] alors que[99] les négociations sur le programme d'enrichissement d'uranium[97] par l'Iran sont dans l'impasse.[100] Selon l'analyste des questions militaires, Joseph Bermudez, il serait possible que Pyongyang ait procédé à son essai[101] en collaboration avec Téhéran.[102] "L'Iran pourrait ainsi avoir bénéficié des conclusions techniques[103] de l'essai sans avoir à[104] franchir le pas[105] et à devenir une puissance nucléaire", écrit-il dans Jane's Defense Weekly.[106]

1: compter: 세가, 헤아리다; 셈에 넣다. Ils étaient huit, sans compter les enfants. 그들은 아이들은 빼고 일곱이었다.

2: puissance: 강국, 대국, 열강. grandes puissances 강대국. puissance nucléaire 핵강국.

3: défier: 저항하다, 대항하다; 무시하다, 무릅쓰다(=braver). défier l'ordre [autorité] de *qn* …의 명령을 [권위를] 무시하다. défier le danger 위험을 무릅쓰다. 여기서는 분사구문으로 쓰임. p.102

4: mise en garde: 경계(태세, 조치).

5: République populaire démocratique de Corée (RPDC): 조선인민민주주의공화국, 북한.

6: procéder à *qc*: …을 실행하다, 착수하다. procéder à un essai nucléaire souterrain 지하 핵실험을 하다.

7: couronné de *qc*: …로 장식된, 빛나는. entreprise couronnée de succès 성공의 영광을 얻은 기업. année couronnée de paix 평화가 충만했던 해.

8: agence (officielle) de presse: (관영) 통신사.

9: KCNA: Korea Central News Agency, 조선중앙통신.

10: service: (관공서·회사 따위의) 부서, 부, 과, 국. services administratifs 행정부서. chef de service 부서 책임자. services de renseignement sud-coréens 남한 정보기관.

11: secousse sismique: 지진동.

12: magnitude: (지진·별 밝기 따위의) 의 등급. séisme de magnitude 5 진도 5의 지진.

13: échelle: (계기·도표의) 눈금, 등급. échelle (de) Richter 리히터 진도.

14: avoir lieu: 일어나다, 개최되다.

15: septentrional: 북쪽의, 북쪽에 위치한(↔méridional). Europe septentrionale 북유럽. province septentrionale de Hamgyong 함경북도.

16: à: 위치·거리를 나타내는 용법. à 385 kilomètres au nord-est de Pyongyang 평양에서 북동쪽으로 385km되는 지점에서.

17: ministère de la défense: 국방부. ministère des affaires étrangères 외무부.

18: agence Yonhap: 연합통신.

19: intervenir: 생기다, 이루어지다. Un accord est intervenu entre la direction et le syndicat ouvrier. 경영자측과 노조 사이에 합의가 이루어졌다.

20: en grande pompe: 성대하게, 거창하게.

21: tête: 지도자, 수장, 리더. tête du gouvernement 정부의 수반.

22: Parti du travail: 노동당.

23: faire allusion à *qc*: …에 대해 암시하다.

24: assurer: 단언하다, 보증하다. 여기서는 분사구문으로 쓰임. p.102

25: émission radioactive: 방사능 유출.

26: ainsi que ···: ···와 같이, ···처럼; ···와 아울러, 그리고 또. L'essai a été immédiatement condamné par un communiqué du ministère des affaires étrangères chinois ainsi que par le Japon. 그 실험은 즉각 중국 외무부 성명서와 일본에 의해 비난을 받았다.

27: être en visite à ···: ···을 방문 중이다.

28: cellule: (사회·조직 따위의) 기본 단위, 핵. la famille, cellule de la société 사회의 기본 단위인 가정. cellule comministe 공산당 세포 조직. cellule de crise 위기 대처반.

29: faire *inf*: ···하게 하다. ((사역동사구문, p.50)). faire savoir être partisan de *qc/inf* ···(하는 것)을 지지 [찬성] 함을 알리다. faire savoir (à *qn*) que + *ind./cond.* (···에게) ···라는 것을 알리다.

30: recours à *qn/qc*: ···에 도움을 청하기, 의뢰 [의지] 하기; ···의 사용. recours à la violence 폭력의 행사. avoir recours à *qn/qc* ···에 도움을 청하다.

31: chapitre VII de la charte des Nations unies 국제연합헌장 제7장.

32: prévoir: 예견하다, 예상하다, 미리 고려하다.

33: Conseil de sécurité: (국제연합) 안전보장이사회.

34: à l'unanimité: 만장일치로.

35: demander à *qn* de *inf*: ···에게 ···하도록 요구 [요청] 하다. 여기서는 형용사적으로 쓰인 현재분사로 앞의 déclaration을 수식함.

36: renoncer à *qc/inf*: ···(하는 것)을 포기하다.

37: annoncer (à *qn*) *qc/inf*: (···에게) ···(임)을 알리다; 발표하다, 공표하다.

38: se doter de *qc*: ···을 가지다, 갖추다.

39: ignorer *qn/qc*: ···을 모르는 체하다, 무시하다.

40: de [d'une] manière + 형용사: ···하게. expliquer de [d'une] manière plus simple 더 간단하게 설명하다.

41: à [en] cette occasion: 이 [그] 기회에.

42: secrétaire d'Etat: (미국의) 국무장관.

43: s'entretenir (avec *qn*) de/sur *qc*: (···와) ···에 대해 서로 이야기하다. s'entretenir longuement par téléphone de la situation économique 경제 상황에 대해 전화로 서로 길게 대화를 나누다.

44: partie: (계약·소송 따위의) 당사자, 상대방.

45: expressément: 분명하게, 단호하게.

46: tenir: (약속 따위를) 지키다, 이행하다. tenir ses engagements [sa parole] 약속을 지키다. tenir un serment 맹세한 것을 이행하다. p.31

47: 여기에서 조건법은 가상적인 존재를 선행사로 하는 관계절에서 쓰인 용법. On a proposé de percer un tunnel qui relierait les deux vallées. 두 계곡을 연결하는 터널을 뚫자는 제안이 있었다. p.45

48: mener à *qc*: …로 인도하다, 이르게 하다.

49: reprendre: 다시 시작 [계속] 하다. reprendre le travail 일을 다시 시작하다. reprendre ses études 학업을 계속하다.

50: appeler *qn* à *qc/inf*, appeler *qn* à ce que + *subj.*: …에게 …하도록 요청 [요구, 촉구] 하다. p.177

51: concerné: 관련된, 문제된.

52: faire preuve de *qc*: …을 보여주다, 나타내다(=montrer). faire preuve de calme 평온 [침착, 냉정] 함을 보여주다.

53: contraster avec *qn/qc*: …와 대조를 이루다.

54: déplorer: 매우 유감스럽게 생각하다.

55: se dire + 속사: 자기가 …하다고 말하다. se dire content du résultat 결과에 만족한다고 말하다.

56: jouer *qn/qc*: …의 역을 맡다, 연기하다; …인 체하다; …의 느낌 [태도]를 가장하다. jouer les innocents [l'étonnement] 무죄인 [놀란] 척하다. jouer la prudence 신중한 것 같은 태도를 하다.

57: en + 현재분사: 제롱디프. p.285

58: formel: 명료한, 명백한; 단호한.

59: considérer *qn/qc* comme *qn/qc*: …을 …로 생각하다, 여기다. 조건법은 조건절이 si + 직설법 반과거로 구성된 법으로서의 용법. 여기에서는 조건법의 주절이 faire savoir의 종속절로 내포되어 있음. p.43

60: blocus: 봉쇄, 포위. blocus naval 항구 봉쇄. blocus économique 경제봉쇄.

61: arraisonnement: 선박 검사.

62: ni: (부정문에서 동일 기능을 갖는 어군을 연결하여) …도 아니다. i) [ne … ni …ni…] Je n'ai vu ni lui ni son frère. 나는 그도 그의 형도 보지 못했다. Il n'a ni refusé ni accepté. 그는 거절도 수락도 하지 않았다. ii) [ni … ni …ne…] (문어에서는 문두의 ni가 생략되기도 한다. 동사는 복수형으로 쓰이는 경우가 많지만 ni가 ou의 부정으로 쓰이는 경우나 주어에 personne, aucun 등이 있으면 동사는 3인칭 단수로도 쓴다) Ni l'argent ni la gloire ne nous rendent [rend] heureux. 돈도 영예도 우리를 행복하게 해주지 않는다. Ni toi ni personne ne peut le dire. 너도 어떤 사람도 그것을 말할 수 없다. iii) [ne … pas … ni…] Il n'a pas de cigarettes ni de feu. 그는 담배도 불도 없다. iv) [ne + 동사 (pas) … ni …ne + 동사] Je ne bois d'alcool ni ne fume. 나는 술도 안마시고 담배도 안피운다. v) [ne … pas 이외의 부정을 나타내는 어휘 + ni …] du café sans sucre ni lait 설탕도 우유도 넣지 않는 커피. Il n'a plus de parents ni d'amis. 그는 이제 친척도 친구도 없다.

Je n'ai jamais vu (ni) son père ni sa mère. 나는 그의 아버지도 그의 어머니도 본적이 없다.

63: axe du Mal: 악의 축(axis of evil, 미국의 부시 대통령이 2002년 1월 29일 국정연설문에서 반테러 전쟁의 일환으로서 제2단계 표적으로 이라크·이란·북한을 지명하면서 그 총칭으로 사용한 말).

64: chercher à *inf.* ···하려고 애쓰다 [노력하다]. à *inf*를 le로 대명사화할 수 있음.

65: armes de destruction massives: 대량파괴 [살상]무기(Weapons of Mass Destruction, WMD).

66: conseiller à la Sécurité nationale: 국가안보보좌관.

67: aviser *qn* (de *qc*): (···을) ···에게 알리다. Il est avisé du mariage de sa soeur par le consulat. 그는 영사를 통해 누이가 결혼한다는 소식을 들었다.

68: avant (que) de *inf,* avant que + (ne) *subj.*: ···하기 전에. avoir lieu (일·사건 따위가) 생기다, 발생하다, 개최되다.

69: c'est ··· qui 강조구문. p.21

70: alerter *qn* (sur *qc*): (···에 대해) ···에게 미리 알리다, 경고하다.

71: laquelle: 앞의 ambassade américaine를 선행사로 하는 복합형 관계대명사. p.192

72: demander à *qn* + 간접의문절: ···에게 ···인지 묻다. p.183

73: mesure: 조치, 대책. mesures diplomatiques 외교적 조치. prendre des mesures contre l'inflation 인플레이션에 대한 조치를 취하다.

74: prendre contact avec *qn*: ···와 접촉하다.

75: suivre: (추이·사태를) 지켜보다; 주의를 기울이다. médecin qui suit un malade 환자의 병세를 지켜보고 있는 의사. Il n'a pas suivi cette affaire. 그는 그 사건의 추이에 관심을 기울이지 않았다.

76: avoir l'intention de *inf.* ···하려는 의도를 지니다.

77: revenir sur *qc*: ···을 취소하다, 번복하다, 바꾸다. Elle revient sur sa promesse. 그녀는 약속을 취소한다.

78: engager: 시작하다, 착수하다. p.256

79: en dépit de *qc*: ···에도 불구하고.

80: sens: (일·활동 따위의 진행) 방향, 흐름, 의도. en ce sens 그러한 방향으로 [취지로]. sens de l'histoire 역사의 흐름. travailler dans le même sens 같은 취지에 따라 일을 하다.

81: certains: (한정된 대상들 중에서) 몇 개 [명], 어떤 것 [사람]들.

82: rester + 속사/양태: ···한 상태로 있다. p.226

83: attaché à *qn/qc/inf.* ···(하는 것)에 애착을 갖는, 집착하는; 충실한. rester attaché à son principe de ne pas tolérer une Corée du Nord puissance nucléaire 핵강국으로서의

북한을 용인하지 않는다는 원칙을 고수하다.

84: côté + 무관사명사/형용사: …에 관해서는, …의 측(면)에서는. Côté argent, tout va bien. 금전 문제는 모든 일이 잘 되어간다.

85: gravité: (사태·상황의) 심각성, 중대성, 위중함. gravité de la situation 상황의 심각성. gravité d'une erreur 오류의 중대성. accident sans gravité 가벼운 사고. acte d'une très grande gravité 매우 심각한 행위.

86: réagir à *qc*: …에 반응하다, 대응하다.

87: il appartient à *qn/qc* de *inf*: …하는 것은 …의 일 [의무, 권한] 이다.

88: faire valoir *qc*, faire valoir que + *ind.*: …(임)을 강조하다, 내세우다, 주장하다. faire valoir un argument 논거를 주장하다.

89: entendre *inf*: …하고자 의도하다; 원하다, 바라다. Cet enfant n'entend faire qu'à sa tête. 그 아이는 자기 고집대로만 하려고 한다.

90: faire face à *qn/qc*: a) …와 마주하다. faire face à l'école 학교와 마주하고 있다. b)…에 대항하다, 대처하다; …을 극복하다; …을 충족하다. faire face à la menace nucléaire 핵 위협에 대처하다. faire face à tous les besoins 모든 필요를 충족시키다.

91: en outre: 게다가, 그리고 또.

92: à l'encontre de: …에 반대하여. Cette politique va à l'encontre des intérêts du pays. 그러한 정책은 국가 이익과 배치된다.

93: refuser de *inf*: …하기를 거부하다.

94: négociations à six: 6자 회담.

95: destiné à *qc/qn/inf*: …의 용도로 마련된, …을 대상으로 한, …하기 위한. articles destinés à l'exportation 수출용 상품. mesures destinées à réduire l'inflation 인플레이션을 억제하기 위한 조치.

96: ouvert: 시작된, 개시된. La chasse est ouverte. 사냥철이 시작되었다.

97: enrichissement: 함유도를 높이기, 농축. enrichissement d'uranium: 우라늄 농축.

98: tant que + *ind./cond.*: …하는 한. 여기서 elles은 sanctions financières을 가리킴.

99: alors que + *ind.*: …인데 비해, …임에 반해; …일 때.

100: être dans l'impasse: 난관에 봉착하다, 궁지에 빠지다.

101: il est possible que + *subj.*: …할 가능성이 있다. Il est possible qu'il fasse froid cette nuit. 오늘 밤은 추울 것 같다.

102: en collaboration avec *qn*: …와 협력하여, 공동으로.

103: bénéficier de *qc*: …의 득을 보다, 혜택을 입다.

104: avoir à *inf*: …해야 한다.

105: franchir le pas: 난관을 극복하다; 용단을 내리다.

106: Jane's Defense Weekly: 영국의 군사전문지.

① informer

1. 타동사

1.1. N₀ informer *qn* de/sur *qc*: …에게 …을 알리다, 통지하다.

❶ Il nous a informés par lettre de son arrivée.
그는 편지로 우리들에게 그의 도착을 알렸다.

❷ Les journaux nous ont informés de la gravité de la situation.
신문은 우리에게 상황의 심각성을 알려주었다.

❸ Il a été informé du changement en son absence.
그는 그가 없는 동안에 일어난 변화에 대해 알게 되었다.

❹ Ces documents nous informent sur la guerre de la Corée.
그 자료들은 우리에게 한국전쟁에 대해 알려준다.

★ de *qc*는 중성대명사 en으로 대리될 수 있다.

❺ Elle les en a informés.
그녀는 그들에게 그것을 알렸다.

1.1.1. N₀ informer *qn*

❶ Avez-vous déjà informé le directeur?
당신은 이미 부장에게 알렸습니까?

❷ Le but de cet organisme est d'informer les consommateurs.
그 기관의 목적은 소비자들에게 정보를 주는 것이다.

1.1.2. N₀ informer de *qc*

❶ La radio a informé de l'arrivée du pape.
신문은 교황의 도착을 알렸다.

1.1.3. N₀ informer

❶ Le rôle des médias, c'est d'abord informer.
매체의 역할은 우선 정보를 제공하는 것이다.

1.2. N₀ informer *qn* + *inf*: …에게 …함을 알리다.

❶ Je l'ai informé avoir reçu sa lettre.
나는 그에게 그의 편지를 받았음을 알렸다.

❷ Il nous a informés partir le lendemain.
그는 우리들에게 그 이튿날 출발한다고 알렸다.

1.3. N₀ informer *qn* que + *ind.*: …에게 …임을 알리다.

❶ Il nous a informés qu'il acceptait.
그는 우리에게 수락할 의사를 알렸다.

❷ Je vous informe que vous avez été choisi comme président.
당신이 의장으로 선출되었음을 알려드립니다.

★ 의문문, 부정문에서는 종속절에 접속법을 쓰기도 한다.

❸ Depuis deux ans qu'il était au lycée, je n'ai jamais été informé qu'il ait subi une visite médicale.
나는 그가 고등학교에 다닌 2년 전부터 왕진을 받았다는 것을 전혀 알지 못했다.

1.3.1. N₀ informer que + *ind.*: …에게 …임을 알리다.

❶ La radio a informé que la tempête approchait.
라디오 방송은 폭풍우가 다가오고 있다는 것을 알렸다.

1.4. N₀ informer *qn* de ce que + *ind.*: …에게 …임을 알리다.

❶ Je vous informe de ce que j'ai bien reçu votre lettre.
당신의 편지를 잘 받았음을 알려드립니다.

2. 자동사

2.1. N₀ informer: … 증거조사를 하다, 심문하다, 죄상을 조사 [보고] 하다.

❶ Le juge d'instruction est tenu d'informer.
예심판사는 죄상을 조사할 할 의무가 있다.

❷ Dans ce système, les enfants sont encouragés à informer contre leurs propres parents.
이런 조직 속에서는 아이들이 자기 부모들의 죄를 보고하도록 되어 있다.

3. 대명동사

3.1. N₀ s'informer de/sur *qc* (auprès de *qn*): (…에게) …에 대해 알아보다.

❶ Il est allé à la gare pour s'informer de l'heure du train.
그는 열차 시간을 알아보기 위해 역에 갔다.

❷ Informez-vous du prix.
가격을 알아보세요.

❸ Je me suis informé auprès du médecin de son état de santé [sur le résultat de l'opération].
나는 의사에게 그의 건강 상태 [수술 결과]에 대해 알아보았다.

3.1.1. N_0 s'informer

❶ Il faudrait vous informer avant de décider.
결정하기 전에 알아보아야 할 것입니다.

3.2. N_0 s'informer (auprès de *qn*) + 간접의문절: (…에게) …인지 알아보다.

❶ Il s'est informé auprès du chef de la gare si le train de Séoul avait du retard.
그는 역장에게 서울행 열차가 연착하는지 알아보았다.

❷ Informez-vous auprès de lui s'il a l'intention de l'accepter.
그에게 그것을 수락할 의사가 있는지 알아보세요.

② prendre

1. 타동사

1.1. N_0 prendre *qn/qc*

1.1.1. N_0 prendre *qn/qc*: 잡다, 쥐다; 집어들다, 꺼내들다; 붙들다, 체포하다.

❶ Il a pris le bras de son frère; Il a pris son frère par le bras.
그는 동생의 팔을 잡았다.

❷ Le joueur a pris adroitement la balle.
선수가 능숙하게 공을 잡았다.

❸ Il a pris une cigarette du paquet qu'elle lui tendait.
그는 그녀가 내미는 담뱃갑에서 담배를 하나 집어들었다.

❹ Elle a pris son stylo dans son sac pour écrire mon adresse sur son carnet.
그녀는 그의 수첩에 내 주소를 적기 위해 핸드백에서 만년필을 꺼내들었다.

❺ Il est difficile de prendre des poissons par les mains.
손으로 물고기를 잡는 것은 어렵다.

❻ La police a pris le prisonnier évadé.
경찰이 탈옥수를 잡았다.

1.1.1.1 N$_0$ prendre *qn* à *inf*

❶ Il l'a prise à voler de l'argent.
　　그는 그녀가 돈을 훔치는 것을 잡았다.

★ à *inf*는 y로 대리된다.

❷ Je vous y prends!
　　당신 나한테 걸렸지 [들켰지] !

1.1.2. N$_0$ prendre *qn/qc*: 차지하다, 장악하다; 공격하다; (감정 따위가) 엄습하다; (어떤 일이) 갑자기 닥치다.

❶ Nos troupes ont pris plusieurs villes.
　　아군이 여러 도시를 점령했다.

❷ Il a pris sa place au quatrième rang dans la classe.
　　그는 교실에서 네 번째 줄에 앉았다.

❸ Ce meuble prend trop de place dans la salle.
　　이 가구는 방에서 너무 많은 자리를 차지하고 있다.

❹ Ce travail le prend pendant deux heures tous les jours.
　　그는 매일 두 시간 씩 그 일에 매달린다.

❺ Ils ont réussi à prendre le pouvoir.
　　그들은 권력을 장악하는데 성공했다.

❻ Ils ont décidé de prendre l'ennemi de flanc.
　　그들은 적을 측면에서 공격하기로 결정했다.

❼ L'accès l'a pris hier soir.
　　그는 어제 저녁에 갑자기 발작을 일으켰다.

❽ L'horreur l'a prise.
　　그녀는 갑작스런 공포에 사로잡혔다.

❾ La pluie les a pris sur la route.
　　그들은 노상에서 비를 만났다.

❿ Qu'est-ce qui te prend?
　　무슨 일이니?

1.1.3. N$_0$ prendre *qn/qc*: 정하다, 택하다, 취하다; 받다, 가지다; 얻다, 빌다; 사다; 받아들이다, 이해 [해석]하다; (소식 · 정보 따위를) 듣다, 입수하다; (책임 따위를) 맡다; (타격 따위를) 받다, 얻어맞다; (돈을) 인출하다; (수수료 · 세금 따위를) 떼다; (예문 따위를) 따오다, 인용하다;

❶ Elle a pris un rendez-vous avec lui.
　　그녀는 그와 만날 약속을 했다.

❷ Il a pris la première route à gauche.
　　그는 왼쪽으로 첫 번째 도로로 접어들었다.

❸ Il croit qu'il est temps de prendre une position claire.
　　그는 명확한 입장을 취해야 할 때가 되었다고 생각하고 있다.

❹ La police a pris des mesures pour rétablir l'ordre.
경찰은 질서를 회복하기 위해 조치를 취했다.

❺ Lequel de ces livres prendrez-vous?
이 책들 중에 어느 것을 택하겠소?

❻ Prends ce qu'on te donne.
주는 것을 받아라.

❼ Il a pris cent euros pour ce travail.
그는 그 일에 대한 대가로 백 유로를 받았다.

❽ Cette boutique ne prend pas les cartes de crédit.
그 가게는 신용카드를 받지 않는다.

❾ Il a pris une chambre à l'hôtel de tourisme.
그는 관광호텔에 방을 하나 잡았다.

❿ Elle prend sa viande toujours chez le même boucher.
그녀는 늘 같은 정육점에서 고기를 산다.

⓫ Il prend la vie du bon côté.
그는 인생을 긍정 [낙관] 적으로 본다.

⓬ Ils ont pris ma proposition à la légère.
그들은 내 제안을 가볍게 여겼다.

⓭ Elle a mal pris ce qu'il a dit par plaisanterie.
그녀는 그가 농담으로 말한 것을 나쁘게 받아들였다.

⓮ Il a pris ces nouvelles de son collègue.
그는 그 소식을 그의 동료에게서 들었다.

⓯ J'ai pris les informations à la radio hier soir.
나는 어제 저녁 라디오에서 뉴스를 들었다.

⓰ Je lui a demandé de prendre cet enfant sous sa protection.
나는 그에게 그 아이의 보호자 [후원자]가 되어줄 것을 부탁했다.

⓱ Il a pris un coup de poing en pleine figure.
그는 얼굴 정면을 주먹으로 맞았다.

⓲ Il a pris de l'argent à la banque.
그는 은행에서 돈을 인출했다.

⓳ La douane va prendre cent euros de droit sur cet article.
세관은 그 물건에 대해 100유로의 관세를 징수할 것이다.

⓴ Il a pris cet exemple chez Flaubert.
그는 그 예문을 플로베르에게서 인용했다.

1.1.3.1. N₀ prendre *qc* à *qn/qc/inf*

❶ Il m'a pris mille euros pour ces réparations.
그는 수리비용으로 내게 천 유로를 받았다 [요구했다] .

❷ Elle prend du plaisir à la lecture.
그녀는 독서하는데 즐거움을 느낀다.

❸ Son père prend du plaisir à l'écouter.
그의 아버지는 즐겨 그의 이야기를 듣는다.

1.1.3.2. N$_0$ prendre *qc* sur *qc*

❶ Il a pris mille euros sur ses économies pour dépanner son ami.
그는 궁지에 빠진 친구를 구하기 위해 저축한 돈에서 천 유로를 인출했다.
❷ Il a pris une journée sur son congé pour m'aider dans mon travail.
그는 휴가 중의 하루를 할애해서 내 일을 도와주었다.
❸ On va prendre une cotisation sur le salaire.
급료에서 분담금을 뗄 것이다.

1.1.3.2.1. N$_0$ prendre sur *qc*

❶ Il a pris sur son compte pour payer la dette.
그는 빚을 갚기 위해 계좌에서 돈을 인출했다.
❷ Il a pris sur son temps pour m'aider à déménager.
그는 내가 이사하는 것을 돕기 위해 시간을 할애했다.

1.1.3.3. N$_0$ prendre sur soi *qc*/de *inf*

❶ Elle a pris sur elle la faute de sa fille.
그녀가 딸의 과실에 대한 책임을 떠맡았다.
❷ Elle a pris sur elle de le prévenir.
그녀는 그에게 알리는 책임을 맡았다.

1.1.4. N$_0$ prendre *qn*/*qc*: 지니다, 휴대하다; (옷 따위를) 입다, 착용하다; 먹다, 들다, 복용하다; (탈것을) 타다; (병에) 걸리다; (시간이) 걸리다; (양상·특색 따위를) 띠다; (사진을) 찍다; (목욕 따위를) 하다; (바람을) 쐬다; (수량·체중 따위가) 늘어나다; 적다, 쓰다; 재다, 측정하다; (액체를) 흡수하다; (액체가) 새어들다; (옷 따위가) 꼭 맞다.

❶ N'oubliez pas de prendre le parapluie en sortant.
나갈 때 우산을 가지고 가는 것을 잊지 마시오.
❷ Je lui ai dit de prendre ce qu'il faut pour un voyage.
나는 그에게 여행에 필요한 것을 가지고 가라고 말했다.
❸ Il a pris son chapeau pour sortir.
그는 외출하기 위해 모자를 썼다.
❹ Elle a pris ses lunettes pour lire le journal.
그는 신문을 보기 위해 안경을 썼다.
❺ Les Français prennent le dîner un peu tard.
프랑스 사람들은 조금 늦게 저녁식사를 한다.
❻ Le malade n'a rien pris depuis deux jours.
환자가 이틀 전부터 아무것도 먹지 않았다.

❼ Prenez-vous de la crème dans le café?

커피에 크림을 넣어서 드세요?

❽ Il a pris le train pour aller à Pusan.

그는 부산에 가기 위해 기차를 탔다.

❾ Il prend un bon rhume depuis deux jours.

그는 이틀 전부터 심한 감기를 앓고 있다.

❿ Ce devoir prendra toute la journée.

그 숙제를 하려면 하루 종일 걸릴 것이다.

⓫ Les feuilles commencent à prendre une couleur rouge.

나뭇잎들이 붉은 빛깔을 띠기 시작한다.

⓬ J'ai pris quatre photos de l'église.

나는 네 장의 교회 사진을 찍었다.

⓭ Il prend un bain froid tous les matins.

그는 매일 아침 냉수욕을 한다.

⓮ On prend le soleil à la plage.

사람들이 해변에서 일광욕을 한다.

⓯ Sortons un peu prendre l'air.

바람 쐬러 좀 나갑시다.

⓰ Sylvie a pris du poids.

Sylvie는 체중이 늘었다.

⓱ Il a pris du ventre.

그는 배가 나왔다.

⓲ Il ne manque pas de prendre des notes pendant les cours.

그는 강의 시간에 필기하는 것을 잊지 않는다.

⓳ J'ai pris la mesure de l'armoire.

나는 장롱의 치수를 재어보았다.

⓴ Ce papier ne prend pas l'encre.

이 종이는 잉크가 배지 않는다.

㉑ Mes chaussures prennent de l'eau.

내 신발은 물이 샌다.

㉒ Cette robe prend bien la taille.

그 드레스는 허리에 꼭 낀다.

1.1.5. N_0 prendre *qn*: 맞이하다, 받아들이다; 채용하다, 고용하다; 태우다, 싣다; 데리러 가다; 다루다, 구슬리다.

❶ Le médecin vous prendra à onze heures.

의사 선생님께서 11시에 당신을 진료할겁니다.

❷ Ce lycée ne prend que les élèves du quartier.

그 고등학교는 구역의 학생들만 들어갈 수 있다.

❸ Elle pense à prendre des pensionnaires.

그녀는 하숙생들을 받을까 생각하고 있다.

❹ On l'a pris à [pour] témoin.

사람들은 그를 증인으로 삼았다.

❺ Elle l'a pris comme secrétaire pour l'aider.

그녀는 그를 자기를 도와 줄 비서를 채용했다.

❻ Ce taxi ne prend pas les clients avec des chiens.

이 택시는 개를 동반한 손님은 태우지 않는다.

❼ J'irai te prendre à la gare.

역으로 데리러 갈께.

❽ Elle a pris cet enfant par la douceur.

그녀는 그 아이를 부드럽게 다루었다.

❾ Je ne sais pas par où le prendre.

그를 어떻게 다루어야 할지 모르겠다.

1.1.6. N₀ prendre + 무관사명사

❶ Elle a pris congé de ses amis.

그녀는 친구들과 작별 인사를 했다.

❷ Il faut prendre soin d'éteindre la lumière avant de sortir.

외출하기 전에 신경써서 불을 꺼야 한다.

❸ Ils ont décidé de prendre part à la manifestation.

그들은 시위에 참가하기로 결정했다.

❹ Prends courage, ce n'est pas grave.

기운을 내라, 대단한 일이 아니다.

❺ Il a pris froid en sortant à l'aube du jour.

그는 새벽에 나갔다가 감기에 걸렸다.

❻ La maision a pris feu tout de suite.

집에 곧 불이 붙었다.

1.2. N₀ prendre *qn/qc* à *qn/qc*: ···에게서 ···을 빼앗다.

❶ Le brigand lui a pris de l'argent.

강도가 그의 돈을 빼앗았다.

❷ La mort lui a pris sa femme.

죽음이 그의 아내를 앗아갔다.

❸ Les troupes ont pris une position importante à l'ennemi.

군대가 적으로부터 중요한 진지를 빼앗았다.

❹ Ce travail m'a pris beaucoup de temps.

나는 그일 때문에 많은 시간을 빼앗겼다.

❺ Elle lui a pris un baiser.

그는 그에게 강제로 키스했다.

1.3. N$_0$ prendre *qn/qc* pour *qn/qc*: …을 …로 여기다, 생각하다; 착각하다.

❶ Nous le prenons pour un des plus grands artistes actuels.
우리는 그를 현존하는 가장 **훌륭한** 예술가 중의 한 사람이라고 생각한다.

❷ Me prenez-vous pour un imbécile?
당신은 나를 바보로 생각하십니까?

❸ Elle a tendance à prendre ses désirs pour des réalités.
그녀는 현실이 원하는대로 되리라고 생각하는 성향이 있다.

❹ On la prend souvent pour sa soeur.
사람들은 자주 그녀를 그녀의 언니로 착각한다.

1.4. N$_0$ prendre *qn/qc* en *qc*: …을 …하게 생각하다, 여기다; …을 (행)하다.

❶ Ce jour-là, je l'ai prise en pitié.
그날 나는 그녀를 측은하게 여겼다.

❷ Sa mère prend les malheurux en sympathie.
그의 어머니는 불쌍한 사람들을 동정한다.

❸ Elle prend ces sortes de mensonges en horreur [aversion].
그녀는 그런 류의 거짓말을 아주 싫어한다.

❹ Il faut prendre tous les cas imaginables en considération.
상상할 수 있는 모든 경우를 고려해야 한다.

❺ Ils ont commencé à prendre les voleurs en chasse.
그들은 도둑들의 뒤를 쫓기 시작했다.

2. 자동사

2.1. N$_0$ prendre

2.1.1. N$_0$ prendre: 굳어지다, 엉기다; 눌어붙다; 얼다.

❶ Cette mayonnaise ne prend pas.
이 마요네즈는 굳지 않는다.

❷ Le ciment a pris rapidement.
시멘트가 신속하게 굳었다.

❸ La soupe a pris au fond de la casserole.
수프가 냄비 바닥에 눌어붙었다.

❹ La rivière a pris.
강이 얼어붙었다.

2.1.2. N₀ prendre: (불이) 붙다; (액체가) 스며들다, 물들다; (식물이) 뿌리를 내리다; 싹이 돈다.

❶ Le feu a pris à l'étable [au deuxième étage].
외양간 [3층] 에 불이 붙었다.

❷ La teinture de ce tissu a bien pris.
이 천은 염색이 잘 되었다.

❸ L'encre ne prend pas sur ce papier.
이 종이는 잉크가 씌어지지 않는다.

❹ Les arbres transplantés n'ont pas pris.
옮겨 심은 나무들이 뿌리를 내리지 못했다.

❺ La bouture a pris.
꺾꽂이한 가지가 싹이 돋았다.

2.1.3. N₀ prendre: (길·방향을) 택하다, 접어들다; (길 따위가) 시작되다.

❶ Ils ont pris à droite.
그들은 오른쪽으로 접어들었다.

❷ Ils ont décidé de prendre au [par le] plus court.
그들은 지름길로 질러가기로 했다.

❸ Cette rue prend devant le cathédrale.
그 길은 성당 앞에서 시작된다.

2.1.4. N₀ prendre: 효과를 내다; 성공하다, 인기를 끌다; 받아들여지다, 인정되다.

❶ Le vaccin a pris.
우두가 효과가 있었다.

❷ Ce film ne prendra pas.
그 영화는 성공하지 못할 것이다.

❸ Son mensonge n'a pas pris.
그의 거짓말은 통하지 않았다.

❹ Ça ne prend pas avec moi.
그런 수는 내게 통하지 않는다.

❺ Son histoire n'a pas pris.
그의 이야기는 인정받지 못했다

2.2. N₀ prendre à *qn*: (감정 따위가) 엄습하다, 사로잡다.

❶ La peur lui a pris.
두려움이 그를 엄습했다.

❷ Tout à coup, l'idée lui a pris de partir.
그는 갑자기 떠나야겠다는 생각이 들었다.

❸ La chaleur lui a pris.
　그는 열이 났다.
❹ Le vin lui a pris à la tête.
　술기운이 그의 머리로 올라왔다.
❺ Qu'est-ce qui lui prend?
　그가 무슨 일이지?

2.2.1. 비인칭구문

❶ Il lui a pris un mal de dents.
　그는 치통에 걸렸다.
❷ Il m'a pris un dégoût.
　나는 싫증이 났다.
❸ Il lui a pris l'envie de sortir.
　그는 외출하고 싶어졌다.

3. 대명동사

3.1. N_0 se prendre

3.1.1. N_0 se prendre: 잡히다; 포획되다; 걸리다, 끼이다.

❶ Cet outil se prend par le milieu.
　그 도구는 중간을 잡아야 한다.
❷ Ce poission se prend généralement au filet.
　그 물고기는 대개 그물로 잡는다.
❸ Sa culotte s'est prise dans les ronces.
　그의 바지가 가시덤불에 걸렸다.

3.1.2. N_0 se prendre: 먹다, 복용되다; (말 따위가) 쓰이다, 사용되다; 받아들여지다, 이해 [해석] 되다.

❶ Le goûter se prend à quatre heures.
　간식은 4시에 먹는다.
❷ Ce comprimé doit se prendre à jeun.
　이 알약은 공복에 복용해야 한다.
❸ Cette expression se prend dans cette acception.
　이 표현은 그런 의미로 쓰인다.

❹ Ma remarque s'est mal prise.
내 지적이 잘못 받아들여졌다.

3.1.3. N_0 se prendre: 서로 잡다.

❶ Ils se sont pris par le bras.
그들은 서로 팔을 잡았다.
❷ Elles se sont prises aux cheveux.
그 여자들은 서로 머리채를 잡고 싸웠다.

3.1.4. N_0 se prendre: (질병 따위가) 발생하다; (하늘이) 흐려지다.

❶ La grippe se prend facilement en hiver.
겨울에는 감기가 쉽게 발생한다.
❷ Le ciel se prend.
하늘이 흐려진다.

3.2. N_0 se prendre *qc*: 서로 빼앗다.

❶ Les joueurs cherchent à se prendre le ballon.
선수들이 공을 서로 빼앗으려고 애쓴다.

3.3. N_0 se prendre à *qn/qc*: …에 전념하다, 열중하다; …에 매달리다.

❶ Ils se prennent au jeu.
그들은 게임에 열중한다.
❷ Il s'est pris à l'arbre [à moi].
그는 나무에 [내게] 매달렸다.

3.4. N_0 se prendre à *inf*: …하기 시작하다.

❶ Elles se sont prises à pleurer.
그 여자들이 울기 시작했다.

3.5. N_0 se prendre pour *qn*: 자기를 …라고 생각하다.

❶ Il se prend pour un grand artiste.
그는 자기를 **훌륭**한 예술가라고 생각한다.
❷ Pour qui se prend-il?
그는 도대체 자기가 무어라고 생각하는 거야?
❸ Il a fait se prendre pour un peintre.
그는 자기를 화가로 통하게 했다.

3.6. N_0 se prendre de *qc*: (감정을) 느끼다, 품다.

❶ Il s'est pris d'amitié pour elle.
그는 그녀에게 우의를 느꼈다.

❷ Ils se sont pris de querelle.
그들은 서로 싸웠다.

3.7. N_0 s'en prendre à *qn/qc*: …을 공격하다, 비난하다.

❶ Ils s'en sont pris aux adversaires politiques.
그들은 정적들을 비난했다.

❷ Ne t'en prends qu'à toi-même.
탓할 것은 네 자신이다.

3.7. N_0 s'y prendre: 행동하다, 처신하다; 착수하다.

❶ Il faut vous y prendre autrement.
당신은 달리 행동해야 합니다.

❷ Je ne sais pas comment m'y prendre.
나는 어떻게 처신해야 할지 모르겠다.

❸ Il faudra s'y prendre plus tôt.
좀 더 일찍 착수해야 할 것이다.

MEMO NOTE

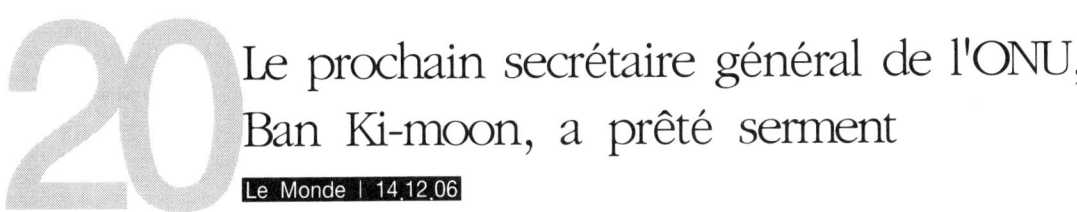

20 Le prochain secrétaire général de l'ONU, Ban Ki-moon, a prêté serment

Le Monde | 14,12,06

Moi, Ban Ki-moon, je jure solennellement d'exercer[1] les fonctions de secrétaire général[2] des Nations unies qui me sont confiées,[3] avec loyauté, bon sens et conscience",[4] a lancé[5] devant les représentants des 192 Etats membres de l'ONU, jeudi 14 décembre, le successeur de Kofi Annan.[6]

Le 1er janvier 2007, le Sud-Coréen deviendra le huitième secrétaire général des Nations unies. Lors d'une cérémonie[7] dans l'amphithéâtre de l'Assemblée générale,[8] la présidente de l'Assemblée, Haya Rashed Al-Khalifa,[9] a recueilli[10] le serment de l'ancien ministre des affaires étrangères sud-coréen, élu en octobre pour[11] un mandat de cinq ans à la tête[12] de l'ONU.

La main droite levée,[13] la gauche posée sur la Charte des Nations unies,[14] Ban Ki-moon, 62 ans, **s'est engagé** à exercer ses fonctions "en ayant uniquement à l'esprit les intérêts des Nations unies",[15] et à "ne pas rechercher ou accepter d'instructions (...) d'un gouvernement quelconque[16] ou d'aucune autorité[17] extérieure à[18] l'organisation".[19]

"SECRÉTARIAT UN PEU ESSOUFFLÉ"

Le diplomate a ensuite rendu hommage à son prédécesseur,[20] le Ghanéen Kofi Annan, promettant de poursuivre son œuvre,[21] notamment en réformant l'institution. Il a déclaré que l'une de ses principales tâches sera de "revivifier et susciter un regain de confiance[22] envers un secrétariat de l'ONU un peu essoufflé".[23]

Ban Ki-moon **arrive** à la tête[12] de l'organisation mondiale alors[24] qu'est en cours[25] une profonde réforme de son fonctionnement et de certaines de ses structures, rendue nécessaire[26] à la fois[27] par les exigences d'un monde en mutation[28] et par plusieurs scandales internes de mauvaise gestion ou de corruption, notamment celui[29] du programme irakien "Pétrole contre nourriture".[30]

"Je m'efforcerai d'établir[31] les critères éthiques les plus élevés.[31] La bonne réputation de l'ONU est l'un de ses plus précieux[32] atouts[33] mais aussi[34] l'un des plus vulnérables",[32] a-t-il dit. Dans ce discours, dont il a prononcé quelques paragraphes en français – l'une des langues officielles de l'ONU –, Ban Ki-moon a également affirmé que "les Etats membres ont besoin d'un secrétariat dynamique et courageux,[35] et non d'un secrétariat passif et timoré".[36]

 ## 어휘 및 표현

1: jurer *qc* (à *qn*), jurer (à *qn*) de *inf*, jurer (à *qn*) que + *ind.*: (…에게) …(할 것)을 맹세하다.

2: secrétaire général (des Nations unies): (유엔) 사무총장.

3: confier *qn/qc* à *qn/qc*: …에게 …을 맡기다, 위임하다, 의뢰하다.

4: avec loyauté, bon sens et conscience: 충직하게 지각과 양심을 가지고.

5: lancer: (소리를) 내지르다, 던지듯 말하다; (비난 따위를) 가하다; (결정·통첩·호소문 따위를) 보내다.

6: Kofi Annan: 가나 출신의 외교관. 1996년 10월 유엔 사무총장으로 선출되어 2006년 12월까지 일했음.

7: lors de *qc*: …의 때에, …동안에.

8: Assemblée générale: 총회.

9: Haya Rashed Al-Khalifa: 바레인 출신의 여성 외교관. 2006년 61차 유엔총회 의장으로 활동.

10: recueillir: (증언·선서 따위를) 듣다, 청취하다.

11: pour: 예정·기간을 나타내는 용법. pour un mandat de cinq ans 5년의 임기로. partir pour trois mois 3개월 예정으로 떠나다.

12: tête: 지도자, 리더, 수장. tête d'une entreprise 기업의 사장. tête du gouvernement 정부의 수반.

13: la main droite levée: 오른 손을 들고.

14: la gauche posée sur la Charte des Nations unies: 왼손은 유엔헌장 위에 얹고. la gauche는 la main gauche.

15: avoir qc à l'esprit: ⋯을 염두에 두다, 생각하다. 여기에서는 「en + 현재분사」의 제롱디프로 쓰임. p.285

16: quelconque: 어떤(n'importe lequel). pour une raison quelconque 그 어떤 이유로든지.

17: autorité: 기관, 당국, 관청.

18: extérieur à qc: ⋯밖의, 외부의.

19: organisation: Organisation des Nations unies.

20: rendre hommage à qn: ⋯을 찬양하다, ⋯에 경의를 표하다.

21: promettre (à qn) de inf: (⋯에게) ⋯할 것을 약속하다. 여기서는 분사구문으로 쓰임.

22: regain: 회복, 소생. regain de jeunesse 회춘. regain de santé 건강의 회복.

23: essoufflé: 숨이 찬; 지친; (활동 따위가) 정체된, 저조한, 지지부진한.

24: alors que + ind.: ⋯인데 비해, ⋯임에 반해; ⋯일 때.

25: être en cours: 진행중이다. 주어와 동사가 도치된 구문.

26: rendre qn/qc + 속사: ⋯을 ⋯하게 만들다.

27: à la fois: a) 동시에, 한꺼번에(=en même temps). faire deux choses à la fois 동시에 두 가지 일을 하다. b) à la fois A et B: un être à la fois identique et changeante 동일하면서도 변화하는 존재. 여기서는 à la fois par les exigences ⋯ et par plusieurs scandales ⋯ 의 구조.

28: en mutation: 변화하는. société en pleine mutation 전반적인 변혁기의 사회.

29: celui: 지시대명사로 앞의 scandale을 가리킴.

30: programme irakien "Pétrole contre nourriture": 유엔의 '이라크 석유·식량교환 계획'. 코피 아난 유엔 사무총장 아들이 이라크 석유·식량계획 비리와 관련하여 비리 연루업체인 스위스 회사 코테크나로부터 돈을 받은 것으로 드러났음.

31: s'efforcer à [de] inf: ⋯하려고 애쓰다. à inf는 y로 대리됨.

32: 정관사 + 비교급으로 구성된 최상급. 정관사 대신 소유형용사가 쓰이기도 함.

33: atout: 으뜸 패, 상수 패; 성공의 수단, 유력한 수단.

34: mais aussi: 또한, 게다가.

35: avoir besoin de qn/qc/inf: ⋯(하는 것)이 필요하다.

36: et non: 동일한 어구의 부정. C'est pour vous et non pour moi. 그것은 당신을 위한 것이지 나를 위한 것이 아니다.

<h1 style="text-align:center">① engager</h1>

1. 타동사

1.1. N_0 engager qc

1.1.1. N_0 engager qc: 저당잡히다; (보증으로) 주다, 걸다; (약속 따위를) 하다.

❶ Il a engagé sa montre au mont-de-piété.
그는 전당포에 시계를 저당잡혔다.
❷ Nous avons engagé notre maison à nos créanciers.
우리는 집을 채권자에게 저당잡혔다.
❸ J'engagerai mon honneur.
나는 내 명예를 걸겠다.
❹ Il a hésité à engager la parole à ce sujet.
그는 그에 언질을 주기를 주저했다.

1.1.2. N_0 engager qc: 끼우다, 맞물리게 하다; (좁은 곳에) 진입시키다, 끌고 들어가다.

❶ Il a engagé la clé dans la serrure.
그는 열쇠를 열쇠 구멍에 끼웠다.
❷ Elle a engagé la corde dans un oeillet.
그녀는 끈을 구멍에 끼웠다.
❸ Ils ont engagé le bateau dans un chenal.
그들은 배를 수로에 진입시켰다.
❹ Il a mal engagé sa voiture pour la garer.
그는 주차하는 데 차를 잘못 대었다.

1.1.3. N_0 engager qc: 시작하다, 개시하다, 착수하다.

❶ Les deux parties concernées ont engagé les négociations pour régler ce problème.
양 당사자들은 그 문제를 해결하기 위해 협상을 시작했다.
❷ Ils ont engagé des discussions marathon avec les syndicats.
그들은 조합 측과 마라톤 회의를 시작했다.
❸ La bataille a été engagée dès le matin.
아침부터 전투가 시작되었다.

1.2. N$_0$ engager *qn*

1.2.1. N$_0$ engager *qn*: 고용하다; 징집하다; 가입시키다.

❶ Nous l'avons engagé comme chauffeur.
우리는 그를 운전기사로 고용했다.

❷ Jean a été engagé comme secrétaire.
Jean은 비서로 채용되었다.

❸ Un gouvernement africain a engagé des mercenaires.
아프리카의 정부가 용병들을 고용했다.

❹ L'Opéra a engagé une nouvelle cantatrice.
오페라 극장이 새 여성 성악가와 계약을 했다.

❺ Il veut engager ses amis dans cette association.
그는 친구들을 그 협회에 가입시키고 싶어 한다.

1.2.2. N$_0$ engager *qn*: 구속하다, 얽매다; 약혼시키다, 정혼하다.

❶ Cette signature vous engage.
그 서명을 한 이상 책임이 있습니다.

❷ Il ne veut rien dire qui puisse l'engager.
그는 자신을 구속할만한 말은 전혀 하지 않으려고 한다.

❸ Les paroles n'engagent personne.
말하는 것은 자유다.

❹ Je suis engagé demain soir.
나는 내일 저녁에 약속이 있다.

1.2.2.1. N$_0$ engager *qn* à *qn/qc*

❶ Cela ne vous engage à rien.
그것은 당신을 조금도 구속하지 않는다.

❷ Il veut engager sa fille à un jeune officier.
그는 딸을 젊은 장교와 결혼시키고자 한다.

1.2.2.1.1. N$_0$ engager à *qc*

❶ Cela n'engage à rien.
그것은 조금도 구속하지 않습니다; 부담 갖지 마세요.

1.3. N$_0$ engager *qn/qc*: 투자하다, 투입하다.

❶ L'état-major a décidé d'engager les réserves dans la bataille.
참모본부는 예비군을 전투에 투입하기로 결정했다.

❷ Son frère nous a demandé d'engager nos capitaux dans son entreprise.
그의 형은 우리에게 우리 자본을 그의 기업에 투자할 것을 요구했다.

1.4. N_0 engager *qn/qc* dans/sur *qc*: (어떤 상황에) 끌어넣다, 빠뜨리다.

❶ Il a engagé son voisin dans une vilaine affaire.
그는 그의 이웃 사람을 비열한 사건에 끌어들였다.
❷ Il a engagé son ami sur une fausse piste.
그는 친구를 잘못된 길로 들어서게 했다.
❸ Cette proposition risque d'engager la négociation dans une imapsse.
그 제안은 협상을 교착상태에 빠지게 할 우려가 있다.

1.5. N_0 engager *qn* à *qc*: …에게 …하도록 권유하다, 촉구하다.

❶ Je vous engage à la prudence.
당신에게 신중을 기할 것을 권합니다.
❷ Je l'ai engagée à la patience.
나는 그녀에게 참으라고 했다.
❸ On l'a engagé à la poursuite de ses travaux.
사람들은 그에게 그의 일을 계속하라고 했다.

1.5.1. N_0 engager à *qc*

❶ Cet échec engage à plus de prudence.
이 실패는 더욱 신중을 기하도록 하고 있다.
❷ La chaleur engage à la paresse.
날씨가 더우면 나태해진다.

1.6. N_0 engager *qn* à *inf*: …에게 …하도록 권유하다, 촉구하다.

❶ Il a engagé ses enfants à lire cette oeuvre.
그는 아이들에게 그 작품을 읽게 했다.
❷ Son oncle l'a engagé à poursuivre ses études.
그의 삼촌이 그에게 학업을 계속하라고 했다.
❸ Il a engagé les soldats à tuer les chefs.
그는 병사들에게 두목들을 죽이게 했다.
★ à *inf*는 중성대명사 y로 대리된다.

1.7. N_0 engager *qn* à ce que + *subj.*: …에게 …하도록 권유하다, 촉구하다.

❶ Ce fait l'a engagé à ce qu'il révise ses projets.
그 사실은 그에게 그의 계획을 수정하게 했다.

2. 대명동사

2.1. N_0 s'engager

2.1.1. N_0 s'engager: 저당잡히다, 담보로 잡히다.

❶ Ces bijoux s'engagent facilement.
  이 보석들은 쉽게 담보로 할 수 있다.

2.1.2. N_0 s'engager: 들어가다, 진입하다.

❶ Le camion s'engage dans le tunnel.
  트럭이 터널로 들어간다.

❷ Quittant l'autoroute, sa voiture s'est engagée sur un chemin de terre qui conduisait
  à la mer.
  그의 차는 고속도로를 빠져나오자 바다로 향하는 흙길로 들어섰다.

2.1.3. N_0 s'engager: 시작되다, 착수되다.

❶ La table ronde s'est engagée après la conférence.
  강연이 끝나고 토론회가 시작되었다.

❷ L'affaire s'engage bien.
  일의 시작이 순조롭다.

2.1.4. N_0 s'engager: 고용되다; (군에) 지원하다.

❶ Elle s'est engagée comme secrétaire.
  그는 비서로 채용되었다.

❷ Il s'est engagé dans la Légion étrangère.
  그는 외인부대에 입대했다.

2.1.5. N_0 s'engager: (사업·계획 따위에) 뛰어들다, 관여하다, 가담하다; (시합 따위에) 참가하다; (작가·예술가 등이) 사회·정치 문제에 참여하다.

❶ Il s'est engagé dans une entreprise dangereuse.
  그는 위험한 계획에 뛰어들었다.

❷ Elle s'est engagée dans une lutte imprévue.
  그는 예기치 않은 싸움에 말려들었다.

❸ Il s'est trop engagé pour reculer.
  그는 발을 빼기엔 너무 깊이 관여되어 있다.

❹ Il va s'engager dans la course cycliste.

그는 자전거 경주에 참가할 것이다.

❺ Cet écrivain propose de s'engager plus activement.

그 작가는 보다 더 적극적으로 참여할 것을 제안한다.

2.2. N$_0$ s'engager à *qc*: …을 약속하다; 구속되다, 속박되다.

❶ Il s'est engagé à une réponse rapide.

그는 신속하게 답변을 해주겠다고 약속했다.

❷ Il s'est engagé à une coopération avec le Congrès.

그는 의회와 협력하겠다고 약속했다.

❸ Je ne me suis engagé à rien.

나는 어떤 것에도 구속되지 않았다.

2.2.1. N$_0$ s'engager

❶ Il s'est engagé pour son ami.

그는 친구를 위해 보증을 서주었다.

2.3. N$_0$ s'engager à *inf*. …할 것을 약속하다.

❶ Le Ministère de l'Education s'est engagé à fournir gratuitement aux élèves les manuels scolaires.

교육부는 학생들에게 교재를 무료로 제공하겠다고 약속했다.

❷ Il s'est engagé à payer ses dettes en six mois.

그는 6개월 동안에 채무를 갚겠다고 약속했다.

2.4. N$_0$ s'engager à ce que + *subj*.: …할 것을 약속하다.

❶ Le capitaine s'est engagé à ce qu'aucun soldat ne sorte.

대위는 어떤 병사도 나가지 않게 할 것을 약속했다.

② arriver

1. 자동사

1.1. N$_0$ arriver: 도착하다, 오다.

❶ Elle arrivera à Séoul ce soir.

그녀가 오늘 저녁에 서울에 도착할 것이다.

❷ Son ami n'est pas encore arrivé.
그의 친구가 아직 도착하지 않았다.

❸ Le bus arrivera cinq minutes après.
버스가 5분 후에 도착할 것이다.

❹ Un paquet est arrivé pour vous.
당신 앞으로 소포가 하나 왔습니다.

❺ Le jour de la gloire est arrivé.
영광의 날이 왔다.

❻ J'arrive!
갑니다.

1.1.1. N$_0$ arriver *inf*. ···하러 오다.

❶ Il arrivera vous prendre à la gare.
그가 당신을 역에 데려다주러 올 것입니다.

❷ Elle arrive tout de suite chercher son enfant.
그녀가 곧 아이를 찾으러 올 것이다.

1.1.2. N$_0$ arriver + 속사

❶ Ce coureur cycliste est arrivé (le) premier.
그 자전거 경주자가 1등으로 도착했다.

❷ Elle arrivera seule.
그녀는 혼자 올 것이다.

1.2. N$_0$ arriver: (일·사건 따위가) 일어나다, 발생하다; (말·생각 따위가) 떠오르다.

❶ Un accident est arrivé ici hier soir.
어제 저녁에 여기에서 사고가 있었다.

❷ Cela arrive tous les jours.
그러한 일은 매일 일어난다.

❸ Un malheur n'arrive jamais seul.
불행은 겹치게 마련이다.

❹ Qu'est-ce qui est arrivé?
무슨 일이야?

❺ Un moment, le mot n'arrive pas.
잠깐만요, 단어가 생각나지 않는군요.

1.2.1. N$_0$ arriver à *qn*

❶ Un malheur lui est arrivé.
그에게 불행한 일이 닥쳤다.

❷ Je ne sais pas ce qui lui est arrivé.

나는 그에게 무슨 일이 일어났는지 모르겠다.

❸ Cela peut arriver à tout le monde.

그것은 누구에게나 일어날 수 있다.

1.2.2. (de) *inf* (cela) arriver à *qn*; que + *subj.* (cela) arriver

❶ (De) perdre mon portefeuille (cela) ne m'est pas encore arrivé.

아직 내가 지갑을 잃어버리는 일이 일어나지 않았다.

❷ Qu'il se trompe, cela arrive.

그가 착각하는 경우가 있다.

1.3. N₀ arriver: 출세하다, 성공하다.

❶ C'est un homme qui arrivera.

그는 성공할 사람이다.

❷ Cet homme voulait à tout prix arriver.

그 사람은 어떤 대가를 치르고서라도 성공하기를 원했다.

1.4. N₀ arriver à *qc*: ···에 이르다, 도달하다.

❶ Il n'arrivera pas à son but.

그는 목표에 도달하지 못할 것이다.

❷ Je suis arrivé à un âge où il faut me retirer.

나는 은퇴해야 할 나이가 되었다.

❸ L'eau lui arrive à la ceinture.

물이 그의 허리까지 찼다.

★ à *qc*는 중성대명사 y로 대리될 수 있다.

1.4.1. N₀ arriver à *inf*

❶ Elle est arrivée à le convaincre.

그녀는 그를 설득시키고야 말았다.

❷ Il est arrivé à obtenir ce qu'il voulait.

그는 그가 원하는 것을 얻어냈다.

★ à *inf*는 중성대명사 y로 대리될 수 있다.

1.4.2. N₀ arriver à ce que + *subj.*

❶ Elle est arrivée à ce qu'il le reconnaisse.

그녀는 그가 그것을 인정하게 했다.

❷ Il est arrivé à ce que tout le monde le respecte.
그는 모든 사람들로부터 존경을 받기에 이르렀다.

★ à ce que + *subj.*는 중성대명사 y로 대리될 수 있다.

1.5. N_0 en arriver à *qc*: 마침내 …(하기)에 이르다.

❶ Ils en arrivent à la rupture.
그들은 끝내 절교하기에 이르렀다.
❷ Comment peut-on en arriver là?
어떻게 그렇게까지 될 수가 있습니까?

1.5.1. N_0 en arriver à *inf*

❶ Elle en arrive à se demander s'il est honnête.
그녀는 그가 정직한 사람인지 자문하게 되었다.
❷ Il en est arrivé à croire à la vache qui rit.
그는 마침내 소가 웃는다는 것을 믿게 되었다.

1.5.2. N_0 en arriver à ce que + *subj.*

❶ Elle en est arrivée à ce qu'elle ne lui parle plus.
그녀는 끝내 더 이상 그에게 말을 하지 않기에 이르렀다.

2. 비인칭구문

2.1. il arriver *qn/qc* (à *qn*): …이 도착하다, 오다.

❶ A ce moment, il est arrivé six personnes de plus.
그때 여섯 사람이 더 왔다.
❷ Il arrive un moment où il faut nous décider.
우리가 결정해야 할 순간이 온다.
❸ Il lui est arrivé une lettre de Séoul.
서울에서 그에게 편지가 왔다.

2.2. il arriver *qc*: …이 일어나다, 발생하다.

❶ Il est arrivé un accident au coin de la rue.
길 모퉁이에서 사고가 났다.
❷ Il arrive parfois des choses étranges dans cette maison.
그 집에서 가끔 이상한 일들이 일어난다.

❸ Il est arrivé beaucoup d'événements en son absence.
그가 없는 동안에 많은 사건이 일어났다.

2.2.1. il arriver *qc* à *qn*

❶ Il lui est arrivé un malheur.
그에게 불행한 일이 닥쳤다.
❷ Il ne nous est rien arrivé.
우리에게 아무런 일도 일어나지 않았다.
❸ Qu'est-ce qu'il lui est arrivé?
그에게 무슨 일이 일어났습니까?

2.3. il arriver à *qn* de *inf.*: …에게 …하는 일이 있다.

❶ Il arrive à tout le monde de se tromper.
누구나 착각하는 일이 경우가 있다.
❷ Il lui arrive souvent de perdre son sang-froid.
그가 침착성을 잃는 경우가 자주 있다,
❸ Il m'est arrivé de la rencontrer.
우연히 내가 그녀를 만나기도 했다.

2.4. il arriver (à *qn*) que + *subj.*: (…에게) …하는 일이 있다.

❶ Il arrive qu'elle prenne le déjeuner en ville.
그녀가 시내에서 점심식사 할 때도 있다.
❷ Il lui est arrivé qu'il fasse des erreurs.
그가 오류를 범하는 일이 일어나기도 했다.
❸ Il arrive qu'il fasse froid en mai.
5월에도 날씨가 추운 경우가 있다.
★ 현실적인 사실을 나타낼 때는 직설법을 쓴다.
❹ Il arrivait parfois qu'elle rentrait à l'aube.
가끔 그녀가 새벽에 돌아오곤 했다.
❺ Il arriva que son oncle mourut.
그의 삼촌이 죽었다.

21 Tokyo tente de calmer la polémique sur les "femmes de réconfort"

Le Monde | 08.03.07

Le tollé suscité en Chine, en Corée du Sud et du Nord ainsi qu'aux Philippines[1] par les déclarations faites le 5 mars par le premier ministre, Shinzo Abe, sur l'absence de "coercition" dans l'esclavage sexuel[2] pratiqué par l'armée japonaise au cours de la guerre du Pacifique[3] embarrasse Tokyo. Les photographies de Philippines âgées brandissant devant l'ambassade japonaise à Manille des pancartes sur lesquelles[4] on peut lire "J'ai été violée !", "Abe menteur !", ne sont pas la meilleure publicité pour un pays qui entend[5] accroître son poids[6] sur la scène mondiale. "Le Japon se déshonore par ces efforts pour contourner[7] la vérité", écrit le New York Times dans un éditorial.

Tokyo cherche à calmer la polémique[8] en précisant que M. Abe n'a pas nié "toute coercition" mais a mis en cause une "coercition[9] au sens strict"[10] (par exemple des rafles par l'armée) qu'aucun document ne prouve. Le premier ministre a réaffirmé devant le Parlement respecter[11] la déclaration du gouvernement Miyazawa[12] qui, en 1993, avait reconnu l'implication "directe et indirecte de l'armée dans la création et la gestion des bordels militaires".[13] Le secrétaire du cabinet et porte-parole du gouvernement,[14] Yasuhisa Shiozaki, a déclaré, mercredi 7 mars, que "la position du Japon n'avait pas changé".

M. Abe pourrait[15] demander un réexamen du dossier[16] par des historiens. La position défendue[17] par le premier ministre reflète, jusqu'à un certain point,[18] une part de vérité : l'armée impériale s'en remettait le plus souvent à[19] des marchands de femmes civils[20] disposant de complicités locales[21] pour alimenter[22] les bordels militaires.[13] Il reste[23] que leurs pensionnaires étaient contraintes, après avoir été enlevées ou dupées, à[24] servir au repos du guerrier nippon. L'état-major non seulement couvrait[25] mais[26] commanditait[27] des pratiques dont le nombre des victimes[28] (200.000 Asiatiques et quelques Européennes, dont[29] 50.000 sont toujours vivantes) démontre qu'elles[30] étaient systématiques.

Le tollé soulevé par les déclarations de M. Abe a été attisé[31] par sa participation dans le passé[32] à un groupe d'une centaine de parlementaires qui critiquent la position de leur gouvernement sur les "femmes de réconfort"[33] (euphémisme pour désigner les victimes de l'esclavage sexuel)[2] et s'insurgent contre[34] le projet de résolution au Congrès américain[35] demandant au Japon des excuses officielles. Issu[36] de la droite[37] du Parti libéral-démocrate,[38] M. Abe a cherché à contenter ses amis politiques[8] par une déclaration qui s'est avérée maladroite.[39]

Sa volonté de s'en tenir à la déclaration de 1993[40] sera mesurée par la reconduction[41] ou non,[42] à la fin mars, du Fonds pour les femmes asiatiques[43] créé en 1995 par le premier ministre socialiste Tomiichii Murayama pour dédommager[44] les "femmes de réconfort".[33]

 어휘 및 표현

1: ainsi que: a) ···와 아울러, 그리고 또. Sa patience ainsi que sa modestie étaient connues de tous. 그의 인내심과 겸손함은 모두에게 알려져 있다. b) ···처럼, ···와 같이. Il a été puni ainsi que son camarade. 그는 그의 친구처럼 벌을 받았다.

2: esclavage sexuel: 성노예 (제도, 행위). 일본군 종군 위안부를 가리킴.

3: au cours de *qc*: ··· 중에, ··· 동안. au cours de la guerre du Pacifique 태평양 전쟁 중에.

4: lesquelles: pancartes를 선행사로 하는 복합형 관계대명사. p.192

5: entendre *inf*: ···하고자 의도하다; 원하다, 바라다. Je n'entends pas m'opposer à sa proposition. 나는 그의 제의에 반대할 생각이 없다.

6: poids: 영향력, 중요성, 비중. accroître son poids sur la scène mondiale 국제무대에서의

영향력을 확대하다.

7: contourner: 비꼬다, 뒤틀다; 왜곡하다. contourner la vérité 진실을 왜곡하다.

8: chercher à *inf*: …하려고 애쓰다 [노력하다]. à *inf*를 le로 대명사화할 수 있음.

9: mettre *qn/qc* en cause: …을 문제로 삼다.

10: au sens strict: 엄밀한 의미의.

11: réaffirmer *inf*: …하다고 다시 확언 [단언, 주장] 하다.

12: déclaration du gouvernement Miyazawa: 1993년 8월 4일 미야자와 내각의 종군위안부 관계 조사 결과 발표에 대한 고노 요헤이 관방장관의 담화로 고노 담화라고도 함. 이 담화에서 일본정부는 종군위안부의 존재와 강제성을 공식적으로 시인하고 사죄를 표명하였음.

13: bordel: 갈보집, 매음굴. 여기서 bordels militaires은 종군 위안소를 가리킴.

14: secrétaire du cabinet et porte-parole du gouvernement: (일본의) 관방장관. 총리의 보좌관으로 우리의 청와대 비서실장에 해당하는 직제로 총리가 주관하는 일들에 대한 실무적인 일들을 담당하고 일본 정부의 대변인으로 공식적인 입장 표명을 함.

15: 여기에서 조건법은 확인되지 않은 사실의 진술·추측을 나타냄.

16: dossier: 사안, 사건. dossier nucléaire de l'Iran 이란의 핵문제.

17: défendre: 지지하다, 옹호하다, 변호하다.

18: jusqu'à un certain point: 어느 정도까지는.

19: s'en remettre à *qn/qc*: …에게 맡기다, 일임하다.

20: marchands de femmes civils: 민간인 여성 매매인.

21: disposer de *qc*: …을 이용하다, 사용하다. Il dispose d'une voiture. 그는 자동차를 한 대 가지고 있다. disposer de complicités locales 지역에서 공모하다.

22: alimenter *qn/qc* (en/de *qn/qc*): …에 (…을) 공급하다, 제공하다. alimenter une machine de courant 기계에 전기를 공급하다. alimenter la conversation 화제거리가 되다. alimenter les avants 전위에게 (공을) 패스하다.

23: (il) rester que + *ind.*: 그래도 …인 것은 사실이다, …임에 변함이 없다. p.228

24: être contraint à [de] *inf*: …하지 않을 수 없다. Elle a été contrainte à [d'] accepter. 그녀는 받아들이지 않을 수 없었다.

25: couvrir: 감싸다, 보호하다, 비호하다.

26: non [ne pas] seulement … mais (ausssi, encore, également) …: 단지 …뿐만 아니라 …도. Non seulement il a neigé, mais (aussi) il a fait très froid. 단지 눈만 온 것이 아니라 날씨가 매우 추웠다.

27: commanditer: 자본을 대다, 후원하다.

28: dont: 「de + 명사구」를 대리하는 대명사로 여기서는 le nombre des victimes des pratiques의 des pratiques를 받음. p.139

29: dont: (부분의 뜻을 나타내어) 그 중에. … dont 50.000 sont toujours vivantes 그 중에

5만 명은 아직도 생존해있다. p.140

30: elles은 앞의 pratiques를 가리킴.

31: attiser: (욕망·감정 따위를) 불어 일으키다, 북돋우다.

32: dans [par] le passé: 과거에.

33: femmes de réconfort: 위안부.

34: s'insurger contre *qn/qc*: …에 대해 반란을 일으키다, 반항하다, 항의하다.

35: projet de résolution au Congrès américain: 미하원 위안부 결의안. 일본정부가 1930년부터 2차대전에 이르는 아태지역 식민통치기간 동안 일본군이 '위안부'로 알려진 젊은 여성들을 성노예화한 것에 대하여 명백하면서 모호하지 않은 방법으로 이를 공식 인정하고, 사죄하며, 역사적 책임을 수용할 것을 내용으로 하고 있음.

36: issu de *qc*: …에서 나온, …출신의. issu de sang royal 왕가 혈통의. conflit issu de rivalités économiques 경제적인 경쟁에서 비롯된 분쟁.

37: droite: 우익, 우파(↔gauche). extrême droite 극우파. voter à drtoite 우파 후보자에게 투표하다. Il est de droite. 그는 우파다

38: Parti libéral-démocrate: (일본) 자민당.

39: s'avérer + 형용사: …임이 드러나다. Sa prétention s'est avérée juste. 그의 주장은 옳은 것으로 밝혀졌다.

40: s'en tenir à *qc*: …로 만족하다, …에 그치다.

41: reconduction: (계약 따위의) 갱신; 연장, 유지.

42: ou non: (선택을 나타내어) …이건 아니건. Il se demande si elle y est allée ou non. 그는 그녀가 거기에 갔는지 안 갔는지 궁금해 한다.

43: Fonds pour les femmes asiatiques: 아시아여성기금. 위안부에 대한 일본 정부의 책임을 인정한 1993년 고노 담화 후 보상 조처를 위해 1994년 수립된 사회당의 무라야마 도미이치 총리의 3당 연립정권에서 1995년에 마련한 민간모금 기금으로, 이 기금은 3월 31일 해산하도록 되어 있음.

44: dédommager *qn/qc* de/pour *qc*: …에게 (… 대해) 배상 [보상, 변상]해주다. dédommager *qn* d'une perte …에게 손해 배상을 해주다. dédommager les sinistrés 이재민들에게 보상을 해주다.

① changer

1. 타동사

1.1. N₀ changer *qn/qc*

1.1.1. N₀ changer *qn/qc*: 바꾸다, 교체하다.

❶ Elle a changé les rideaux de sa chambre.
그녀는 방의 커튼을 바꾸었다.

❷ Il a changé la place du piano.
그는 피아노의 위치를 바꾸었다.

❸ Mon père a changé sa voiture.
아버지가 차를 바꾸셨다.

❹ Il est en train de changer la roue de la voiture.
그는 차의 바퀴를 바꾸고 있다.

❺ Le patron pense à changer le personnel de l'administration.
사장은 사무직원을 이동시킬 생각을 하고 있다.

❻ Le chauffeur a été changé.
운전기사가 바뀌었다.

1.1.2. N₀ changer *qn/qc*: (모습 · 습관 · 성격 따위를) 바꾸다, 변화시키다.

❶ Il faut changer votre manière de vivre.
당신의 생활 방식을 바꾸어야 합니다.

❷ Sa femme a changé sa coiffure.
그의 부인은 머리 모양을 바꾸었다.

❸ Cette épreuve l'a bien changé.
그러한 시련으로 그는 많이 변했다.

❹ Ce chapeau vous change.
그 모자를 쓰니 당신의 모습이 달라 보인다.

❺ Partez en voyage, ça vous changera un peu.
여행을 하시오, 기분 전환이 좀 될 테니까.

1.1.3. N₀ changer *qc*: (계획 따위를) 바꾸다, 변경하다, 수정하다.

❶ Il va changer ses projets.
그는 그의 계획을 수정할 것이다.

❷ Il a changé le contenu de ce récit.
그는 그 이야기의 내용을 바꾸었다.
❸ Le sens de la phrase est changé.
문장의 의미가 바뀌었다.

1.1.4. N₀ changer *qn/qc*: (옷을) 갈아입히다.

❶ L'infirmière a changé (le linge d')un malade.
간호사가 환자의 옷을 갈아입혔다.
❷ Elle a changé la couche du bébé.
그녀는 아기의 기저귀를 갈아 주었다.

1.1.4.1. N₀ changer

❶ Il faut que je rentre chez moi pour changer.
옷을 갈아입기 위해 집에 들어가야겠다.

1.2. N₀ changer *qc* à *qn/qc*: …에 있어 …을 바꾸다, 변경하다.

❶ Cette proposition ne changera rien à ma décision.
그러한 제안은 내 결정을 조금도 변경시키지 못할 것이다.
❷ Je n'ai rien voulu changer à cette affaire.
나는 그 일에 있어 아무 것도 어떤 것도 변경하고 싶지 않았다.
❸ Vous avez changé quelque chose à vos projets?
당신의 계획을 좀 수정했습니까?
★ à *qn*은 보어인칭대명사, à *qc*는 중성대명사 y로 될 수 있다.
❹ Allons voir un film, ça vous changera les idées.
영화를 보러갑시다, 그러면 당신의 기분이 나아질 거요.
❺ Vous n'y changera rien.
그것은 당신으로서는 어쩔 수 없을 겁니다.

1.3. N₀ changer *qn/qc* de + 무관사명사: …의 …을 바꾸다, 변경하다.

❶ Il a changé le piano de place.
그는 피아노의 위치를 바꾸었다.
❷ Nous allons changer la porte de couleur.
우리는 문의 색깔을 바꿀 것이다.
❸ Il a changé le fusil d'épaule.
그는 총을 다른 쪽 어깨에 바꾸어 메었다.
❹ C'est la deuxième fois que le directeur la change de service sans lui demander son avis.
부장이 그녀의 의견을 묻지도 않고 그녀의 부서를 바꾼 것이 두 번째다.

1.4. N$_0$ changer *qn/qc* en *qc*: …을 …로 바꾸다.

❶ Il a changé sa boutique en atelier.
　그는 가게를 작업실로 바꾸었다.
❷ Nous allons changer nos dollars en euros.
　우리는 달러를 우로화로 바꿀 것이다.
❸ La pluie a changé la route en bourbier.
　비가 와서 도로가 진창으로 변했다.
❹ Le Dieu l'a changé en statue de sel.
　신이 그를 소금 상으로 변화시켰다.

1.5. N$_0$ changer *qn* contre/pour *qc*: …을 …으로 바꾸다, 교환하다.

❶ Il a changé sa vieille voiture contre [pour] une neuve.
　그는 그의 낡은 차를 새 차와 바꾸었다.
❷ Il a changé ses dollars [son argent] contre [pour] des euros.
　그는 달러를 [돈을] 유로화로 바꾸었다.
❸ Elle veut changer des livres contre [pour] des disques.
　그녀는 책을 음반과 바꾸고자 한다.

2. 간접타동사

2.1. N$_0$ changer de + 무관사명사: …을 바꾸다, 변경하다, 대체하다.

❶ Il a changé de voiture.
　그는 자동차를 바꾸었다.
❷ Après son mariage, elle a changé d'adresse [de nationalité].
　결혼한 후에 그녀의 주소가 [국적이] 바뀌었다.
❸ Son frère voulait changer de métier [profession].
　그의 형은 직업을 바꾸고자 했다.
❹ Le patron veut changer de secrétaire.
　사장은 비서를 바꾸고자 한다.
❺ Après avoir l'a rencontré, elle a changé d'avis [d'idées].
　그녀는 그를 만나보고 나서 생각을 바꾸었다.
❻ Le vent a brusquement changé de direction.
　바람의 방향이 갑자기 바뀌었다.
❼ La maison a changé de propriétaire.
　집 주인이 바뀌었다.

2.1.1. N$_0$ changer de + 무관사명사 + avec *qn*: ···을 ···와 바꾸다.

❶ Paul a changé de place avec Jean.
Paul은 Jean과 자리를 바꾸었다.

❷ Il veut changer de rôle avec moi.
그는 나와 역할을 바꾸기를 원한다.

2.2. N$_0$ changer de + 무관사명사: 갈아타다.

❶ Les voyageurs changent de train à Daejeon.
여행객들은 대전에서 기차를 갈아탄다.

2.2.1. N$_0$ changer

❶ Il a pris la direction Suwon et il a changé à Sindorim.
그는 수원 방향으로 가다가 신도림에서 갈아탔다.

3. 자동사

3.1. N$_0$ changer: 바뀌다, 변화하다.

❶ Le temps va changer.
날씨가 변할 것 같다.

❷ Les couleurs changent.
색깔은 변한다.

❸ Ses projets ont changé.
그의 계획이 바뀌었다.

❹ Le propriétaire de la boutique a changé.
가게의 주인이 바뀌었다.

❺ Il a beaucoup changé.
그는 많이 변했다.

4. 대명동사

4.1. N$_0$ se changer: 옷을 갈아입다.

❶ Elle se change deux fois par jour.
그녀는 하루에 옷을 두 번 갈아 입는다.

❷ Il est rentré chez lui pour se changer.
그는 옷을 갈아입기 위해 집에 갔다.

❸ Allez vous changer avant de sortir.
외출하기 전에 옷을 갈아 입으세요.

4.2. N₀ se changer en *qc*: …으로 바뀌다, 변화하다.

❶ La pluie s'est changée en neige.
비가 눈으로 바뀌었다.

❷ Ses soupçons se sont changés en certitude.
그의 의심은 확신으로 변했다.

② servir

1. 타동사

1.1. N₀ servir *qn/qc*

1.1.1. N₀ servir *qn/qc*: 모시다, 섬기다; 돕다, 봉사하다.

❶ Il faut bien servir ce client.
이 고객을 잘 모셔야 한다.

❷ Son rôle est de servir les invités à table.
그의 역할은 손님들의 식사 시중을 드는 일이다.

❸ Son père a bien servi sa patrie [son pays] toute la vie.
그의 아버지는 평생 조국 [국가]에 봉사했다.

❹ Il est toujours prêt à servir ses amis.
그는 항상 친구들을 도와줄 준비가 되어있다.

❺ Son attitude positive l'a servie dans cette affaire.
그녀의 적극적인 자세가 그 일에서 그녀에게 도움이 되었다.

1.1.1.1. N₀ servir

❶ Il a servi comme domestique.
그는 하인으로 일했다.

❷ Mon oncle a servi pendant la guerre.
내 삼촌은 전쟁 중에 복무했다.

❸ Son fils est en âge de servir.
그의 아들은 군복무 적령이다.

1.1.1.2. de *inf* (cela) servir *qn/qc*; que + *subj.* (cela) servir *qn/qc*

❶ (D')avoir acheté ce dictionnaire, (cela) ne l'a guère servi dans [pour] son travail.
그 사전을 산 것이 그에게 일을 하는 데 거의 도움을 주지 못했다.

❷ Qu'il ait employé cette tactique ne l'a guère servi dans ses intérêts.
그가 그러한 술책을 쓴 것이 그의 이익에 거의 도움이 되지 못했다.

1.1.1.3. il/ça/cela servir *qn/qc* de *inf*; il/ça/cela servir *qn/qc* que + *subj.*

❶ Il [Cela] ne l'a guère servi dans [pour] son travail d'utiliser ce dictionnaire.
그 사전을 사용하는 것이 그에 일을 하는 데 거의 도움을 주지 못했다.

❷ Cela ne l'a guère servi dans ses intérêts qu'il ait employé cette tactique.
그가 그러한 술책을 쓴 것이 그의 이익에 거의 도움이 되지 못했다.

1.1.2. N_0 servir *qc*: 차리다, 준비하다; 장전하다; 다루다, 조작하다; 공급하다, 주다, 돌리다.

❶ On m'a chargé de servir et desservir la table.
상을 차리고 치우는 일을 내게 맡겼다.

❷ Le soldat a servi une pièce d'artillerie.
병사가 포를 장전했다.

❸ Ce cours d'eau sert le moulin.
이 물길이 물방아를 움직인다.

❹ Ce joueur a servi la balle.
그 선수가 공을 서브했다.

1.1.2.1. N_0 servir

❶ A vous de servir.
당신이 서브를 넣을 차례요.

1.2. N_0 servir *qc* à *qn*: …에게 …을 제공하다 [대접하다, 내놓다].

❶ Elle a servi le dessert aux invités.
그녀는 손님들에게 후식을 내놓았다.

❷ Servez-lui la soupe.
그에게 수프를 주세요.

❸ Qu'est-ce que je vous sers, Madame?
무엇을 드릴까요, 부인?

❹ La banque sert un intérêt au déposant.
은행은 예금자에게 이자를 지급한다.

1.2.1. N_0 servir *qc*

❶ On a commencé à servir le dîner à sept heures.
7시에 저녁 식사를 내놓기 시작했다.

❷ On sert la soupe au début du repas.

식사를 시작할 때에 수프를 내놓는다.

1.2.2. N_0 servir *qc* + 속사: ···을 ···하게 하여 제공 [대접] 하다.

❶ On sert la soupe chaude.

수프를 따뜻하게 데워서 내놓는다.

❷ C'est un vin à servir frais.

이것은 차갑게 해서 내놓는 포도주다.

1.2.2.1 N_0 servir + 속사

❶ Servez chaud.

따뜻하게 데워서 내놓으세요.

1.2.3. N_0 servir à *qn* à *inf*: ···에게 ···할 것을 대접하다.

❶ Elle leur a servi à manger [boire].

그녀는 그들에게 먹을 [마실] 것을 대접했다.

❷ On nous a servi à dîner vers huit heures.

우리는 8시경에 저녁식사 대접을 받았다.

2. 간접타동사

2.1. N_0 servir à *qn* à *qc*: ···에게 ···에 소용되다.

❶ Cet outil sert aux porteurs au transport de meubles.

이 연장은 짐꾼들이 가구를 옮기는 데 사용한다.

❷ A quoi ça leur sert?

그것은 그들이 무얼 하는 데 쓰지?

❸ Cet instrument ne me sert à rien.

이 도구는 아무 소용이 없다.

2.1.1. N_0 servir à *qn*

❶ Ça sert aux charpentiers.

그것은 목수들에게 소용된다.

❷ Ce dictionnaire me sert beaucoup.

이 사전은 많은 도움이 된다.

2.1.2. N$_0$ servir à *qc*

❶ Ce levier sert à la réparation des voitures.
이 지렛대는 차를 수리하는 데 쓰인다.

❷ A quoi sert cette machine? 이 기계는 어디에 쓰입니까?

★ 주어 자리에 de *inf*/que + *subj.* 가 올 수 있다.

❸ A quoi sert de se plaindre?
불평을 한들 무슨 소용이 있겠는가?

❹ Que l'on mette de l'engrais sert à l'augmentation de la productivité.
비료를 주는 것은 생산성을 높이는 데 도움이 된다.

2.1.3. N$_0$ servir (à *qn*) à *inf*

❶ Cette machine sert aux ouvriers à couper les bois.
이 기계는 일꾼들이 나무를 자르는 데 쓰인다.

❷ Ce certificat ne lui a pas servi à passer la frontière.
그 증명서는 그가 국경을 통과는 데 도움이 되지 못했다.

❸ Cet appareil sert à casser les noix.
이 기구는 호두를 까는 데 쓰인다.

❹ Cet argent servira à payer nos dettes.
그 돈은 빚을 갚는 데 쓰일 수 있을 것이다.

2.1.4. N$_0$ servir

❶ Ne jette pas cette machine. Elle peut encore servir.
그 기계를 버리지 마라. 아직 쓸 수 있다.

❷ Ce couteau ne sert plus.
이 칼은 이제 쓸모가 없다.

2.1.5. de *inf* (cela) servir (à *qn*) à *qc*/*inf*; que + *subj.* (cela) servir (à *qn*) à *qc*/*inf*

❶ A quoi sert de se plaindre?
불평을 한들 무슨 소용이 있겠는가?

❷ Que l'on mette de l'engrais (cela) sert à l'augmentation de la productivité.
비료를 주는 것은 생산성을 높이는 데 도움이 된다.

2.1.6. il/ça/cela servir (à *qn*) à *qc*/*inf* de *inf*; il/ça/cela servir (à *qn*) à *qc*/*inf* que + *subj.*

❶ Il ne te sert à rien de te plaindre?
네가 불평해봐야 아무 소용이 없다.

❷ Il ne sert à rien de protester.
항의해봐야 아무 소용이 없다.

❸ A quoi sert-il de résister.

저항해봐야 무슨 소용입니까?

❹ Ça ne lui a servi à rien d'y aller.

거기에 가는 것은 그에게 아무 소용이 없었다.

❺ Cela ne vous servira pas à régler ce problème de lui parler.

그에 말해보는 것이 당신이 그 문제를 푸는 데 도움이 되지 못할 겁니다.

❻ Cela ne m'a servi à rien qu'il m'ait dit ça.

그가 내게 그것을 말해준 것이 내게 아무런 소용이 없었다.

2.2. N_0 servir à *qn* de + 무관사 명사: ···에게 ···의 역할을 하다, ···에게 ···로 사용되다.

❶ Elle sert d'interprète aux visiteurs.

그녀는 방문자들에게 통역의 역할을 한다.

❷ Il nous a servi de secrétaire.

그는 우리에게 비서의 역할을 해 주었다.

❸ Cette pièce lui sert d'atelier.

이 방은 그에게 작업실로 쓰인다.

2.2.1. N_0 servir de + 무관사 명사.

❶ Il sert de guide.

그는 안내자의 역할을 한다.

❷ Cette grande pièce sert de salle à manger.

이 큰 방은 식당으로 쓰인다.

❸ Cela peut servir de preuve.

그것은 증거가 될 수 있다.

3. 대명동사

3.1. N_0 se servir

3.1.1. N_0 se servir: 제공되다, 차려지다.

❶ Ce vin doit se servir frais.

이 포도주는 차게 해서 마신다.

3.1.2. N_0 se servir: 구입하다, 충당하다.

❶ Elle se sert toujours chez le même boucher.

그녀는 늘 같은 정육점에서 고기를 산다.

❷ Je me sers chez le même boulanger que vous.
나는 당신과 같은 빵집에서 빵을 삽니다.

3.1.3. N₀ se servir: 서로 소용이 되다, 서로 도움이 되다.

❶ Les membres du groupe se secouriront et se serviront mutuellement.
그룹의 구성원들은 서로 도움을 주고받게 될 것이다.

3.2. N₀ se servir *qc*: (요리 등을) 자기 접시에 덜어서 먹다, (술을) 자기 잔에 따르다.

❶ Servez-vous de (la) salade.
샐러드를 드세요.
❷ Servez-vous de cette viande.
이 고기 좀 드세요.
❸ Il se sert un verre de vin.
그는 포도주를 한잔 따라 마신다.
❹ Son ami s'est servi une tranche de roti.
그의 친구는 구운 고기 한 조각을 먹었다.

3.2.1. N₀ se servir

❶ Servez-vous.
드세요.
❷ C'est un restaurant où l'on se sert soi-même.
이곳은 셀프서비스 식당이다.
❸ Qui se sert est bien servi.
자기 일을 스스로 하는 사람은 좋은 종을 거느린 것과 같다((속담)).

3.3. N₀ se servir de *qn/qc*: ⋯을 쓰다, 사용하다.

❶ Il se sert de sa canne comme arme.
그는 자기 지팡이를 무기로 쓴다.
❷ Elle se sert toujours de sa voiture pour faire les courses.
그녀는 장을 보는 데 늘 차를 사용하다.
❸ On s'est servi d'elle comme bouc émissaire.
그녀는 희생양으로 이용당했다.
❹ Il vaux mieux se servir d'un secrétaire.
비서를 쓰는 것이 더 낫다.

Les Etats-Unis et la Corée du Sud signent un accord de libre-échange

Le Monde | 02.04.07

S'il est ratifié par leurs parlements respectifs,[1)] l'accord commercial bilatéral[2)] qui a été signé, lundi 2 avril, entre les Etats-Unis et la Corée du Sud sera le plus important pour Washington depuis la signature de l'accord de libre-échange nord-américain avec le Canada et le Mexique (Alena)[3)] en 1994.

Le président américain George W. Bush s'est aussitôt félicité[4)] de cette avancée.[5)] "L'accord de libre-échange entre les Etats-Unis et la Corée du Sud va générer[6)] des occasions d'exportations pour les agriculteurs, les industriels et les fournisseurs de service américains, promouvoir la croissance économique et la création d'emplois mieux rémunérés[7)] aux Etats-Unis et permettre[8)] aux consommateurs de faire des économies[9)] tout **en ayant** un choix accru",[10)] a assuré M. Bush dans une lettre aux dirigeants du Sénat[11)] et de la Chambre des représentants[12)] américains.

"L'accord va[6)] nous permettre[8)] de doper[13)] la croissance et de contribuer[14)] au bien être[15)] du consommateur **en augmentant** les revenus et **en stabilisant** les prix", a déclaré, lundi, le ministre sud-coréen des finances Kwon O-kyo.

Grâce à cet accord,[16)] et tandis que[17)] les échanges entre les deux pays pèsent déjà 78,3 milliards de dollars(58,7 milliards d'euros),[18)] la Corée du Sud **devrait** voir[19)] ses exportations vers les Etats-Unis augmenter de[20)] 10 milliards de dollars en trois ans,[21)] et les échanges entre les deux pays atteindre 90 à 110 milliards de dollars,[22)] estiment les Américains. Les Etats-Unis représentent la deuxième destination des exportations sud-coréennes derrière la Chine.[23)]

Il aura fallu dix mois de négociations[24)] entre la première puissance[25)] du monde et la troisième économie[26)] d'Asie pour s'entendre.[27)] A Séoul, les négociateurs ont engagé$^{28)}$ des discussions marathon$^{29)}$ afin de transmettre$^{30)}$ leurs conclusions au Congrès$^{31)}$ américain avant dimanche soir 1er avril pour respecter$^{32)}$ le délai de quatre-vingt-dix jours nécessaire aux députés et sénateurs$^{33)}$ pour étudier le texte.

TROUVER UN COMPROMIS

En effet,$^{34)}$ le président Bush bénéficie$^{35)}$ d'ici la fin du mois de juin$^{36)}$ d'une procédure accélérée lui permettant de présenter$^{37)}$ au Congrès$^{31)}$ américain des accords commerciaux, pour ratification ou rejet mais sans possibilité d'amendement. Les deux parties ont réussi à trouver$^{38)}$ un compromis de dernière minute$^{39)}$ concernant$^{40)}$ les différends agricoles$^{41)}$ qui les opposent.$^{42)}$ Séoul s'est engagé à$^{43)}$ se réapprovisionner en boeuf américain,$^{44)}$ boycotté depuis trois ans.

Washington a accepté$^{45)}$ de laisser le riz de côté,$^{46)}$ sachant$^{47)}$ que la céréale pèse$^{18)}$ plus de la moitié de la production agricole nationale. Les fermiers sud-coréens n'auraient pas pu faire face à la concurrence$^{48)}$ des fermes américaines 58 fois plus grandes.$^{49)}$

De plus,$^{50)}$ les négociateurs asiatiques se sont déclarés$^{51)}$ prêts à abandonner$^{52)}$ les taxes sur les véhicules importés. Jusqu'à présent, à peine$^{53)}$ 3,5% des voitures vendues dans la péninsule étaient de marque étrangère,$^{54)}$ contre$^{55)}$ 37% aux Etats-Unis. Le document prévoit également la réduction des barrières douanières$^{56)}$ dans de nombreux secteurs industriels sud-coréens et une libéralisation des services.

Le président Roh Moo Hyun **se devait** de marquer$^{57)}$ son mandat, qui prend fin$^{58)}$ en janvier 2008, par un acte d'envergure$^{59)}$ alors que$^{60)}$ les sondages lui sont défavorables$^{61)}$ et que$^{62)}$ l'économie sud-coréenne est en repli,$^{63)}$ avec un taux de croissance autour de 4%,$^{64)}$ après avoir atteint 10% dans les années 1990.$^{65)}$

Les manifestations de fermiers, syndicalistes, enseignants ou étudiants qui ont rassemblé 100.000 personnes durant l'été 2006 à Séoul, pas plus que$^{66)}$ la soixantaine de blessés en novembre de la même année, ou encore$^{67)}$ le manifestant, qui s'est immolé$^{68)}$ par le feu devant l'hôtel où se tenaient$^{69)}$ les discussions, dimanche 1er avril, n'ont suffi$^{70)}$ à faire reculer$^{71)}$ le gouvernement. Quant au président américain,$^{72)}$

il démontre ainsi que les Etats-Unis restent un partenaire commercial incontournable alors que[60] les négociations multilatérales dites du[73] "cycle de Doha"[74] sont bloquées.

Reste à[75] faire ratifier[71] le document par le Congrès américain, aux mains des démocrates[76] depuis janvier, alors que[60] des accords similaires conclus avec la Colombie, le Panama et le Pérou, sont également en attente d'approbation.[77]

 ## 어휘 및 표현

1: respectif: 각자의, 각기의. retourner à leurs places respectives 그들 각자의 자리로 돌아가다.

2: bilatéral: 양쪽의, 쌍방의, 쌍무적인. accord commercial bilatéral 두 나라간의 통상 협정.

3: accord de libre-échange nord-américain(Alena): 북미자유무역협정(North American Free Trade Agreement, NAFTA). 1992년 12월 미국·캐나다·멕시코 정부가 조인하여, 1994년 1월부터 발효됨.

4: se féliciter de *qc/inf,* se féliciter que + *subj.*: …(하는 것)에 대해 기뻐하다, 만족해 하다.

5: avancée: (협상 따위의) 진전; 적극적인 제안.

6: aller *inf*. 곧 …할 것이다((근접미래; 직설법 현재·반과거로 쓰임)).

7: bien [mal] rémunéré: 보수가 좋은 [좋지 않은]. travail bien rémunéré 보수가 좋은 일.

8: permettre à *qn* de *inf*. …에게 …하는 것을 허락하다, 허가하다, 허용하다.

9: économie 절약, 경제적 사용; (복수로 쓰여) 저금, 저축. économie du temps 시간 절약. faire des économies d'énergie 에너지를 절약하다. faire des économies 저금을 하다.

10: choix: 선택, 선정; (상품의) 종류, 선택의 폭. faire son choix 선택하다. avoir un choix accru 선택의 폭이 증가하다. magasin qui offre un très grand choix d'articles 매우 많은 종류의 물건들이 있는 가게.

11: Sénat: 상원.

12: Chambre (des représentants): (미국의) 하원.

13: doper: (경제·활동 따위를) 활성화하다, 촉진하다.

14: contribuer à *qc/inf*. …(하는 것)에 기여하다, 공헌하다.

15: bien(-)être: 행복, 안락, 평안; 복지, 후생.

16: grâce à *qn/qc*: ⋯덕분에, 덕택에. Grâce à son aide, j'ai réussi à l'examen. 나는 그의 도움 덕분에 시험에 합격했다.

17: tandis que + *ind.*: ⋯하는 동안에; ⋯하는데. Tandis qu'elle se promenait, il a commencé à neiger. 그녀가 산책을 하는데 눈이 오기 시작했다.

18: peser: (수량·규모 따위가) ⋯에 이르다. Cette ville pèse un million d'habitants. 그 도시는 인구가 백만에 이른다. la céréale pèse plus de la moitié de la production agricole nationale 그 곡물이 국가 농업 생산의 절반 이상에 달하다. p.219

19: voir *qn/qc* + *inf.*: ⋯가 하는 것을 보다. J'ai vu les enfants jouer dans le jardin. 나는 아이들이 정원에서 노는 것을 보았다. p.129

20: de: 정도·측정을 나타냄. Cette montre avance de 10 minutes. 이 시계는 10분 늦다. être plus jeune que lui de 5 ans 그 사람보다 5살 젊다. augmenter de 10 milliards de dollars 100억 달러 증가하다.

21: en trois ans: 3년 만에. en은 시간의 경과를 나타냄.

22: à: (어림수를 나타내어) ⋯내지. quatre à sept femmes 네 명 내지 일곱 명의 여자. 90 à 110 milliards de dollars 9백억 내지 1천억 달러.

23: derrière: (순서·서열을 나타내어) ⋯에 이어서, ⋯을 뒤따라. deuxième destination des exportations sud-coréennes derrière la Chine 중국에 이어 한국 수출의 2번째 수출지역.

24: il faut *qn/qc/inf.*: ⋯(하는 것)이 필요하다. p.214 여기에서 전미래는 과거 사실의 추측을 나타낸다. Il n'est pas venu, il aura(=il a peut-être) manqué le train. 그가 오지 않았는데, 기차를 놓친 모양이다.

25: puissance: 강대국, 열강.

26: économie: 경제(활동); 경제 체제, 경제 제도. troisième économie d'Asie 아시아의 세 번째 경제국.

27: s'entendre: 서로 의견이 일치하다, 합의하다.

28: engager: 시작하다, 착수하다.

29: discussions marathon: 마라톤 회의.

30: afin de *inf*, afin que + *subj.*: ⋯하기 위해.

31: Congrès: 국회, 의회.

32: respecter: 존중하다; 준수하다; 부합되게 하다.

33: député: 국회의원, 하원의원.

34: en effet: 사실, 실제로(=effectivement).

35: bénéficier de *qc*: ⋯의 이득을 보다, 혜택을 받다(=profiter).

36: d'ici à ⋯의 표현에서 흔히 à를 생략하기도 함. d'ici demain 지금부터 내일까지. d'ici la fin du mois de juin 지금부터 6월말까지.

37: permettre à *qn* de *inf.*: ⋯에게 ⋯하는 것을 허락 [허용]하다. 여기서는 현재분사의 형태로

une procédure accélérée를 수식함.

38: réussir à *inf.*: ⋯하는 데 성공하다. à *inf.*는 y로 대치 가능함.

39: de dernière minute: 최근의, 최신의; 마지막의, 최후의.

40: concernant *qn/qc*: ⋯에 관한, ⋯에 대하여.

41: différend: 분쟁, 쟁의, 갈등.

42: opposer: 맞서게 하다, 대결시키다, 대립시키다.

43: s'engager à *inf.*: ⋯할 것을 약속하다.

44: se (ré)approvisionner de/en *qc*: ⋯을 (다시) 구입 [장만]하다. se réapprovisionner en boeuf américain 미국산 소고기를 다시 구입하다.

45: accepter de *inf.*: ⋯할 것을 받아들이다, 수락하다.

46: laisser *qn/qc* de côté: ⋯을 내버려두다, 무시하다.

47: sachant: savoir의 현재분사로 분사구문을 형성.

48: faire face à *qn/qc*: ⋯에 대항하다, 대처하다. ⋯을 극복하다; ⋯을 충족하다. faire face à l'ennemi 적에 대항하다. faire face à tous les besoins 모든 필요를 충족시키다. 여기에서 조건법은 자유간접화법에서의 조건법의 용법으로 쓰임. p.49

49: fois: 배, 곱, 갑절. fermes américaines 58 fois plus grandes 58배 큰 미국의 농장. Trois fois quatre font douze. 3 곱하기 4는 12이다.

50: de plus: 게다가, 그 위에.

51: se déclarer + 속사: 자신이 ⋯라고 선언 [언명]하다.

52: prêt à *inf.*: ⋯할 준비가 되어있는; ⋯할 용의가 있는 Il a dit qu'il était tout prêt à vous aider. 그는 당신을 도울 용의가 있다고 말했다.

53: à peine + 수량 표현, 수량 표현 + à peine: 겨우, 고작, 기껏해야. à peine 3.5% des voitures vendues dans la péninsule 한국에서 팔리는 자동차 중 고작 3.5%. Cet enfant a quatre ans à peine [à peine quatre ans]. 그 아이는 겨우 네 살이다.

54: marque: 상표. marque déposée 등록상표. être de marque étrangère 외제 상품이다.

55: contre: 비율ㆍ비례를 나타내는 용법. Ce projet de loi est voté à 150 voix contre 20. 그 법률안은 150대 20으로 가결되었다.

56: barrière douanière: 관세 장벽.

57: marquer: 흔적 [자국]을 남기다; 깊이 영향을 미치다. artiste qui marque cette époque 그 시대 큰 영향을 미친 예술가. enfance marquée par la guerre 전쟁으로 크게 상처를 입은 어린 시절.

58: prendre fin: 끝나다.

59: envergure: 크기, 규모; 역량, 능력. affaire d'une vaste envergure 거대한 사업. opération d'envergure 대규모 작전.

60: alors que + *ind.*: ⋯인데, ⋯임에 반하여.

61: défavorable à *qn/qc*: ···에 호의적이 아닌, 유리하지 않은.

62: que: 반복되는 접속사를 대리하는 용법. 여기서는 앞의 alors que를 대리함.

63: en repli: (경기가) 후퇴하는, 하락하는.

64: autour de ···: a) ··· 주위 [근처]에. tourner autour de la maison 집 주위를 돌다.b) 약, 대략. autour de 9 heures 9시쯤.

65: les années 1990: 1990년대.

66: pas plus que ··· ne ··· : ···와 마찬가지로 ···가 아니다. Son père, pas plus que lui, ne pourra y aller. 그의 아버지도 그와 마찬가지로 거기에 못 갈 것이오.

67: encore: 게다가, 그 위에.

68: s'immoler: 목숨을 바치다. s'immoler par le feu 분신하다.

69: se tenir: 열리다, 개최되다.

70: suffir à *inf*: ···하기에 충분하다.

71: faire *inf*: ···하게 하다. ((사역동사구문, p.50)).

72: quant à *qn/qc/inf*: ···(하는 것)에 관해서는, ···(하는 것)로서는. Quant à mon oncle, il a de grands projets. 내 삼촌으로 말하자면, 그는 원대한 계획을 가지고 있다.

73: dit de: ···라 불리는, 이른바.

74: cycle de Doha: 도하라운드, 도하개발어젠다(Doha Development Agenda). 1995년 1월 세계무역기구(WTO)가 출범한 뒤, 1998년 5월 제네바 2차 각료회의에서 무역자유화를 위한 뉴라운드를 출범시키기로 합의하고, 이듬해 12월 시애틀 3차 각료회의를 거쳐 2001년 11월 카타르 수도 도하에서 열린 제4차 각료회의에서 합의된 세계무역기구(WTO) 다자간 무역협상으로, 비농산물, 농산물, 서비스 분야에서의 무역자유화, 반덤핑협정 및 보조금협정 등 기존 협정의 개정, 환경의 일부 사항에 대해 새로운 규범 수립 등을 주요 내용으로 하고 있음

75: (il) rester à *inf*: 아직도 ···해야 한다, ···할 일이 남아있다. Reste toujours à discuter sur ce problème. 아직 그 문제에 대해 토론해야 한다. p.228

76: aux mains de *qn*: ···의 수중 [지배하]에 있는. Congrès américain aux mains des démocrates depuis janvier 지난 1월 이래로 민주당원이 주도권을 쥐고 있는 미국 의회.

77: en attente de *qc*: ···을 기다리고 있는, 대기하고 있는. en attente d'approbation 동의를 [승인을] 기다리고 있는.

문법 및 구문

① 제롱디프(gérondif)

　제롱디프는 「en + 현재분사」의 형태를 취하며, 주절의 동사가 나타내는 동작의 여러 가지 상황을 나타내는 상황보어절로 다음과 같은 여러 가지 의미를 지닌다.

1. 시간 : 동시성 · 선립성

❶ En sortant du bureau, je l'ai rencontrée.
　사무실에서 나오면서 그녀를 만났다.
❷ Ne lis pas le journal, en mangeant.
　음식을 먹으면서 신문을 읽지 마라.
❸ En descendant du train, je l'avais remarqué.
　기차에서 내릴 때에 나는 그를 알아보았다.
❹ En arrivant à Paris, j'irai tout de suite chez mon ami.
　파리에 도착해서 곧바로 친구 집으로 갈 것이다.

2. 원인 · 이유

❶ Il s'est tu en voyant qu'elle pleurait.
　그는 그녀가 우는 것을 보고는 입을 다물었다.
❷ En voyant son embarras, le soldat s'est fait plus aimable.
　그가 당황해하는 것을 보았기 때문에 병사는 좀 더 친절해졌다.

3. 조건 · 가정

❶ En travaillant avec plus de méthode, il aurait réussi.
　좀 더 체계적으로 일을 했더라면 그는 성공했을 텐데.
❷ En partant à neuf heures, il pourra y arriver avant midi.
　9시에 출발하면 그는 오전에 거기에 도착할 수 있을 것이다.

4. 수단 · 방법

❶ Il s'est instruit en lisant.
그는 독서로 배웠다.
❷ C'est en forgeant qu'on devient forgeron.
자꾸 단련해야 숙달한다. ((격언))

5. 대립 · 양보

❶ Il n'est pas venu, en sachant bien que je l'attendais.
그는 내가 기다린다는 것을 알면서도 오지 않았다.
❷ En prétendant nous aider, il a mis l'obstacle à notre affaire.
그는 우리를 도와준다고 주장했지만 우리 일을 방해했다.

6. 양태

❶ Il parle en bégayant.
그는 더듬거리며 말을 한다.
❷ Il est parti en claquant la porte.
그는 꽝하고 문을 닫으면서 떠났다.

★ 일반적으로 en은 반복되는 현재분사 앞에 되풀이해서 써야 한다.
❶ On apprend en écoutant, en lisant, en étudiant, en voyageant.
듣고, 읽고, 공부하고, 여행을 함으로써 배운다.

★ 제롱디프의 주어는 원칙적으로 주절의 주어와 같으나 속담 · 격언에서는 그렇지 않는 경우가 있다.
❶ L'appétit vient en mangeant.
먹다보면 식욕이 생기는 법이다.

★ 제롱디프 앞에 tout, même를 써서 동시성 · 대립 · 양보의 뜻을 강조하기도 한다.
❶ Tout en courant, il regardait les fleurs.
그는 뛰어가면서 꽃들을 보았다.
❷ Même en promenant, il lit.
그는 산책하면서도 독서를 한다.
❸ Tout en étant heureuse là-bas, elle voulait retourner chez elle.
그녀는 그곳에서 행복했지만, 집으로 돌아가고 싶어 했다.

★ 제롱디프 앞에 rien que를 써서 원인·이유·조건의 뜻을 강조하기도 한다.

❶ Rien qu'en regardant la rivière amie, je redeviens enfant.

   이 정겨운 강을 보기만 해도 나는 다시 어린 시절로 되돌아간다.

❷ Rien qu'en vous écoutant, il sera fixé.

   당신의 말을 듣기만 해도 그의 마음이 결정될 것이다.

② devoir

1. 타동사

1.1. 조동사적 용법

1.1.1. N_0 devoir *inf*: …해야 한다. ((의무))

❶ Nous devons finir ce travail avant midi.

   우리는 그 일을 오전에 마쳐야 한다.

❷ Un bons fils doit respecter ses parents.

   훌륭한 아들은 부모님을 공경해야 한다.

❸ On doit prendre le train pour y aller.

   거기에 가기 위해서는 기차를 타야 한다.

❹ Il a cru devoir partir.

   그는 떠나야만 한다고 생각했다.

❺ Il devait aider son ami.

   그녀는 그의 친구를 도와주어야만 했었다.

★ 시제가 현재 또는 반과거일 때 부정법은 중성대명사 le로 대리될 수 있다.

❻ Elle a prétendu comme elle le devait.

   그는 주장해야 했던 대로 주장했다.

★ 부정문으로 쓰여 금지를 나타낸다.

❼ On ne doit pas mentir.

   거짓말을 하지 말아야 한다.

❽ Elle ne doit pas sortir le soir.

   그녀는 저녁에 외출해서는 안 된다.

1.1.1.1. N_0 devoir

❶ Il a agi comme il devait.

   그는 처신해야 했던대로 처신했다.

1.1.2. N_0 devoir *inf.* ···반드시 ···하다, ···하게 되어 있다. ((필연))

❶ Tout le monde doit mourir.
모든 사람은 죽게 마련이다.

❷ Il n'arrive que ce qui doit arriver.
일어나게 되어 있는 일만 일어난다.

❸ Son père devait mourir deux jours après.
그의 아버지는 이틀 후에 죽도록 되어 있었다.

1.1.3. N_0 devoir *inf.* ···할 것이다, ···할 예정이다. ((예정・미래))

❶ L'avion doit arriver dans dix minutes.
비행기가 10분 후에 도착할 것이다.

❷ Elle doit partir demain matin.
그녀는 내일 아침에 떠날 것이다.

❸ S'il doit venir ici, il me préviendra.
그가 여기에 온다면 내게 미리 알릴 것이다.

❹ Je ne suis pas sûr qu'il doive réussir.
나는 그가 성공하리라는 것을 확신할 수 없다.

1.1.4. N_0 devoir *inf.* ···일 것이다, ···임에 틀림없다. ((강한 추측・가능성))

❶ Je ne le sais pas, mais elle doit être à la maison.
모르긴 하지만 그가 집에 있을 것이다.

❷ Il doit s'être trompé; Il a dû se tromper.
그가 착각했음에 틀림없다.

❸ C'est lui qui doit avoir cassé ce vase.
틀림없이 그가 그 화병을 깼을 것이다.

❹ Il doit rester encore du vin.
아직도 포도주가 남아 있을 것이다.

1.2. N_0 devoir *qc* à *qn/qc*

1.2.1. N_0 devoir *qc* à *qn*: ···에게 (금전적으로) 빚지고 있다.

❶ Elle lui doit deux mille euros.
그녀는 그에게 2천 유로를 빚지고 있다.

❷ Je vous dois combien?; Combien est-ce que je vous dois?
당신에게 얼마를 지불해야 하죠?; 값이 얼마입니까?

❸ Il ne veut pas recevoir l'argent qui lui est dû.
그는 그에게 지불되어야 할 돈을 받으려고 하지 않는다.

1.2.1.1. N₀ devoir *qc*

❶ Il ne peut payer ce qu'il doit.
그는 빚진 것을 갚을 수가 없다.

❷ Il doit trois mois.
그는 세 달치를 내지 못하고 있다.

1.2.1.2. N₀ devoir

❶ Elle doit partout.
그녀는 도처에 빚을 지고 있다.

❷ Il paye le plus tard quand il doit.
그는 빚을 지고 있을 때 가능한 한 늦게 갚는다.

❸ Qui doit a tort.
잘못한 쪽은 항상 빚진 쪽이다. ((속담))

1.2.2. N₀ devoir *qc* à *qn/qc*: ···이 ···의 덕택이다, 탓이다.

❶ Je lui dois ma réussite.
내가 성공한 것은 그의 덕분이다.

❷ Je lui dois ce poste.
내가 그 자리를 얻게 된 것은 그의 덕분이다.

❸ Je ne veux devoir rien [rien devoir] à personne.
나는 누구에게도 어떤 신세를 지고 싶지 않다.

❹ C'est à Pasteur que nous devons le vaccin contre la rage.
우리가 광견병 백신을 사용하게 된 것은 파스퇴르 덕분이다.

❺ Elle doit son surnom à un trait de caractère.
그녀의 별명은 성격상의 특징에서 비롯되었다.

❻ Son succès est dû au hasard [à sa persévérance].
그가 성공한 것은 우연이다 [그의 끈기의 덕분이다].

1.2.3. N₀ devoir *qc* à *qn/qc*: ···에게 (도적 · 법률에 의해) ···해야만 한다, 의무가 있다.

❶ Vous devez le respect à votre père.
당신은 당신의 아버지를 존경해야 합니다.

❷ Tu lui dois de la reconnaissance.
너는 그에게 감사드려야 한다.

❸ Il vous doit une explication.
그는 당신에게 설명할 의무가 있습니다.

1.3. N$_0$ devoir à *qn/qc* de *inf*

1.3.1. N$_0$ devoir à *qn* de *inf*: ···하는 것은 ···의 덕택이다, 탓이다.

❶ Je lui dois d'être encore en vie.
　내가 아직 살아 있는 것은 그의 덕분이다.
❷ Je dois à Paul de trouver cette solution.
　내가 그러한 해결책을 찾은 것은 Paul의 덕분이다.
❸ Il devait à une audace peu commune de s'être hissé à cette position.
　그가 그 지위에 오를 수 있었던 것은 그의 남다른 대담성 때문이다.
★ de *inf*는 중성대명사 le로 대리될 수 있다.

1.3.2. N$_0$ devoir à *qn* de *inf*: ···에게 ···해야만 한다, 의무가 있다.

❶ Je lui dois de garder le silence sur ce point.
　나는 그에게 그 점에 대해 침묵해야 할 의무가 있다.

1.4. N$_0$ devoir à *qn/qc* que + *ind./subj.*: ···인 것은 ···의 덕택이다, 탓이다.

❶ Je lui dois que l'on m'ait offert du travail.
　내게 일자리가 생긴 것은 그의 덕분이다.
❷ C'est à ce gouvernement que les allocations familiales ont [aient] été augmentées.
　가족 수당이 오른 것은 이 정부 덕분이다.

2. 대명동사

2.1. N$_0$ se devoir: 마땅히 그래야 한다, 당연하다.

❶ Cela se doit.
　당연히 그렇게 되어야 한다.

2.1.1. 비인칭구문

❶ Cela se fait partout comme il se doit.
　그것은 어디서나 당연히 그래야 하듯이 행해지고 있다.

2.2. N$_0$ se devoir *qc*: 서로 ···의 빚이 [의무가] 있다.

❶ Ils se doivent beaucoup.
　그들은 서로 빚이 많다.

❷ Les époux se doivent mutuellement assistance et fidélité.
부부는 서로 도와주고 정절을 지킬 의무가 있다.

2.3. N₀ se devoir à *qc*: ···에게 헌신 [이바지] 할 의무가 있다.

❶ Nous nous devons à notre famille [patrie].
우리는 가정 [조국] 에 헌신할 의무가 있다.

2.4. N₀ se devoir de *inf*: ···해야 한다, 의무가 있다.

❶ Je me dois de la prévenir.
나는 그녀에게 우리에게 알려야만 할 의무가 있다.
❷ Il se devait de prononcer quelques mots sur ce point.
그는 그 점에 대해 몇 마디 언급을 해야만 했다.

저자약력 구기헌

서울대학교 불어불문학과 졸업
서울대학교 대학원 문학박사
현 상명대학교 프랑스어문학과 교수

신문 프랑스어 읽기

초판인쇄 2007년 11월 5일 | **초판발행** 2007년 11월 12일
저자 구기헌 | **발행** 제이앤씨 | **등록** 제7-220호

132-040
서울시 도봉구 창동 624-1 현대홈시티 102-1206
TEL (02)992-3253 | FAX (02)991-1285
e-mail jncbook@hanmail.net | URL http://www.jncbook.co.kr

· 저자 및 출판사의 허락없이 이 책의 일부 또는 전부를 무단복제 · 전재 · 발췌할 수 없습니다.
· 잘못된 책은 바꿔 드립니다.

*이 저서는 2007년도 상명대학교 교내연구비 지원으로 발간되었음.

ISBN 978-89-5668-553-3 03760 | 정 가 15,000원